私たちの平和憲法と解釈改憲のからくり

―― 専守防衛の力と「安保法制」違憲の証明

参議院議員 小西 洋之 著
「安保法制に関する特別委員会」委員
参議院憲法審査会幹事

JN155619

八月書館

インディペンデント・ウェブ・ジャーナル（略称：IWJ）での筆者対談風景（2015年5月21日）

> 集団的自衛権の行使容認は、限定的と称するものを含めて、従来の政府見解とは相入れないものであって、これを内容とする今回の法案部分は、憲法九条に違反し、速やかに撤回されるべきものである
> 　　　　　　宮﨑礼壹　法政大学法科大学院教授（元内閣法制局長官）
> 　　　　　　（衆議院平和安全法制特別委員会　平成 27 年 6 月 22 日）
>
>
> 憲法違反のことをいくら議論しても憲法違反なんだよ！
> 　　奥田愛基さん（SEALDs「自由と民主主義のための学生緊急行動」）
> 　　　　　　　　　　　　　　　　　　　（渋谷 2015 年 6 月 27 日）

■はじめに

　今、国民の皆さまの憲法が奪われようとしています。

　しかも、真相さえ知っていただければ、中学生や高校生にも分かるような不正によって。

　今すぐに、国民の皆さまにこの「解釈改憲のからくり」をお伝えしたい。
　なぜ、集団的自衛権行使は「憲法違反」なのか、分かりやすくご説明したい。

　憲法が初めての方にも、年配の方、若い方にも、小さな主権者であるお子さんの未来を心配する親御さまにも、全ての国民の皆さまにお届けしたい。

　なぜなら、憲法は安倍総理のものでも、与党議員のものでもありません。
　憲法は、主権者である国民の皆さまだけのものだからです。
　国民の皆さまが知らない間に、理解できない間に、納得できないままに、安倍総理の独断や与党の数の力で、憲法改正の国民投票も無く、憲法を壊す法律を制定することが許されるわけはないのです。

　そもそも、憲法9条とは何か。私たちの憲法の平和主義とは何か。
　安保法制による集団的自衛権行使とはどのようなものか。
　安倍総理の唱える積極的平和主義とは何なのか。

　安倍総理の主張するような危機が本当にあるのか。
　米軍のイージス艦を防護しなければ日米同盟が本当に壊れてしまうのか。
　これまでのように専守防衛で、国民の皆さまと国益を守ることはできないのか。

　このような国民の皆さんが、疑問に思っていることを分かりやすく、解きほぐしてご説明します。
　安保法制と集団的自衛権行使に対して、反対の方も、賛成の方も、よく分

からないという方も、すべての方にご説明をしたいと思います。

　私は、霞ヶ関の官僚として12年間、国会議員として5年間、憲法と法律を扱う仕事をしてきました。
　憲法を頂点とする法の解釈は、総理大臣といえども、好き勝手に変えることは許されない。

　なぜなら、日本は、権力者が治める国ではなく、法が治める国のはずだから。
　その法の頂点にあるのが最高法規、国民の皆さまの憲法なのです。

　国会は国民の皆さまを代表する機関であり、国権の最高機関です。そして憲法改正案を発議できる唯一の機関です。
　戦後一貫して、国会が歴代の政府を監督し、確立してきた憲法9条の解釈。それは、国民の皆さまの解釈なのです。

　これが、一時の権力によって破られることがあれば、憲法が憲法で無くなってしまう。
　つまり、日本は法治国家でなくなってしまいます。
　そして、民主主義の国でもなくなってしまうのです。

　平和主義、専守防衛という日本の国のかたちも変わります。
　まったく別の国になるのです。
　そして、それは、私たち日本国民が、いつの間にか、気付かない間に、全く別の価値観をもった存在になり、これまで歩んできた平和国家としての70年の歴史とはかけ離れた人生を送らされることを意味します。

　国民の皆さまの手に憲法を取り戻す。平和主義と専守防衛の力を確認する。それが、本書の目的です。

　7月24日、参議院本会議で安保法制の審議が始まりました。
　私もそのために設置された特別委員会（本書では、敢えて「平和安全法制特別委員会」とは呼びません。）の委員となりました。

全力でこの安保法制を廃案にするため仲間の国会議員とともに闘います。

しかし、7月16日には、衆議院本会議で強行採決されています。

安倍総理と与党は、もし、参議院で採決ができなくても、「60日ルール」によって、9月14日以降に衆議院で再可決すれば、法律を成立させることができます。

もはや、参議院議員の力だけでは、安保法制を止めることはできないのです。

どうか、一人でも多くの国民の皆さまに本書を手に取っていただきたい。

そして、ご家族で、ご友人で、いろんなお仲間で、まったく初めての方とも、私たちの平和憲法と日本の安全保障を議論していただきたい。

そして、主権者として声を上げ、行動していただきたい。

国民の皆さまとともに、私たち国会議員が全力で闘わせていただきたい。

安倍総理から皆さまの憲法を取り戻すために。

国民の皆さまの憲法が奪われてしまう前に。

そして、主権者でなくなってしまう前に。

それが、主権者の皆さまが国会議員に課した憲法遵守擁護義務（第99条）を全力で果たすべく、本書を書いた一議員としての心からの願いです。

2015年7月28日
特別委員会初日の議員会館にて
参議院議員　小西洋之

私たちの平和憲法と解釈改憲のからくり
――専守防衛の力と「安保法制」違憲の証明　　目次

■はじめに／003
■目次／006
■本書の内容について／010
■本書の読み方／013
■皆さまへ／014

第一章　解釈改憲のからくり　その１――「昭和47年政府見解」の読み替え
■はじめに――安保法制の集団的自衛権行使は「憲法違反」／016
 1．確立していた集団的自衛権行使の憲法９条解釈――憲法改正以外に不可能／018
 2．昭和47年政府見解の読み替え――昭和47年から合憲との主張／021
 3．「読み替え」が違憲無効であることの立証――作成者が全否定／031
 （1）吉國内閣法制局長官の全否定答弁／034
 （2）真田次長の全否定答弁／040
 （3）角田第一部長の全否定答弁／041
 4．7.1閣議決定「基本的な論理」は読み替えによる「捏造の論理」／045
 5．なぜ、憲法学者の「違憲」の御主張が正しいのか／047
 6．7.1閣議決定と安保法制は立憲主義に反する／048
 7．解釈改憲を禁じる「昭和29年参議院本会議決議」などとの矛盾・衝突／049
 8．「読み替え」は過去、現在、未来の全てを壊す「クーデター改憲」／051
 9．安倍内閣は「昭和47年政府見解」にしがみつくしかない／053
 10．安保法制の衆議院特別委員会での追及／055
 11．安保法制を阻止するために――国民の皆さんの手に憲法を取り戻す／057
 【参考】「昭和47年政府見解の読み替え」を示す国会答弁／064
 【補足説明】「昭和47年政府見解の読み替え」問題のより深い理解等のために／065

第二章　解釈改憲のからくり　その２――憲法前文の平和主義の切り捨て
■はじめに／066
 1．憲法前文の平和主義の効力／066
 （1）「憲法９条は平和主義の理念の具体化」、「平和主義は憲法９条の解釈上の指針」／066
 （2）集団的自衛権行使は前文の平和主義と矛盾することはできない／068
 2．憲法前文の三つの平和主義／069
 3．集団的自衛権行使と「全世界の国民の平和的生存権」との矛盾／070
 4．「平和主義」が全く審査されていない7.1閣議決定と安保法制／073

5．7.1閣議決定の文面上も明らかな「平和主義の切り捨て」／075
6．国家権力に戦争を起こさせない平和主義との矛盾／076
（1）自衛隊員の「リスク論」の本質／078
（2）自衛隊員「服務の宣誓」における「国民の負託」／079
（3）一般の日本国民が被る「戦争の惨禍」／081
（4）前文に7.1閣議決定は「国民が排除する」と明記されている／082
7．日本国民の平和主義への「誓い」を奪う7.1閣議決定と安保法制／082
8．前文の平和主義などについての更なるご説明／083
【重要解説】他国の人々との信頼関係を築くことによって平和を保持する平和主義／083
【参考】前文の平和主義の解釈についての政府答弁等／084
【重要解説】平和主義の法理と憲法9条の論理解釈から許容される武力行使／086
【重要解説】安倍内閣の「積極的平和主義」と「前文の平和主義」との矛盾／088
（1）積極的平和主義とは何か／088
（2）「国際社会の平和創造を通じた国防」という理念の切り捨て／090
（3）憲法の国際協調主義の改変／091
（4）平和創造会議設置法構想について／093
【重要解説】集団的自衛権行使容認の「砂川判決論法」を徹底論破する／095
（1）砂川判決が集団的自衛権行使を認めているという暴論／095
（2）昭和47年政府見解と砂川判決との「基本的な論理」のずれ／096
（3）砂川判決から集団的自衛権行使は「いかに読んでも読み切れない」／098
（4）最高裁は「昭和47年政府見解の読み替え」に統治行為論は使えない／102
（5）まとめ／102

第三章　解釈改憲のからくり　その3──「立法事実」のでっち上げ（不存在）

1．集団的自衛権行使がなぜ必要不可欠なのか不明／104
2．7.1閣議決定における二つの「立法事実のでっち上げ」／106
（1）「昭和47年政府見解の読み替え」における立法事実のでっち上げ／107
（2）7.1閣議決定における立法事実のでっち上げ／110
（3）7.1閣議決定の際には立法事実を全く審査していない／111
（4）立法事実論の本質
　　　──守るべき国民がいないのに自衛隊員も国民も戦死することになる／112
3．「米国軍艦による邦人避難事例」における立法事実のでっち上げ／113
（1）安倍総理の説明の欺瞞と論理破綻／113
（2）では、あの日本人親子をどのようにして救出するのか／118
4．ホルムズ海峡事例／119
5．日米同盟の本質的な理解──日米安保条約第3条と在日米軍基地の意義／121

6．日米安全保障条約第3条──米国への集団的自衛権行使を免責／123
7．日米安全保障条約第6条に基づく在日米軍基地の本質──超大国の絶対条件／128
8．米軍イージス艦防護の事例の分析／135
 (A) どのように説明を積み重ねても平和主義・立憲主義に反し違憲である／137
 (B) 米艦防護の政策的な必要性・合理性の検証／141
  ■我が国の弾道ミサイル防衛（BMD）システム等の事実関係／142
  ■自衛隊及び米軍による日本防衛のあり方の法制面等の事実関係／144
  ■安倍政権による弾道ミサイル攻撃事態の検討／144
  ■政府事例から導かれる検討すべき課題／145
   (1) 米艦防護という手段の日米相互のメリット・デメリットの総合評価／145
   (2) 自衛隊による米艦防護以外の手段で、米艦防護を確保することができるか／147
   (3) 米艦防護以外の手段で、日本防衛を確保することができるか／147
   (4) 評価・結論／150
 (C)「武力攻撃の着手」評価による個別的自衛権での対処の可能性／150
 (D) その他解釈変更に際し検討が必要な事項／151

第四章　解釈改憲の構造──三つのからくりとその他の憲法違反／154
 【参考】維新の党「対案」について／156
 (1) 条文を巡る論点／157
 (2) その他法案に求められる事項等／158

第五章　集団的自衛権行使の新三要件──歯止め無き無限定の武力行使
■はじめに──「歯止め論」以前の「成立論」として絶対的に違憲の新三要件／160
(1) 意味不明かつ定義拒否の第一要件／161
  (a)「生命、自由及び幸福追求の権利が根底から覆される」の答弁・説明拒否／161
  (b) 平成16年政府答弁書「生命や身体が危険にさらされる」との違いの答弁拒否／162
 【重要解説】「読み替え」による「武力作用起因の法理」、「生命の危険の法理」の
       切り捨て／164
 【重要解説】安倍総理のホルムズ海峡事例の答弁の変遷／164
 【重要解説】誰でもなれる「我が国と密接な関係にある他国」／165
 【重要解説】特定秘密保護法と国会承認との関係／165
 【重要解説】安倍総理の「手の内を明かせない」という主張の問題／166
(2) 恣意的な運用にならざるを得ない第二要件／166
(3) 歯止めのない武力行使（海外派兵）を解禁する第三要件／167
 【重要解説】「海外派兵は一般に禁止」という見解の欺瞞
       ──エリアも態様も無制限の海外派兵の解禁／170

【重要解説】政府の各事例に見る「海外派兵一般は違憲」の矛盾／172
　■各事例と武力行使（海外派兵を含む）の関係／172
（4）新三要件は国際法違反の先制攻撃・予防攻撃の実体がある／173
（5）「限定的な集団的自衛権行使」なるものの不存在（国際法違反・憲法違反）／175
　■安倍内閣の理解を踏まえた集団的自衛権行使の組み合わせ分析／177
（6）新三要件の存立危機事態と個別的自衛権の切迫事態等との関係／178

第六章　解釈改憲・安保法制による法の支配と民主主義の蹂躙
（1）内閣法制局は7.1閣議決定に際して一切の憲法審査をしていない／180
（2）参議院憲法審査会附帯決議に違反して強行された7.1閣議決定／182
（3）集団的自衛権行使及び解釈改憲を禁止した参議院本会議決議違反／185
（4）7.1閣議決定及び安倍総理の米国議会演説は内閣法第1条違反／186
（5）まとめ──国民主権と議会制民主主義を否定するクーデター改憲／186
　【参考】安倍内閣退陣後の「法の支配再生・確保法」（仮称）等の必要性／187
　【重要解説】解釈改憲の「憲法解釈の原則（ルール）」違反／188
　【重要解説】国政選挙に勝利しても違憲の解釈は永久に違憲との政府答弁／190

第七章　平和憲法「専守防衛」の改変──道理も日本語も崩壊する安保法制／192

終　章　解釈改憲・安保法制の本質──安倍総理と憲法13条／198

【補足説明】「昭和47年政府見解の読み替え」問題のより深い理解等のために／203
（1）昭和47年政府見解（全文）／204
（2）昭和47年政府見解（第三段落）の「三つの構造分割」論の否定／205
（3）安倍内閣による解釈改憲の主張のポイント（まとめ）／209
（4）解釈改憲の構造の解説／212
（5）「読み替え」が可能となるための必須6条件とその全てへの矛盾／214
（6）「読み替え」の歴代の国会答弁等の矛盾イメージ図／218
（7）安倍内閣の「昭和47年政府見解前後の国会答弁等との矛盾」の説明とその論破／219
（8）安倍内閣が解釈改憲に昭和47年政府見解を利用した理由／221
（9）昭和47年政府見解の作成者の答弁とその解説／222

■あとがき／240

■本書の内容について

　本書の目的は、安倍総理の行った憲法9条の解釈改憲の不正（からくり）を証明するものです。集団的自衛権行使の解釈改憲には三つのからくりがあります。
　第一章はその根幹のからくりである「**昭和47年政府見解の読み替え**」という問題です。これをご理解頂くために憲法9条や法律学の知識などはまったく必要ありません。どなたでも、あっという間にご理解いただけます。
　なぜ、集団的自衛権行使が憲法違反なのか。分かりやすく、徹底的にご説明します。安保法制を「憲法違反」とおっしゃった憲法学者の先生方と安倍総理のどちらが正しいのか、**スッキリ完ぺきにご理解をいただけます**。
　そして、その内容は、憲法の所有者である国民の皆さまが驚き、呆れ、そして恐ろしさと怒りをお感じになるものです。この論点だけで、安保法制を阻止することができます。どうか、**皆さまの憲法を守るために立ち上がっていただきたいと思います**。

　また、同時に、そもそも、**私たちの平和憲法とは何なのか、憲法9条や憲法の平和主義について**、第二章で分かりやすくご説明します。最初に登場するのは小学校の義務教育の教科書に載っている憲法の前文にある平和主義のお話です。
　主権者である国民の皆さまに、憲法9条の母親ともいうべき前文の平和主義を知っていただきたい、その上で、安倍総理の安保法制について考えていただきたい、また、本来あるべき日本の外交や安全保障の理念、姿を考えていただきたい、これこそが私が本書を書いた最も根源的な思いです。**しかし、その「前文の平和主義の切り捨て」こそが、第二のからくりなのです**。
　また、この章の最後には、「昭和47年政府見解の読み替え」と「平和主義の切り捨て」の総合問題である、**安倍総理の「最高裁砂川判決が集団的自衛権行使を認めていた」という暴論を完膚無きまでに論破します**。
　さらに、安保法制の基本理念である「**積極的平和主義**」とはどのようなものであり、それが憲法前文の平和主義といかに異なるものであるかについて、分かりやすくご説明します。

第三章は、三つ目のからくり「**立法事実のでっち上げ（不存在）**」です。立法事実という言葉はご存じなくても、安倍総理が主張するような**ホルムズ海峡の事例や日本人の親子が米軍艦船に乗って避難する事例**は、本当に集団的自衛権行使の必要性を示す事例なのかを明らかにするものだとお考えいただければ大丈夫です。安保法制を必要とする事実がなければ、安保法制はいらないことになります。

　また、安保法制がなければ、安倍総理の言うように日米同盟は壊れてしまうのか。さらに、いざという時は、米国は日本を見捨てることになるのか。つまり安保法制は、抑止力を高め、日本の安全と国民の生命を守るための法律なのか、こうしたことが果たして本当かどうかについても明らかにします。

　この章では、特に、**日米同盟の本当の姿である、米国にとって日米同盟が死活的に重要な同盟関係であること**などをしっかりとご説明します。また、米軍のイージス艦を自衛隊が集団的自衛権を行使して防護しなければならないという安倍総理の主張を、徹底的な政策分析をもとに完全に論破します。

　つまり、安倍総理の主張によって、国民の皆さんがぼんやりと思っていらっしゃる不安や心配について、目からウロコが落ちるように解決します。

　第四章は、三つのからくりについてのまとめと、他の違憲論点についてのご説明です。

　第五章は、**集団的自衛権を行使するための要件である「新三要件」**がいかに歯止めの無い恐ろしいものであるかのご説明です。第四章までの違憲論点で安保法制を阻止することはできるのですが、解釈改憲のより深いご理解のために詳細な分析を記載しています。そして、安倍総理が「ホルムズ海峡事例以外は一般的に認められない」と否定している海外派兵について、**地球の裏側での空爆や地上戦など本格的な戦争をする海外派兵も可能になっている**ことなどをご説明します。

　また、安倍総理は、日本自身を守るための集団的自衛権行使という「限定的な集団的自衛権行使」は合憲なのだと主張しているのですが、この**「限定的な集団的自衛権行使」が国際法違反の先制攻撃であること**を立証します。

　第六章では、**解釈改憲と安保法制が、いかに日本の民主主義に違反して強**

行されたものであるかをご説明します。本来は議院内閣制の下、国会の監督に服する必要がある安倍内閣が、国会の定めた本会議決議や委員会決議などを全て完全に無視して、解釈改憲等を強行した暴挙をご説明します。

　第七章は、これまでのまとめとして、「**専守防衛**」という平和憲法の下の国是とされてきた極めて重要な政策理念が、解釈改憲と安保法制によって、国民の皆さまの知らない間にまったく違う姿に改変されていることについてご説明します。

　最終章は、なぜ、何のために、安倍総理は、こうしたあらゆる暴挙を重ねながら安保法制を実現しようとしているのか、**安保法制と安倍総理の本質**について、憲法の最も重要な条文である**憲法13条と安倍総理の関係**からご説明します。これはきっと、読者の皆さまが戦慄を覚えられることになるお話です。

　以上のように、**本書をお読み頂ければ、集団的自衛権行使の問題についての主要な論点はほぼすべて本質的なご理解がいただけるものと存じます。**
　本書は、私の昨年7月1日の解釈改憲（7.1閣議決定）以前からの20回余りにわたる国会質疑での追及の成果や、安保法制の衆議院特別委員会における全議事録の検証、さらには、私自身も委員である7月30日までの参議院特別委員会での議論に基づくものです。また、本書の内容については、衆参の議会法制局、憲法学者など、第一級の法律の専門家の方々との議論を踏まえたものです。
　従って、読者の皆さまは、お読みいただいたその時から、最も重要かつ最前線の安保法制の議論の本質的なポイントをご理解いただくことができ、そして、安倍総理の解釈改憲に対する「**主権者の皆さまの憲法論**」として安保法制との闘いにおいて、確信と信念を持って大いにご主張いただけるものです。

■本書の読み方

　目次をご覧いただいてご関心のあるところからお読みいただいて結構ですが、**本書の最重要部分である第一章と第二章はぜひ最初にお読み頂きたいと思います**。その後に、第七章をお読みいただいても印象が深まるものと思います。

　なお、第一章の「昭和47年政府見解の読み替え」についての一般の方々のより深いご理解と、マスコミや法律家を始めとする方々による社会における積極的な御発言に資するために、**巻末に補足説明を添付してあります**。昭和47年政府見解の作成者である吉國元内閣法制局長官の議事録解説など、ぜひ、お目通しをいただきたいと思います。

　また、第三章の5「日米同盟の本質的な理解」から始まる部分は、日米関係とはどのようなものかについての基本的な視点をご提供するものであり、また、これは米軍イージス艦防護事例などの前提知識となる箇所でもありますので、安倍総理が主張する「日米安保をより強固なものとし、抑止力を高め、我が国が武力攻撃を受けることを防止するための法制なのだ」という主張の当否を突き止めたい方は、ぜひお目を通していただきたいと思います。第三章の個別事例の分析のうち、米軍イージス艦防護事例はやや詳細な記載となっておりますが、かつて霞ヶ関で官僚として働いていた経験から、「本当に憲法解釈の変更を行うのであればこれぐらいの政策議論は最低限必要」というものをご説明させていただきました。

　また、第六章は、国民の皆さまの民主主義が壊されているお話しですので、ぜひ、お目を通していただきたいと思います。解釈改憲・安保法制は、実は、その憲法論点について政府の中で紙切れ一枚の審査すら行われていないなど、まさに、礒崎総理補佐官の暴言の「法的安定性」や「論理的整合性」を最初から切り捨てたクーデター改憲ともいうべき手口によって、国民の皆さまと国会を無視し強行されたものであることをご説明します。

　第五章は、一部にはやや専門的な箇所もありますが、実は、毎日の新聞報道などで取り上げられている集団的自衛権行使の中身についてのご説明です。これに目を通していただけると、国会論議やニュース解説で話されている内容がよく解るようになり、本質的な問題がスッキリご理解をいただけるものと存じます。

■皆さまへ

　本書は、お読みいただいて、「安倍総理の解釈改憲と安保法制が完全に論破されている」、「こんなめちゃくちゃな話がいつまでも続くわけがない」、「安心した、これならきっと廃案になるだろう」と思っていただくためのものでありません。

　本書の中でご説明していますが、衆議院の特別委員会では集団的自衛権行使の最重要の違憲論点（第二章　前文の平和主義）すら全く議論することができず強行採決されているのです。参議院でも同様のことになる危険性は極めて大きいのです。特別委員会の委員である私も本書の内容の十分の一も自分では質疑できないと思います。

　本書は、解釈改憲のからくりによって国民の皆さまの憲法が奪われてしまっている（特に、第一章です）、このままでは、日本がまったく別の社会になってしまう、という危機感をお感じいただいて、ぜひ、主権者である国民の皆さま自身に声を上げていただくことを願ってのものです。現在の国会の状況を踏まえると、一人でも多くの国民の皆さま方に実際に行動していただくことのみが安保法制の阻止につながり、それ以外にこれを止める方法はありません。

　一国会議員として全力で安保法制に立ち向かうことをお誓いしつつ、本書が一人でも多くの国民の皆さまの行動のきっかけになることを心から願い、また、私たちと子どもたちの未来のために、心よりの御願いを申し上げます。

[万が一、安保法制が強行採決された場合]

　「違憲の憲法解釈」とそれに基づく「違憲の法律」は、憲法９条の条文の日本語が変わらない限り、「未来永劫に違憲」です。これは、何十回、衆議院選挙や参議院選挙を重ねても変わりません。国民の皆さまが憲法改正によって憲法９条の日本語を変えない限り、違憲は「違憲のまま」です。

　ですので、本書は、主権者である国民の皆さまが自らの手に「憲法を取り戻す」まで、その闘いのための大切な道具として、ずっと、お使い頂けるものです。（もちろん、これは日本が法治国家でなくなってしまうことを意味しますから、何が何でも安保法制を廃案に追い込まなければなりません）

［安保法制について］

　安保法制は、10本の改正法と1本の新法の計11本の法律からなるもので、PKO活動における大きな危険が伴うとされる治安維持業務の追加など（これまでのPKO活動における自衛隊員の死者数はゼロですが、国連PKOの歴史においては、3,000人以上の死者数が出ています）から、平時における同盟国等の武器（航空機や艦船を含む）の防護、同盟国等が戦闘行為を行う際の後方支援（弾薬の提供など）、自衛隊自らが武力行使を行う集団的自衛権行使まで、あらゆる自衛隊の軍事力の行使を「切れ目なく」解禁するものです。憲法違反の論点についても、自衛隊が同盟国等の軍隊と一体化して軍事力を行使する「武力行使の一体化」など複数のものがあります。

　本書では、これらのうち最も強大な軍事力の行使であり、最も悪質かつ重大な憲法違反というべきものであるとともに、政治的にも最も重要な問題となっている「集団的自衛権行使」について中心に論じつつ、前文の平和主義の切り捨て（第二章）など、安保法制の全体を横断する重要論点について網羅するようにしています。

第一章　解釈改憲のからくり　その１
—— 「昭和47年政府見解」の読み替え

■はじめに──　**安保法制の集団的自衛権行使は「憲法違反」**

　2015年7月16日、衆議院の本会議で、集団的自衛権行使などを可能にする安保法制が与党の賛成により可決されました。前日の平和安全特別委員会において、安倍総理自らが「世論調査等の結果から、**残念ながらまだ国民の皆様が十分に御理解をいただいているという状況ではない**」と認めながらの強行採決でした。

　7月24日、参議院で審議が始まりました。しかし、参議院は、憲法の定めにより60日以内に法案が議決されない場合は、衆議院で3分の2以上の多数で再可決をし、安保法制を成立させることができます。

　もはや、参議院議員だけでは、安保法制を止めることはできません。

　今からお話しすることは、なぜ、集団的自衛権行使の解釈改憲が「憲法違反」であり、「違憲」なのかのご説明です。

　安保法制の審議の最中の6月4日、衆議院憲法審査会で、三名の憲法学者の方々が「違憲だ」とおっしゃいました。そのうちのお一人は与党が推薦した参考人でした。しかし、安倍政権は引き続き「合憲だ」と主張しています。

　一体どちらが正しいのでしょうか。それを、目からウロコに分かりやすくご説明します。

　最初に答えを申し上げると、明らかな「違憲」です。
　実は、真相を知っていただければ、高校生あるいは中学生でも理解してもらえるような、真っ黒な「違憲」です。

　ですから、このお話は、あらゆる国民の皆さんの主義主張を超えて、──国民の皆さんの中には、集団的自衛権行使に反対の方もいれば、賛成の方も

いれば、よく分からないという方などがそれぞれいらっしゃると思いますが、そうしたすべての考えの違いを超えて——、わたしたちの日本が法治国家であり、民主主義の国であるために、まずは、主権者である国民の皆さんの手に**「憲法を取り戻す」**ためのご説明になります。

　憲法は安倍総理のものではなく、また、自民党などの与党のものでもありません。**憲法の所有者はただ一人。憲法は、主権者である国民の皆さまだけのものです。**
　国民の皆さまがそれぞれいろんな憲法や安全保障についての考えがあるにしても、国民の皆さんの憲法改正の国民投票がないのに、時の内閣総理大臣とそれを支える与党が「違憲」の解釈変更をし、それにもとづいて「違憲」の安保法制という法律を数にものを言わせて成立させることは絶対に許されません。
　戦後最も国会で審議し一貫した解釈を確立してきた憲法9条、しかも、国家権力の最大の発動である武力行使ですらこんなことができるのでしたら、それは、日本という国が、今この瞬間も、そして将来においても永遠に、法治国家として、そして、国民の皆さまが主人公であり主権者である民主主義の国でなくなってしまうことを意味するのです。

　また、このお話は、憲法9条の解釈改憲、集団的自衛権行使の解釈改憲の核心に迫り、それを根底から否定するものです。解釈改憲が倒れれば、11本の法律の安保法制も、根こそぎ倒れます。

　安倍政権は昨年の7月1日にこの解釈改憲を7.1閣議決定で強行し、そして、それにもとづいて違憲の安保法制を国会に提出していますから、当然、政治責任をとらなければいけません。
　また、米国政府や4月29日には米国議会で、安保法制を「この夏までに、成就させます」、「この夏までに、必ず実現します」と勝手な国際公約までしていますから、外交責任をとらなければいけません。まさに安保法制を止めて、安倍政権に退陣していただくための核心論点です。
　今からお話しすることを国民の皆さんに知っていただいて、皆さんにこれはおかしいと言っていただければ、安保法制を倒すことができます。それは、

時計の針を一年前に、たった一年前に戻し、国民の皆さまの憲法と日本の民主主義を取り戻すことです。そして、まともな政治を取り戻した後で、日本の外交や安全保障政策のあり方について、国会や社会で健全な議論を行えばよいのです。

1. 確立していた集団的自衛権行使の憲法9条解釈
── 憲法改正以外に不可能

初めにお話しさせていただくことは、昨年の7月1日の7.1閣議決定によって解釈改憲される前の、憲法9条と集団的自衛権の関係についてです。

昨年の7月1日まで、長年の国会審議を通じて、「憲法9条と集団的自衛権の行使については、解釈の変更の余地すらなく、憲法9条の条文そのものを変えなければできない。つまり、憲法改正以外に手段がない。」というのが、確立された憲法9条の解釈でした。解釈変更ではあらゆる集団的自衛権行使は不可能、憲法9条の条文そのものを変えない限りできない、というものです。

その代表的な答弁ですが、当時の角田内閣法制局長官という方が言っています。

昭和58年2月22日　角田 長官答弁

○角田（禮）内閣法制局長官
　集団的自衛権の行使を憲法上認めたいという考え方があり、それを明確にしたいということであれば、**憲法改正という手段を当然とらざるを得ない**と思います。したがって、**そういう手段をとらない限りできない**ということになると思います。

○安倍外務大臣
　法制局長官の述べたとおりであります。

○谷川防衛庁長官
　法制局長官の述べたとおりでございます。

角田法制局長官は、もし、集団的自衛権行使を憲法上認めたいのであれば、それは憲法改正という手段を当然とらざるを得ない、憲法改正しない限りできない、と明確に言い切っています。
　これは昭和58年の衆議院予算委員会での答弁です。
　続けて、質疑者の議員から、「わが国の憲法では集団的自衛権の行使はできない、これは政府の解釈である、この解釈をできるという解釈に変えるためには、憲法改正という手段をとらない限りできない。この角田内閣法制局長官の見解は、外務大臣、防衛庁長官、一致ですか」と、重ねて問われた安倍外務大臣は、「法制局長官の述べたとおりであります。」と答えています。この当時の安倍外務大臣とは、安倍晋太郎さん。安倍総理のお父さんです。
　次の谷川防衛庁長官は、今では防衛省の大臣になります。彼も、「法制局長官の述べたとおりでございます。」と答えています。
　また、平成2年10月24日、当時の工藤内閣法制局長官はこの角田長官の答弁を追認するかたちで「集団的自衛権行使を憲法上認めるためには、憲法改正以外に手段がない」という趣旨を答弁するなど、単に「集団的自衛権行使は憲法違反である」と言うだけではなく、法的には全く同じ意味ではありますが、「憲法9条の条文を変えない限り、集団的自衛権の行使は不可能」と明言した政府答弁は複数あります。

　憲法9条は、あやふやだというような、誤った議論が一部の国会議員などを中心にされてきましたが、これは全くの間違いで、憲法9条は憲法制定議会、そして、戦後すぐの議会のときから一貫してその基本的な考え方は変わっていません。
　それは、戦争の放棄や戦力の不保持などを明確に定めた憲法9条は、その条文の日本語を素直に受け止めて、「**我が国として国際関係において実力の行使を行うことを一切禁じているように見える**」（平成16年政府答弁書）、つまり、日本は国として一切の戦い——武力を行使すること——が禁止されているように見えるのだけれども、「日本が外国による武力攻撃、つまり、日本が外国から侵略を受けることがあった場合に、それから何の罪もない日本国民の生命を守るために、その外国の軍隊の攻撃を正当防衛で防いで跳ね返し、その侵略行為を排除すること」、これだけはできる、と。逆に、だから、「日本は武力攻撃を受けずに同盟国のみが侵略を受けている状況で、その同盟国

を助けるために行う武力行使である、集団的自衛権の行使」はできない、と。この完璧過ぎる論理、とてもシンプルで合理的な考え方が一貫しているのです。

だから安倍総理のような、いろんな政治家がなんとかして9条を壊そうとしましたが、60年以上壊せなかったのです。

ところが、「憲法9条の条文そのものを変える、憲法改正以外に手段がない」とされていた集団的自衛権の行使が、なぜ、7.1閣議決定による「解釈の変更」で可能になったのかというと、それは根本でめちゃくちゃなインチキをしているからです。

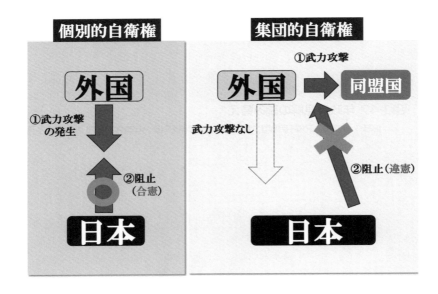

第二章　戦争の放棄
第九条　日本国民は、正義と秩序を基調とする国際平和を誠実に希求し、国権の発動たる戦争と、武力による威嚇又は武力の行使は、国際紛争を解決する手段としては、永久にこれを放棄する。
2　前項の目的を達するため、陸海空軍その他の戦力は、これを保持しない。国の交戦権は、これを認めない。

安倍内閣は、なぜ憲法の条文そのものを改正しない限りできないと言われていた集団的自衛権の行使ができると主張しているのか。

　私は、衆議院の平和安全特別委員会が始まる前から、参議院でそのインチキの「からくり」を暴き、政府を厳しく追及してきました。そして、安保法制を審議する特別委員会でも民主党の国会議員により、さらなる追及が重ねられていたのですが、まさに、安倍総理と与党は、国民の皆さまやマスコミにそのからくりが十分ご理解される前に、強行採決をしたのです。

　憲法９条は国会で最も論議されてきた条文なので、これまで憲法９条と集団的自衛権行使の関係について何度も政府見解（政府としての憲法解釈）が出されています。ただ、その内容は法的には全く同じです。当たり前です。だって、法治国家として、憲法解釈は一貫しているのですから。

　ところが、憲法９条の数ある政府見解の中で、昭和47年に作られ国会に提出された「**昭和47年政府見解**」というものだけが唯一、安倍政権にとって解釈改憲をできる「余地」があったのです。その「余地」というものを今からご説明します。

2. 昭和47年政府見解の読み替え
　　――昭和47年政府見解に集団的自衛権行使が存在していたという主張

　これは、びっくり仰天されるお話です。

　一言で言うと、昨年の安倍政権の７月１日の閣議決定による解釈改憲というのは、「昭和47年政府見解の中に、実は集団的自衛権の行使が書かれていたんだ」、というものです。

　昭和47年ですので、昨年だとちょうど42年前なんですけど、42年ぶりに昭和47年見解を丁寧に読み直してきたら、実はその中に、元々ですね、昭和47年の当時から、「憲法９条で集団的自衛権の行使が可能です」と書かれていたと彼らは言っているんです。

　ほんとうにそう言っているんです。去年の7.1閣議決定の中にも、しっかりとそう断言しているんです。

　え？　昭和47年政府見解の中のどこに書いてあるの？　と言うと、これは閣議決定で解釈改憲をやった後の７月14日の国会で、与党議員が現在の横畠

内閣法制局長官との質疑を行った、その時使ったフリップの複製ですが、これをよく見てください。まず、書いてある言葉の意味を上から順番にご説明します。元々抜けている内容もおぎなって行きますね。

昭和47年（1972）の政府見解のポイント
（第3段落）

基本的な論理①
憲法は、第9条において、…前文において、…第13条において、…わが国がみずからの存立を全うし国民が平和のうちに生存することまでも放棄していないことは明らかであって、自国の平和と安全を維持しその存立を全うするために必要な自衛の措置をとることを禁じているとはとうてい解されない。

基本的な論理②
しかしながら、だからといって、平和主義をその基本原則とする憲法が、右にいう自衛のための措置を無制限に認めているとは解されないのであって、それは、あくまで**外国の武力攻撃によって国民の生命、自由及び幸福追求の権利が根底からくつがえされるという急迫、不正の事態に対処し、国民のこれからの権利を守るための止むを得ない措置としてはじめて容認される**ものであるから、その措置は、**右の事態を排除するためとられるべき必要最小限度の範囲**にとどまるべきものである。

帰結（あてはめ）
そうだとすれば、わが憲法の下で武力行使を行なうことが許されるのは、わが国に対する急迫、不正の侵害に対処する場合に限られるのであって、したがって、他国に加えられた武力攻撃を阻止することをその内容とするいわゆる集団的自衛権の行使は、憲法上許されないといわざるを得ない。

平成26年7月14日　予算委員会

憲法は、第9条において、戦争の放棄や戦力の不保持などを定めている。けれども、憲法の前文において、日本国民の平和的生存権、日本国民が外国の侵略を受けた時に殺されてはならないという平和的生存権を定めているし、憲法13条において、国家は国民の命を最大限守りなさいと書いてある。

　だから、日本という国が、国としての主権をちゃんと維持して、国民が平和のうちに生きていく。そういうことまでは憲法9条であっても放棄していないはずだ。

　したがって、その国民の生命、生存と書いてありますけれど、生命を守るための必要な自衛の措置、分かりやすく言えば戦いをすることまでは憲法9条が放棄しているとは解されない。

　しかしながら、だからと言って、戦いができるからといって、日本は平和主義の憲法だから、なんでもかんでもできるわけではありません。

　その国民の生命を守るためのギリギリの戦いというのは、平和主義の基本原則の憲法なんだから、それは無制限ではない。戦いというのは無制限ではなくて平和主義の制限に服さなければいけないんだということを言っています。

　そうすると、結論として、それはあくまで外国の武力攻撃によって日本国民の生命、自由及び幸福追求の権利が根底からくつがえされる、そういう、究極の事態があった時に、そうした事態から国民のかけがえのない生命や権利を守るためのやむを得ない措置として必要最小限度の戦いだけができるんだという考え方になります。

　こうした考え方を、分かりやすく言えば、日本という国が、武力を用いた戦いである武力行使ができるのは、<u>日本に対して外国の武力攻撃が発生するという急迫、不正の侵害に対処する場合に限られる</u>。そうすると、集団的自衛権の行使というのは、そもそもその定義からして、「<u>日本に対する外国の武力攻撃は発生していないのだけれども</u>、ある国から武力攻撃を受けている同盟国などを助けるために、日本がその武力攻撃を阻止するために武力行使をする」ことであるので、日本は自分の国に対して外国の武力攻撃が発生した時にしか武力行使ができない以上、集団的自衛権の行使は憲法違反とならざるを得ない、という結論になります。

さて、「帰結（あてはめ）」という箇所に、集団的自衛権という言葉は出てきますが、「集団的自衛権の行使は、憲法上許されないといわざるを得ない。」と書いてあります。

ですから、この昭和47年政府見解は、憲法9条において集団的自衛権は憲法違反でできないということを記した文書なんです。

ところが安倍政権は、いや違う、と言います。この中に集団的自衛権が認められている文書なんだと。

これから詳しくお話ししますが、たった一言なんです。**解釈改憲というのは、実はたった一言の日本語を自分たちの都合のいいように読み替えている、というそれだけの話なんです。**

憲法9条において集団的自衛権は憲法違反でできないという結論が書かれた「昭和47年政府見解」、ここからどうやって、この中に集団的自衛権が認められていると主張することができるのでしょうか。

「基本的な論理②」というところに太い文字で「**外国の武力攻撃**」という

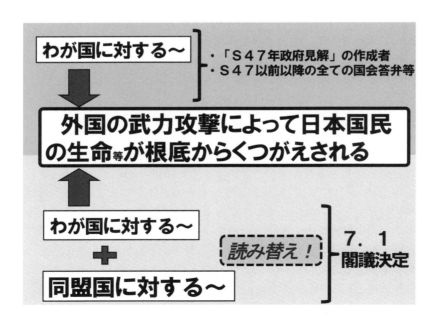

言葉がありますね。これを、じぃーっと、よ〜く見て下さい。

「誰に対する」って、書いてないですよね。
（ここで、「あっ。」と思われた方は、ものすごく鋭いですが、そうでない方も全く気にされず、続きをどうぞ。）

　この「外国の武力攻撃」云々という文章ですね。それをそのまま言葉を一部、「国民の生命、自由及び幸福追求の権利」という所を、短く分かりやすく「日本国民の生命等」と丸めて、まるっきり持ってきました。パネルをご覧下さい。

　安倍内閣は、この「外国の武力攻撃」って言葉ですが、裸で書かれているじゃないかと言い始めたのです。裸というのは、「誰に対する」ものか限定されていないだろう、と。
　普通は、先ほどの説明の内容からして、**我が国、日本国に対する外国の武力攻撃によって日本国民の皆さんの生命などが根底からくつがえされる**、そういう風に読むはずなんですが、安倍政権は、「誰に対するものか限定されてない」というのです。
　我が国に対するというのは当然読めるが、それ以外に、日本の大切な国である同盟国、「同盟国に対する」も入っているはずだ、と。
　そうするとどうなるかと言うと、「**同盟国に対する外国の武力攻撃によって日本国民の生命などが根底からくつがえされる**」と。
　これに具体的な国の名前を当てはめてみますね。同盟国はアメリカで、外国はイランとします。そうすると、同盟国アメリカに対する外国イラン、「**アメリカに対するイランの武力攻撃によって、日本国民の生命などが根底からくつがえされる**」。

　これって、ホルムズ海峡の事例なんですよ。

　ええっ？　って、思われましたよね。私も、この話を初めて聞いた時は、耳を疑いました。
　実は、昨年の７月１日の閣議決定以降、解釈改憲を国会で追及していて、

核心的な論点のはずなのに、どうにもこうにも丸っきり噛み合わないところがあったんですね。それで、彼らはひょっとしてこんな風に考えているんじゃないかと薄々思っていたんですけれども、これをある時、横畠内閣法制局長官から直接、「実は、こういう風に考えています」と白状させたんですね。そして、次の日の国会で、これは3月24日の国会ですが、さっそく証拠の答弁を取りました。

横畠長官に対して、3月24日の質疑で、「あなたほんとにそう考えているんですか？」という風に聞いたんです。さっきの「外国の武力攻撃」というのは、同盟国、ようするに我が国ではない他国ですが、「同盟国に対する外国の武力攻撃ということも概念に含んでいるんですか？」という風に聞いたんです。そして、そんなものが含まれている、そんな馬鹿なことがあるはずはないんだけれど、「でも、含んでいるという風に考え始めたのは、横畠長官、あなたが初めての内閣法制局長官ですか？」と聞いたら、こういう風に答えたんですね。

「同様に考えていた者がいたかどうかは分からないけれど、この昭和47年の政府見解そのものの組立てから、そのような解釈、理解ができる。」

昭和47年見解の「読み替え」平成27年3月24日答弁

○小西洋之君
　同盟国、我が国でない他国に対する外国の武力攻撃ということもここに概念的に含まれるというふうに考え出したのは、横畠長官、あなたが初めての法制局長官ということでよろしいですね。

○横畠内閣法制局長官
　同様に考えていた者がいたかどうかは存じませんが、<u>この昭和四十七年の政府見解そのものの組立てから、**そのような解釈、理解ができる**</u>ということでございます。

つまり、昭和47年政府見解には、「同盟国に対する外国の武力攻撃によって日本国民の生命などが根底からくつがえされる」という集団的自衛権の行使が含まれているんだ、つまり、集団的自衛権行使が憲法9条で認められると書いてあるんだ、と答弁したんですね。

　でも、ここで皆さまは、昭和47年政府見解の一番最後の「帰結（あてはめ）」という箇所には、「集団的自衛権の行使は、憲法上許されないといわざるを得ない」と書いてあるじゃないか、とおっしゃると思います。
　全くそのとおりです。それが正しい日本語の文章の理解の仕方なんです。しかし、安倍政権の人たちはそのように理解しないんです。
　彼らは、ここの文章を、段落わけしているようにみえますが、**実は段落わけしておらず、一つの段落の中に三つの文章が連続してつながっているものを勝手に分けて**、一つ目（基本的な論理①）は、憲法9条は戦争の放棄などを定めているが、日本国民の生命にかかわるときはそれを救うための戦いができることを論理としていると言っている。
　二つ目の段落（基本的な論理②）は、戦いはできると言っても平和主義の制限に服するので、じゃあどういうときにできるかといったら「外国の武力攻撃によって日本国民（ここの「国民」が日本国民であることについては彼らも否定はしていません）の生命などが根底からくつがえされるときにそれをまもるために必要最小限度のことはできる、という論理を言っている、と。
　この上二つのブロックで憲法解釈としての論理は終わっていて、三つ目はただの「帰結（あてはめ）」、これは何かというと、「我が国に対する外国の武力攻撃」のケースだけをどういう戦いができるのかを書いてある「基本的な論理②」にあてはめて、その結論を言ったにすぎないと。だから「帰結（あてはめ）」と書いてあるんですね。

　これをさらに分かりやすく言うと、彼らは国会でこう説明しているんですね。
　昭和47年政府見解には、その作成当時から、二つの武力行使を許容する論理が書かれてあった。一つは、「我が国に対する外国の武力攻撃」の個別的自衛権の論理。もう一つは、「同盟国に対する外国の武力攻撃」の集団的自衛権

の論理。この両方が、憲法9条のもとで合憲であると認めているのが、昭和47年政府見解なんだと。そして、この二つの論理が書かれているのが、「基本的な論理②」なんですと。

しかし、昭和47年当時は、「同盟国に対する外国の武力攻撃」、つまり、アメリカに対するイランの武力攻撃で、日本国民の生命などが根底からくつがえされるようなことが現実に起きるとは考えられていなかったので、そうしたケースを「基本的な論理②」にあてはめてなかった。つまり、集団的自衛権行使が認められる論理を使っていなかったと。だから、集団的自衛権行使が合憲だという結論（帰結）が昭和47年政府見解の中に書かれていなかっただけだと、と言っているんですね。

しかし、昨年の7月1日、我々は、アメリカに対するイランの武力攻撃でも日本国民の生命が根底からくつがえされることが現実に起こり得るということに気付いた。ホルムズ海峡の事例です。それで、この新しい事実の発見と言いますか、事実の認識を昭和47年当時から存在する「基本的な論理②」にあてはめると、最後の「帰結（あてはめ）」の部分の結論が変わる、つまり、集団的自衛権行使が許されるという新しい結論が得られた——なぜなら、もともと集団的自衛権行使は「基本的な論理②」の論理の一つとして含まれ

平成27年6月11日　横畠 長官答弁

〇小西洋之君
四十七年見解を作ったときに
限定的な集団的自衛権行使を容認する法理が含まれていたんですね

〇横畠内閣法制局長官
法理といたしましては
まさに当時から含まれている

ているから——この新しい結論が「解釈変更」だ、というわけです。

　このことを、横畠内閣法制局長官は、安保国会が始まっていた６月11日の答弁でも「限定的な集団的自衛権がまさに昭和47年当時から含まれていた」と簡潔明瞭に認めています。この答弁の中の「法理」という言葉は「法的な論理」という意味です。また、「限定的な集団的自衛権行使」は解釈改憲で安倍内閣が合憲とした、（国際法違反の）特別の集団的自衛権行使ですが、後でご説明します。

　実は、「言われてみれば」、なのですが、７月１日の閣議決定には、今申し上げたことがちゃんと書いてあります。これは、私が３月24日に質問するまで、昨年の７月１日の閣議決定以降、誰も国会で取り上げることができていませんでした。おそらく一部の与党議員を除いて、私を含め永田町で誰も気付いていなかったのだと思います。

　これは、7.1閣議決定の中で集団的自衛権行使が合憲であるという根拠を述べている箇所なのですが、始めの（1）で**「基本的な論理」**という言葉がありますね。つまり、憲法９条の解釈変更をするにしても、従来の政府解釈の「基本的な論理」との論理的整

7.1閣議決定

3　憲法第9条の下で許容される自衛の措置

(1)…政府の憲法解釈には論理的整合性と法的安定性が求められる。したがって、従来の政府見解における憲法第9条の解釈の**基本的な論理**の枠内で、…論理的な帰結を導く必要がある。

(2)…この自衛の措置は、あくまで**外国の武力攻撃**によって国民の生命、自由及び幸福追求の権利が根底から覆されるという急迫、不正の事態に対処し、国民のこれらの権利を守るためのやむを得ない措置として初めて容認されるものであり、そのための必要最小限度の「武力の行使」は許容される。これが、憲法第9条の下で例外的に許容される「武力の行使」について、従来から政府が一貫して表明してきた見解の根幹、いわば**基本的な論理**であり、**昭和47年10月14日に参議院決算委員会に対し政府から提出された資料「集団的自衛権と憲法との関係」に明確に示されている**ところである。

合性や法的な安定性を守らないといけないと。ここの考え方は正しいのですが、その次の（2）で、「裸」の**外国の武力攻撃**が出てきますね。つまり、個別的自衛権行使だけじゃなくて、集団的自衛権行使も含んだ論理こそが、「従来から歴代政府が一貫して表明してきた」ところの憲法9条解釈の「基本的な論理」なんだと言っているんですね。

そして、その「基本的な論理」なるものは、「昭和47年10月14日に参議院決算委員会に対し政府から提出された資料」というのが昭和47年政府見解なのですが、その昭和47年政府見解に**明確に示されている**んだと明言し、断言しているんですね。

つまり、集団的自衛権行使を容認する論理を含む憲法9条解釈の「基本的な論理」そのものが昭和47年政府見解の中にもともと書いてあるんだと、7.1閣議決定の中ではっきりと言い切っているんですね。

日本は昭和47年から集団的自衛権行使ができる国だったんだ！なんて、いきなり言われても、あ然として途方に暮れるというか、くらくら目眩がするところですが、安倍政権が国会で言っていることを分かりやすく言うとこういうことになります。

「今まで歴代の政府は憲法9条で集団的自衛権は出来ないといってきたんだけれども、それは、本当の憲法9条の解釈を見つけられてなかった。我々は、昨年の7.1閣議決定に向かう途中で、42年ぶりに昭和47年政府見解をはじめて丁寧に読み直しをしてみて、そこに集団的自衛権行使が書かれていることを発見した。この、個別的自衛権行使と集団的自衛権行使の両方が許される論理こそ、本来の憲法9条解釈の「基本的な論理」なのだ。昭和47年以降の全ての歴代政府は、この正しい「基本的な論理」に気付かずに、しかし、あくまでもその枠内で憲法9条を運用してきたのだ。」

安倍総理は、集団的自衛権行使ができるようになっても、平和主義は変わらない、専守防衛は変わらない、立憲主義にも反していない、解釈改憲なんかじゃない、と繰り返し主張していますが、それは42年前から存在していた清く正しい憲法9条の「基本的な論理」を見付けて、それに従っているからだという訳だったんですね。

3.「読み替え」が違憲無効であることの立証──作成者が全否定している

　さて、大変なことになりました。このままでは、我が国は、第二次安倍内閣が誕生するまでは国会の審議でもほとんどまったく触れられることも無くなっていた昭和47年政府見解という「古文書」──後に、「生命、自由及び幸福追求の権利が根底からくつがえされる」という分かりにくい表現ではなく「国民の生命や身体が危険にさらされる」（平成16年政府答弁書）など、より明確な言葉で表現した「集団的自衛権行使を違憲」とする新しい政府見解が積み重なっていったために使用されなくなっていたのです──だけを根拠に、しかも、その中の「外国の武力攻撃」という言葉が、誰に対する外国の武力攻撃と明記していないので、だったら、「同盟国に対する外国の武力攻撃」とも読めるから、という理由だけで、集団的自衛権の行使ができることになってしまいます。

　明らかにインチキな訳ですが、これをどうやって証明するか。3月24日の質疑以降にも、参議院でいろんな角度からこの「**昭和47年政府見解の読み替え**」問題を追及する中で、ある時、決定的な方法を思い付きました。

　これは「昭和47年政府見解」の実物のコピーです。実は昭和47年政府見解は手書きなんですね。まだワープロもなかった時代。手書きで本文が7ページに

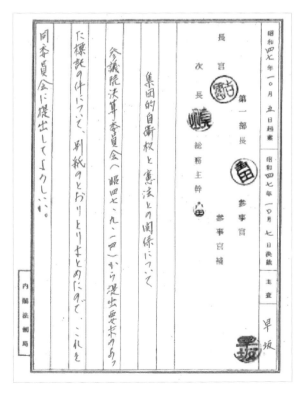

わたってサラサラサラと書いてあります。

　私は、もともと総務省で働いていた官僚だったのですが、**ああ、そうだ、昭和47年政府見解を作った時の文書（原本）が霞ヶ関の地下倉庫に保管されているはずだから、そこに決定的な手掛かりがあるはずだ**と気付いたんですね。
　そこで、参議院の外交防衛委員会に提出要求をするとともに、自分でも直接に情報公開請求をして（国民の皆さんもだれでも持ち主の内閣法制局に情

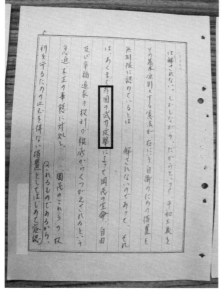

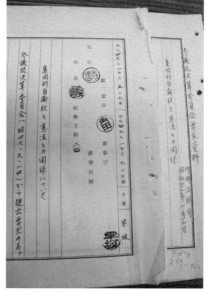

報公開請求ができます)、これを入手しました。そして、内閣法制局まで出掛けていって、しっかりと、実物を閲覧もしてきました。私のホームページにはこの文書のすべてのページを掲載しています。(http://konishi-hiroyuki.jp/)

　この「外国の武力攻撃」に、「**実は、外国の武力攻撃という文字の前に、我が国に対するという意味と、同盟国に対するという意味の2つの意味を、この文字を書いた人が込めているんだ**」と安倍内閣は言っているんですね。

　まさに安倍総理はそう言っているんですね。でなかったら、そう読めないはずですから。

　じゃあ、ほんとうにそういう2つの意味があるんでしょうかと、誰に聞けばいいんでしょうか？　誰に聞けばいいかというと、**表紙の決裁欄に、判子を押している人がいますね。**

　これは内閣法制局が作成して参議院決算委員会に対して出した文書で、これを作った人たちが判子を押しています。

　長官、当時の内閣法制局長官は吉國さんです。吉國さんといえば、プロ野

球のコミッショナーを務められた方ですが、元々官僚中の官僚で、法制局長官だったんですね。隣はNO.2の法制局次長で、後に法制局長官になる真田さん。あとは、NO.3の角田法制局第一部長。やはり、後に長官になる角田さんは、当時、憲法解釈を担当する第一部長でした。この方々が、どう考えていたか。

　これが国会に提出されたのが10月14日ですが、この起案の決裁の日付が書いてあります。10月5日に鉛筆でサラサラサラと、この課長クラスの早坂さんという人が作ったんですね。で、その2日後の10月7日に上司の3人のチェックが終了して、直す所を直して判子をついてできたものなんですね。つまり、たった2日間で作ったものなんですね。そして、この国会提出の10月14日から、まあだいたい1週間ぐらい前に準備を完了しておいたと。

（1）吉國内閣法制局長官の全否定答弁
　　―― 同盟国等に対する外国の武力攻撃では、日本国民の生命、自由、幸福追求の権利は根底から覆らない。集団的自衛権行使は憲法9条をいかに読んでも読み切れない。

　実は、この政府見解を作るきっかけになった国会の質疑があります。

　それは、10月7日の決裁日のちょうど3週間前の9月14日の参議院決算委員会です。その国会の質疑をもとにして、この人たちが政府見解を作った。

　じゃあ、この人たちはさっき言ったように外国の武力攻撃の前に2つの意味があるのかどうか考えていたのかと。つまりは、憲法9条のもとで集団的自衛権行使ができるのだとするつもりで、これまでの「集団的自衛権行使は違憲である。それはつまり、9条の条文を変えなければできない。」という、戦後の議会と政府の歴史を全てひっくり返すような解釈の大転換をするつもりで、この政府見解を作ったのかどうか。

　この政府見解を作るきっかけになった、3週間前の国会質疑で吉國内閣法制局長官がどう言っていたかというと、これが昭和47年の9月14日の国会審議における吉國長官自身の答弁です。

　吉國長官「憲法9条の戦争放棄の規定によって、他国の防衛までをやるということは、どうしても憲法9条をいかに読んでも読み切れない」

　「他国の防衛までをやるということは、どうしても憲法9条をいかに読んでも読み切れない」と国会でこう答弁した人が、この政府見解を作ったんです。

　「他国の防衛」というのは、集団的自衛権のことです。集団的自衛権行使の

定義は「同盟国に対する武力攻撃を阻止するための武力行使」ということですから、その実質は他国防衛権なんですね。そして、この質疑は、当時の社会党の水口宏三さんという議員が、憲法9条において集団的自衛権行使は可能なのか？　というのを一生懸命聞いている質疑なんです。

　それについて、吉國長官が「出来るわけがありません。読んでも読み切れません」、「日本に対する侵略が発生した時の個別的自衛権行使が、憲法の容認するぎりぎりのところです。集団的自衛権の行使は違憲です」という答弁を繰り返し繰り返し行って、質疑の最後に水口さんが「ちょっと政府が考えている事がよく分からないから。見解文書を出してくれないか」と言って、念押しして出てきたのがこの昭和47年政府見解なんです。

　だから、安倍総理たちが言っているように、本当に昭和47年見解に集団的自衛権が入っているかどうかは、これを作った人たちがどう考えていたのかを確認すればいいんですね。

　「他国の防衛までをやるということは、どうしても憲法9条をいかに読んでも読み切れない」という人たちが作った文書から、安倍内閣や与党の人たちは「この中に集団的自衛権は認められている」、「だって、外国の武力攻撃は、誰に対するって書いてないから」と言っているのですが、我が国に対する外国の武力攻撃」以外は読める訳がないんです。だって、集団的自衛権の行使は「読んでも読み切れない」んですから。ここで「同盟国に対する外国の武力攻撃によって日本国民の命が根底から覆される」とは絶対に読めないんですね。

昭和47年9月14日　吉國 長官答弁

憲法第九条の戦争放棄の規定によって、<u>他国の防衛までをやる</u>ということは、どうしても**憲法九条をいかに読んでも読み切れない**

それが、読めるんだ！という主張は、単なる「言いがかり」であり、「言葉遊び」なんですね。

　つまり、「憲法9条から、集団的自衛権行使はいかに読んでも読み切れない」と国会答弁した人が、政府を代表して国会に提出するために作った文書なんだから、その憲法9条の解釈を書いた「昭和47年政府見解から、集団的自衛権行使はいかに読んでも読み切れない」と考えるのが、法治国家として、日本語を使う国として、当たり前のことなんですね。

　さらに完璧な証拠でお見せします。 ちょっと長い議事録ですけれども、これが解釈改憲、安保法制との闘いの中で一番大切なものなので是非一緒にお読みください。吉國長官が、9条を「いかに読んでも読み切れない」と発言された日と同じ日の答弁です。

　「外国の侵略が（日本国に）現実に起こった場合に『生命、自由及び幸福

昭和47年9月14日　吉國 長官答弁

〇 外国の侵略が現実に起こった場合に「**生命、自由及び幸福追求に対する国民の権利**」が根底からくつがえされるおそれがある。
その場合に、<u>自衛のため必要な措置をとること</u>を憲法が禁じているものではない、というのが<u>憲法第九条に対する</u>**解釈の論理の根底**でございます。

〇 **その論理から申しまして、**集団的自衛の権利ということばを用いるまでもなく、<u>他国が侵略されているということは、</u>**まだ日本国民の幸福追求の権利なり生命なり自由なりが侵されている状態ではない**ということで、<u>まだ日本が自衛の措置をとる段階ではない。</u>
日本への侵略行為が発生して、そこで初めて自衛の措置が発動する。

追求に対する国民の権利』が根底からくつがえされるおそれがある。」

　有名な言葉、が出てきましたね。7.1閣議決定にある集団的自衛権行使の「新三要件」の言葉が出てきました。実はこの『生命、自由及び幸福追求に対する国民の権利』とは憲法13条の文言なのですが、それが「根底からくつがえされる」という表現を用いたのは、戦後の議会の歴史の中でこの時が初めてなんです。吉國長官が初めて作った言葉なんですね。国会図書館のホームページに国会議事録検索（http://kokkai.ndl.go.jp/）というのがあって、「生命、幸福追求、根底からくつがえされる」、「吉國　くつがえされる」などと入れると出てきます。これしか出てきません。**吉國長官はこの言葉の生みの親なんです。**

> **■武力の行使の「新三要件」（7.1閣議決定）**
> ① 我が国に対する武力攻撃が発生したこと、又は<u>我が国と密接な関係にある他国に対する武力攻撃が発生し、これにより我が国の存立が脅かされ、国民の生命、自由及び幸福追求の権利が根底から覆される明白な危険があること</u>
> ② これを排除し、我が国の存立を全うし、国民を守るために他に適当な手段がないこと
> ③ 必要最小限度の実力行使にとどまるべきこと

　戦後の議会の歴史で、こういう『生命、自由及び幸福追求に対する国民の権利』が根底からくつがえされる、という言い方をしたのは初めてな訳ですが、ここで吉國長官が述べた言葉を基に、約3週間後にこの憲法9条の解釈の文書を早坂さんという課長クラスの人が作る時には、私も官僚出身なので経験があるんですけども、国会答弁で政府を代表する立場であり、また、一番偉い上司である内閣法制局長官が使った言葉を忠実に使って作るんですね。

　ここで、ポイントなのは、昭和47年政府見解に書き込まれ、そして、7.1閣議決定にある集団的自衛権行使の新三要件に書き込まれ、そしてそのまま安保法制の条文の中にも書き込まれている「国民の生命、自由及び幸福追求の権利が根底からくつがえされる」という言葉を、その生みの親の吉國長官

が、一体どういう意味で、どういう論理的な文脈で使っているのかと言うことです。

　吉國長官は、日本に対する外国の侵略が現実に起こった場合は国民のみなさんの生命などが根底からくつがえされるおそれがある。なので、日本の国民のみなさんを守る、自衛のための必要な措置、個別的自衛権の行使ですね、そこまでは認めているというのが**憲法 9 条に対する解釈の論理の根底です**、と言っています。論理の根底、個別的自衛権行使だけがぎりぎり認められることが論理の根底だと言っているのだから、これに並ぶ他の論理、つまり、集団的自衛権の行使を認める論理は存在しない訳です。

　しかもこれからが、一番大事です。その論理、日本が武力攻撃を受けた時に日本国民のみなさんの生命を救うためにやむをえず行なう自衛の措置、つまりは、個別的自衛権の行使しか出来ないという、**この論理から申しまして、集団的自衛権なんていうことをわざわざ言わなくても他国が侵略されていること、つまり日本の大切なアメリカがイランから武力攻撃を受けている、そういう日本ではない同盟国だけが武力攻撃を受けている状況では、まだ日本国民の生命なり自由なり幸福追求の権利が侵されている状態ではない**（答弁では「幸福追及の権利」を最初に言っていますが意味は同じです）。つまり、生命、自由及び幸福追求の権利が根底からくつがえることはない。

　だから日本はまだ自衛の措置をとる段階ではない。つまり、日本に対する武力攻撃は発生していない、この場合の自衛の措置である集団的自衛権の行使が出来る段階ではない。日本への侵略、日本そのものへの武力攻撃が発生して初めて個別的自衛権という自衛の措置が発動できる、それが憲法 9 条の解釈なんだと言っているんですね。

　ポイントは「**昭和 47 年政府見解の読み替え**」と私は言っているんですけども、この読み替えというのは、「外国の武力攻撃によって国民の生命、自由及び幸福追求の権利が根底からくつがえされる」という文章に着目して、この「外国の武力攻撃」という文言を、同盟国ですね、「同盟国に対する外国の武力攻撃」というふうに読み替えれば、その後に続く文章と一体となって、日本の同盟国に対する、つまりは、アメリカに対するイランの武力攻撃によって日本国民の生命などが根底からくつがえされることがあるという集団的

自衛権の論理が成立するんだ、という風に言っているんですね。

　ところがその言葉を生み出した吉國長官は、「他国が侵略されているということは、まだ日本国民の生命なり自由なり幸福追求の権利が侵されている状態ではない。まだ日本が自衛の措置をとる段階ではない」、つまり、「同盟国に対する外国の武力攻撃が発生しているだけの状況では、日本国民の生命などが根底からくつがえされることはない。よって、日本ができる自衛の措置、つまりは武力行使たる集団的自衛権の行使はできない」と言っているんですね。

　だとすると、この生命などが根底からくつがえされるという言葉の生みの親の吉國長官の認識、つまりは、昭和47年政府見解の作成に至るまでの吉國長官を含む全ての政府の憲法9条解釈の考え方に反して、「同盟国に対する外国の武力攻撃」と読み替えて「国民の生命などが根底からくつがえされる」という集団的自衛権の論理が成立するんだと主張することは、まさに法的な論理として許されないのですね。

　つまり、安倍政権による昭和47年見解の読み替えはですね、ここに集団的自衛権の行使が入っているんだ、そういう風に読んでいいんだという主張が意味するところは二つあります。
　一つは言いがかり的に「同盟国に対する」という言葉を入れる。
　もう一つは、彼らの理解では、「同盟国に対する外国の武力攻撃の局面で日本国民の生命なり自由なり幸福追求の権利が根底から覆されることがあるから、それを守るために自衛の措置たる集団的自衛権の行使ができる」という文章が成立すると考える。
　しかし、その言葉を作った吉國長官は日本が攻撃されない限り、日本以外の他国（同盟国）が武力攻撃を受けている段階では日本国民の生命、自由や幸福追求の権利が覆されることは「ない」と言っているんですね。だから昭和47年政府見解において、「同盟国に対する」という言葉を入れて国民の生命などが根底から覆ることが「ある」という文章を成立させる、そういう読み替えは絶対にできない。これは、「日本語が日本語である限り、この世に理屈や論理がある限り絶対にできないし、やってはいけないこと」です。

　実は、解釈改憲というのはこれだけの問題なのです。

つまり、安倍政権は憲法9条の解釈で論理的に集団的自衛権が可能に出来る道を、──昨年の7.1閣議決定の前には、解釈改憲賛成派のお友達ばかり集めた安保法制懇という審議会を設けたりして不真面目ながらにも──さぐったんですけども、出来なかったんです。60年間以上、誰もできなかったことはやっぱり出来ない。憲法9条の解釈っていうのは、あまりに完璧な論理なので出来なかったんです。それを無理にやろうとすると、どのようにしても論理的に説明の付かない理屈を主張せざるを得なくなる、そして、それは、安倍内閣自身が7.1閣議決定でいみじくも認めている「政府の憲法解釈の論理的整合性と法定安定性」を踏み外してしまうことになるのです。これまでの歴代政府の政府見解や国会答弁と矛盾を生じることになってしまう。なので、ある政府見解にもともと集団的自衛権があるんだっていう言いがかりを言っているんです。そういう風に読めるでしょうと。

ただ、政府見解を作った人たちがそういう風に読んではいけない、と。判子をついた吉國長官自らが、「**集団的自衛権の行使は、憲法9条をいかに読んでも読み切れない**」と言っているし、国民の生命などが根底からくつがえされる、というのはもう日本が武力攻撃を受けた時だけですよ、と。「**日本が武力攻撃を受けていない局面では国民の生命などは根底からくつがえりません。集団的自衛権の行使はできません**」と断言しているのだから、それをくつがえると言い張って集団的自衛権の行使ができると言い張ることは「**日本語が日本語である限り、世の中に理屈や論理がある限り**」絶対に出来ない、絶対に許されないんです。

(2) 真田次長の全否定答弁
──集団的自衛権行使をよもや憲法9条が許しているとは思えない

さらに、もう一人、だめ押しで挙げておきます。

同じく昭和47年政府見解の決裁者（作成者）である真田次長は、昭和47年政府見解の作成の約5ヶ月前の昭和47年5月1日に同じく社会党の水口議員に対して、「我が国に武力攻撃が発生した場合においてのみ武力行使が許されるというのが**憲法のぎりぎりの解釈**」という内容の答弁や、「その他国がわが国とかりに連帯的関係にあったからといって、わが国自身が侵害を受けたのでないにかかわらず、わが国が武力をもってこれに参加するということは、

> **昭和47年5月1日 真田次長答弁**
>
> ○ 連帯的関係にあったからといって、わが国自身が侵害を受けたのでないにかかわらず、わが国が武力をもってこれに参加するということは、これは**よもや憲法九条が許しているとは思えない**
>
> ○ （わが国に武力攻撃が発生した場合においてのみ武力の行使が許されるというのが）**憲法のぎりぎりの解釈**

これはよもや憲法9条が許しているとは思えない」などと答弁しています。昭和47年政府見解の作成要求をした同じ国会議員にこう答えているんですね。

　そして、その内容は、憲法9条においては「ぎりぎり」個別的自衛権のみが許され集団的自衛権行使を「よもや」許しているとは思えないと言っているのだから、やはり、この世に日本語と論理があり続ける限り、どのように考えてもあらゆる集団的自衛権行使を違憲と述べているとしか理解のしようがないものです。なので、「読み替え」は絶対に許されないことになります。

　真田次長にとっては、自ら集団的自衛権行使の違憲の立証のために作成した「昭和47年政府見解」が、42年後にその合憲の根拠として「読み替え」により悪用されるとは、「よもや」考えてもいなかったでしょう。

(3) 角田第一部長の全否定答弁
　　　──集団的自衛権行使はゼロ。絶対にできない。

　そして、さらにもう一人、徹底的なだめ押しをご紹介します。

　さっき、「憲法の条文を変えない限り集団的自衛権はできない」というフリップをお見せしましたが、この角田内閣法制局長官、実は、ここで判子を押

しているこの人なんです。角田第一部長なんです。判子を押した当時の角田さんは第一部長なんですけれども、その後、めでたく11年後には出世されていて法制局の長官になっていたんですね。この方は立派な法制局長官として、いろいろな意義ある答弁を残している人です。

　この法制局長官になった角田さんが、憲法改正をしない限り集団的自衛権は出来ないと国会で答弁しているのに、その当人が、10年前に、集団的自衛権行使を論理的に含むことを前提に、国会に提出する政府見解文書に判子をつくわけがないんですよね。

　さらに、憲法改正をしなきゃだめだって言っている、判子をついたこの角田さんが、昭和56年に、昭和47年から9年後に法制局長官になって行っている答弁を見てください。

　この答弁が非常にすばらしい答弁で、実は、7.1閣議決定において安倍内閣は、「集団的自衛権を容認したけれど、それは、**自衛かつ他衛の限定的な集団的自衛権で、他国を守るためだけの集団的自衛権は憲法違反だけれども、自国防衛のための集団的自衛権だけは合憲なんだ**」と訳の分からないことを――国際法でも自国に対する武力攻撃が発生する前に自国防衛のために行う武力行使は、先制攻撃や予防攻撃といって国連憲章違反になり認められません――言っているんですけれども、**この角田長官は自衛かつ他衛の「限定的な集団的自衛権行使」なるものを真っ向から否定しているんですね。**

　当時、稲葉誠一さんという議員が、「いわゆる他衛、他を守るということは自衛だというふうになってくるのじゃないですか。」と聞いています

　例えば、アメリカと北朝鮮が戦争をしていて、アメリカと北朝鮮の戦争なんだけれども、その戦争が激しくなると、アメリカを守るだけなんじゃなくて、日本を守ることにもなるんじゃないんですか、と。北朝鮮から日本の大切なアメリカが侵害を受けている、その結果として日本の国家の存立や何かにそれが関係する事もあるんじゃないんですか、それでも日本は何もできないんですか、と聞いているんですね。ちなみに、この「何か」が「日本国民の生命などが根底から覆されること」だと考えれば、「国の存立が脅かされ、国民の生命などが根底から覆される」という安倍内閣の集団的自衛権行使の新三要件と丸っきり同じことを聞いていることになります。

　こうした一連の質問に対して、角田長官は、（憲法9条の解釈のもとでは）

わが国に対する武力攻撃が発生しなければ（北朝鮮がいよいよ我が国に対する武力攻撃をしてきたと認められるときでなければ）日本は武力行使はできないんだ、もうそれだけのことなんですと、自衛かつ他衛の限定的な集団的自衛権の行使を真っ向から否定してるんですね。

　アメリカと北朝鮮が戦争をしていて、北朝鮮が日本に武力攻撃をしてくるのは、まさに個別的自衛権の問題です。ところで、安倍政権が解釈改憲する前も今も何ですけど、憲法9条における個別的自衛権行使の正しい解釈は、北朝鮮の武力攻撃が日本に対して向いてきた瞬間に個別的自衛権でたたくことができる。これは、日本が北朝鮮から攻撃を受けて、日本国民が死んだ後でなければ自衛隊は出動できないという意味ではありません。北朝鮮がまさに攻撃をしてくる、これを「武力攻撃の着手」というんですけど、その着手の瞬間に至ったときに自衛隊は日本国民が死傷する前にこれをたたくことができるんですね。ちなみに、これは先にお話しした、どんなに仲の悪い国同士であっても相手がこちらに対して武力攻撃の着手に至らないのに、先制して相手を攻撃する、先制攻撃は禁止されているということは、国際法のルールでもあります。そして、憲法は第98条で国際法遵守を定めていますから、

昭和56年6月3日　角田　長官答弁

○稲葉委員
いわゆる他衛、他を守るということは自衛だというふうになってくるのじゃないですか。
・・・（略）外国が侵害を受けているその結果として日本の国家の存立や何かに関係するという場合でも、日本は何もできないということですか。

○角田長官
わが国に対する武力攻撃がなければ、わが国の自衛権の発動はないということを申し上げたわけであります。

安倍内閣の「限定的な集団的自衛権行使」は第9条だけじゃなくて、第98条との関係でも違憲なんですね。

　また、角田長官はこうした認識の基にこの6月3日の稲葉議員に対する答弁で、「集団的自衛権につきましては、全然行使できないわけでございますから、ゼロでございます」、「集団的自衛権は一切行使できない」、「日本の集団的自衛権の行使は絶対できない」、「わが国は憲法で、それは全然行使しませんよということを世界にいわば独自の立場で自主的に宣言をしている」と述べています。

　もはや、ご説明も不用かと思いますが、「ゼロ」、「一切できない」、「絶対できない」、「全然しませんと世界に宣言」という文言からは、あらゆる集団的自衛権行使が全否定されていることは明々白々です。このような答弁を9年後に行う、昭和47年当時の角田第一部長（憲法解釈担当部長）が、昭和47年政府見解に「限定的な集団的自衛権行使」なるものが法理として含ませることを許容して、判子をつく訳がないのです。

昭和56年6月3日　角田 長官答弁

○ 集団的自衛権につきましては、全然行使できないわけでございますから、ゼロでございます

○ 集団的自衛権は一切行使できない

○ 日本の集団的自衛権の行使は絶対できない

4. 7.1 閣議決定「基本的な論理」は読み替えによる「捏造の論理」
―― 昭和47年政府見解に集団的自衛権行使は影も形も存在しない

　このように、憲法9条においてはあらゆる集団的自衛権が絶対できないということを、昭和47年見解を作った三人の方々はもうこれ以上はないというような、詳細かつ明確な表現でそのことを断言しています。「違憲」であるとこてんぱんに繰り返し、明言しているのです。従って、昭和47年政府見解の「外国の武力攻撃」という言葉を「同盟国に対する外国の武力攻撃」と勝手に読み替えて「限定的な集団的自衛権行使」なるものの法理が昭和47年政府見解に、それを作った当時から存在していたなどと主張することは絶対に許されないのです。

　結局、昭和47年政府見解の結論、「憲法のもとで、武力行使を行う事が許されるのは、わが国に対する急迫不正の侵害に対処する場合に限られるのであって、したがって、他国に加えられた武力攻撃を阻止することをその内容とするいわゆる集団的自衛権の行使は憲法上許されないといわざるをえない。」という文言は、「帰結（あてはめ）」などではなくて、昭和47年政府見解におけるれっきとした憲法9条の解釈論理そのものなんですね。昭和47年政府見解は、「あらゆる集団的自衛権行使は違憲である」と言い切っている、数ある政府見解の一つに過ぎないのです。

　ところで、私も、かつての総務省などの官僚時代にこうした法令の解釈文書を何本も作成したことがあるのですが、この「昭和47年政府見解の読み替え」がとんでもない暴挙であることは、昭和47年政府見解がたった2日間で、そして、内閣法制局のお役人だけで作られているものであることからも明らかです。

　なぜなら、昭和47年政府見解を作る以前の憲法9条解釈は当然「（我が国に対する武力攻撃が発生していない局面の武力行使である）あらゆる集団的自衛権行使は違憲」でしたから、それと異なり、「自国防衛のための限定的な集団的自衛権行使なるものは合憲」という新しい解釈を作るということは、日本の憲法秩序や安全保障政策、外交政策の根幹をひっくり返してしまう、この上ない大事業ということになってしまいます。それを、政府与党の政治家と相談もせず（もし、していれば、当時は55年体制の時代ですから与野党

巻き込んだとんでもない大政争になっていたでしょう)、自衛隊を所管する当時の防衛庁にも相談せず、日米安保条約を所管する外務省とガチンコの調整を行うこともせず、内閣法制局のお役人数名が自分たちの手持ちの判子を付いただけで、そして、閣議決定すらも行わず、事前の国会審議における第一野党の国会議員からの要請文書として国会に提出するなんてことをしでかす訳がありません。

　その証拠に、防衛省も外務省も、昭和47年政府見解の作成当時の資料は何も存在しないと私の追及に対し、国会答弁しています。安全保障、外交の根幹を大転換する解釈文書を「政府統一見解」として作成したはずなのに、その担当省庁にはその関連の資料が紙一枚も何も存在しない。もし、「あった」なら、役所のあらゆる文書の中で、最上級に重要な資料として完全管理の下に丁寧に保管されているはずですから、当然、最初から「なかった」のです。なぜなら、たった2日もあれば作れる、これまで何度も作ってきた従来の解釈の範囲内の政府見解文書に過ぎないから。

　こうしたことは、もう憲法の解釈論とかいう話ではなく、大人社会の常識、非常識のレベルの問題です。元霞ヶ関の官僚だった私の感覚から言うと、安倍内閣の主張は荒唐無稽な「漫画の世界」そのものです。

　つまり、昭和47年政府見解には、「集団的自衛権行使を容認する法理など、影も形も存在しない」のです。
　そして、「限定的な集団的自衛権行使」を容認した7.1閣議決定の「基本的な論理」とは、「昭和47年政府見解の読み替え」という手法によって捏造（ねつぞう）された、「捏造の論理」なのです。

　ちなみに、「閣議決定だけで解釈変更した」という批判に対し、安倍総理は盛んに、「昭和47年政府見解の作成時は閣議決定をしていないが、昨年の7月1日の解釈変更はちゃんと7.1閣議決定を行っているんだから、国民や国会軽視ではない」と主張しています。安倍内閣の主張は「昭和47年政府見解で創った限定的な集団的自衛権を含む「基本的な論理」に7.1閣議決定でホルムズ海峡事例などの「当てはめ」をしただけ」としているのですが、実はこれだと、今までにはないまったく新しい法理を創り出した昭和47年政府見解の方がその法理を使用しただけの7.1閣議決定よりも憲法的には比べもの

にならないぐらい重い政府の行為になりますから——これぞ、「憲法の解釈変更」そのものです。しかし、安倍内閣は「昭和47年政府見解は解釈変更ではない」と強弁しています——実は、「昭和47年政府見解にこそ閣議決定がないのがおかしい」と言うべきであり、まったくアベコベなのです。

5. なぜ、憲法学者の「違憲」の御主張が正しいのか
——「基本的な論理」の違い

さて、冒頭でご紹介したように、6月4日の衆議院憲法審査会において参考人として出席された早稲田大学法学学術院教授である長谷部恭男先生は、安保法制について、「**集団的自衛権の行使が許されるというその点について、私は憲法違反であるというふうに考えております。従来の政府見解の基本的な論理の枠内では説明がつきませんし、法的な安定性を大きく揺るがすものであるというふうに考えております。**」と述べられ、大きな反響を呼びました。

安倍総理の主張とこの長谷部先生の御主張のどちらが正しいのか、皆さまはもうすっかりお分かりだと思います。ポイントは、長谷部先生の御発言の中の「**基本的な論理**」という言葉です。

安倍総理は、昭和47年政府見解の「外国の武力攻撃」を「同盟国等に対する外国の武力攻撃」と勝手に読み替えて、「限定的な集団的自衛権行使の法理が、もともと昭和47年政府見解に存在していたのだ。この、従来の個別的自衛権行使の法理と限定的な集団的自衛権行使の法理の両方を含むものが、本来の憲法9条解釈の「基本的な論理」なのだ」と7.1閣議決定でも国会の答弁でも主張しているのですが、ようするに、安倍総理は、「昭和47年政府見解の読み替え」によって、インチキな「基本的な論理」を捏造していたのですね。安倍総理の主張する7.1閣議決定の「基本的な論理」と長谷部先生のご指摘の従来の憲法9条の政府解釈の「基本的な論理」はまったくの別物だったのです。

つまり、長谷部先生のご指摘の「従来の政府見解の基本的な論理の枠内では説明がつきません」「憲法違反である」との御見解はまったく正しいのです。

6. 7.1 閣議決定と安保法制は立憲主義に反する
── クーデター行為そのもの

　さて、このように時の権力者が自由に最高法規の憲法の解釈を変えることが可能になると、国民ではなくて安倍総理が主権者になってしまいます。つまり、「立憲主義」という言葉がありますが、これは、「主権者である国民が定めた憲法によって、国家権力のあり方を制限して、国民自らの自由や権利を守る」という考え方を意味します。集団的自衛権行使という国家行為は、武力行使という国家における最大の権力の発動ですから──いかに国民を守るためと内閣や国会が主張しても、その結果、自衛隊員は戦死し、国民も相手国からの反撃で戦死することになります──これを禁止する憲法9条の解釈を7.1閣議決定だけで変えてしまうことはこの立憲主義に反するのです。

　また、これは、7.1閣議決定の上に安保法制という法律を定めても立憲主義に反することになります。つまり、憲法9条は、閣議決定はおろか、国会が定める法律によっても、なお奪うことのできない国民の生命や権利を守るために、最高法規の憲法規範として戦争の放棄、武力行使の放棄、戦力の不保持、交戦権の否認などが定められているのであり、その論理的な解釈として集団的自衛権行使を否定している憲法9条を法律によって上書きする安保法制は、立憲主義に反する違憲立法になるのです。

　安倍総理は安保国会でも、「従来の憲法解釈との論理的整合性と法的安定性に十分留意し、従来の、昭和四十七年の政府見解における憲法第九条の解釈の基本的な論理の枠内で、合理的な当てはめの帰結を導いたものであり、解釈改憲、立憲主義の逸脱という批判は全く当たらない」（5月26日衆議院本会議）と述べていますが、昭和47年政府見解の読み替えという暴挙による「基本的な論理」の捏造が、解釈改憲そのものであり、立憲主義の逸脱そのものであることは、本書をお読みいただいたすべての国民の皆さまが容易にご理解いただけることなのです。

　つまり、今、国民の皆さまの目の前で起きていることは、主権者である国民の皆さまの憲法を「**安倍総理の憲法**」としてしまうものであり、**日本の法秩序、そして、法治国家を根底から覆すクーデター行為**そのものなのです。

7. 解釈改憲を禁じる「昭和29年参議院本会議決議」などとの矛盾・衝突

　なお、こうした昭和47年政府見解の作成者の方々の認識などの他にも、「昭和47年政府見解の読み替え」を否定する論拠は、昭和47年政府見解が作られる前にも後にも、山のような証拠があります。

　例えば、昭和47年政府見解の以前の自衛隊が創設された昭和29年には「憲法九条のもとでは我が国に対する武力攻撃が発生した場合以外には武力行使はできず（個別的自衛権の行使のみが可能）、結果的に集団的自衛権行使は憲法違反である」とする明確な政府答弁が複数あったり（昭和29年4月6日等）、あるいは、昭和47年政府見解以降では、7.1閣議決定で安倍内閣が認めた「自国防衛のための限定的な集団的自衛権行使」なるものと同質のものを真っ正面から否定する内閣法制局長官の国会答弁（平成16年1月26日）や政府見解（平成16年6月18日政府答弁書）などがあります。

　また、政府の憲法解釈ではなく国会として政府に対して示した憲法解釈として、同じく昭和29年の自衛隊創設時に「自衛隊の海外出動、つまりは、自衛隊の海外派兵である集団的自衛権行使を許さない」とする参議院本会議決議があるのです。そして、その趣旨説明では、「憲法九条の自衛とは、日本の国土に対する侵略を排除するための正当防衛行為である。これを将来に拡張解釈することは許さず、その危険を一掃する」とされているのです。この本会議決議は私が調べただけで2010年代に至るまで30回余りその後の参議院における自衛隊法の改正などの際に必ずと言っていいほど繰り返し政府がこれを遵守しているか確認されてきたものなのですが（実は、安倍総理も官房長官時代の平成17年12月12日に「自衛隊が海外で武力行使をすることを禁止した決議」と答弁しています）、「侵略を排除する正当防衛行為しかできない」という解釈は、まさに、7.1閣議決定以前の政府の憲法9条解釈とまったく同じものです。

　そして、国権の最高機関である国会の参議院本会議決議でこのような解釈を示し、しかも、それを将来に憲法9条の明文が「拡張解釈」、つまりは、「解釈変更される危険を一掃する」ため、唯一の国民代表機関たる国会の本会議決議により「国民の総意として表明しておく」としているにもかかわらず、昭和47年政府見解の作成者の吉國長官達が、まさに参議院（決算委員会）に対して、従来の憲法9条解釈を拡張し変更して集団的自衛権行使を解禁する

ような政府見解を提出する訳がないのです。

　このように、60年間以上、主権者である国民の皆さまのために国会が内閣を監督するという議院内閣制にもとづく国会と政府との関係で、憲法9条の条文をかえなければ安倍総理の言っている「限定的な集団的自衛権」なるものを含めできないと一貫して歴代政府は答弁などをしてきているので、「読み替え」はあらゆる全ての国会答弁や政府見解と矛盾し、かつ、それを否定する証拠は山のようにあるんですね。

　また、この矛盾は、安倍内閣自身が7.1閣議決定でいみじくも認めている

昭和29年参議院本会議決議

自衛隊の海外出動を為さざることに関する決議
「　本院は、自衛隊の創設に際し、現行憲法の条章と、わが国民の熾烈なる平和愛好精神に照し、海外出動はこれを行わないことを、茲に更めて確認する。　」

■提案者の趣旨説明演説
・世界に特異なる憲法を有する日本の自衛権は、世界の他の国々と異なる自衛力しか持てないということであります。

・自衛とは、我が国が不当に侵略された場合に行う正当防衛行為であつて、それは我が国土を守るという具体的な場合に限るべきものであります。‥‥故に我が国の場合には、自衛とは海外に出動しないということでなければなりません。如何なる場合においても、一度この限界を越えると、際限もなく遠い外国に出動することになることは、先般の太平洋戦争の経験で明白であります。それは窮窟であつても、不便であつても、憲法第九条の存する限り、この制限は破つてはならないのであります。

・外国においては、‥‥今日の日本の戦闘力を過大評価して、‥‥これを利用せんとする向きも絶無であるとは申せないと思うのであります。さような場合に、‥‥憲法の明文が拡張解釈されることは、誠に危険なことであります。故にその危険を一掃する上からいつても、海外に出動せずということを、国民の総意として表明しておくことは、日本国民を守り、日本の民主主義を守るゆえんであると思うのであります。

「政府の憲法解釈に求められる論理的整合性と法定安定性」に真っ向から衝突するものとなります。

　（補足説明 P.218 に、私が戦後の議会の歴史の中からピックアップした主な国会答弁や政府見解に対して「昭和47年政府見解の読み替え」が引き起こす矛盾、衝突のイメージ図を添付しておりますので、ご覧下さい（図の中の内容をご理解いただく必要はございません））。

8.「読み替え」は過去、現在、未来の全てを壊す「クーデター改憲」

　さて、この「昭和47年政府見解の読み替え」とは、ようするにこれまでのすべての国会答弁や政府見解をひっくり返し、国会決議などを無視する、**法治国家と民主主義を滅ぼしてしまうクーデター行為**そのものなのですが、この空前絶後の暴挙を国民の皆さんにわかりやすくどうやってご理解いただくか、あまり品の良くないたとえ話なんですけども、昭和47年見解の、安倍総理がやらかしたこの読み替えという話はたとえるとこういうことなんですね。

　　——あるところに昭和47年に結婚した仲睦まじい日本人の夫婦がいました。42年間お互いに愛し合って仲睦まじく一緒に生活をしてきたんですね。

　　ところが、42年目になって日本人の旦那さんに実はアメリカ人の奥さんがいることがわかったんですね。重婚していたことがわかったんです、しかもそれは昭和47年のプロポーズの時からしていることがわかったんですね。42年目になって。

　　それを日本人の奥さんは、目に涙を浮かべて「あなた、昭和47年のプロポーズの時に心から愛してくれているといったじゃない、とてもすてきな言葉だったから記念にかたちにしておこうと思ってちゃんと文章に書いてもらったわ。この文章をみて。心から愛していると書いてくれてるじゃない。」と言ったんですね。

　　それに対して旦那さんがどう言ったかというと、非常にさめた目で「あなたはおバカさんな女性ですね。たしかに昭和47年のプロポーズの時に心から愛しているとはいったけれども、あなただけを心から愛しているとは言っていない。私はちょうどあのとき同時に、同じく心から愛するアメリカ人の女性がいて、その人とも同時にプロポーズをして結婚

をしていた。だから私はあなたに嘘はついていない。私の真実の姿（真実の憲法9条）というのはそういうものだったんだよ。どうかこの事態をおとなしく受け入れてくれないと困るよ。」と、言っているのと同じ事なんです。──

　プロポーズのときに、目の前の女性に対して心から愛していると言うと、当然あなただけを心から愛しているといっているのに違いありません。
　内閣法制局長官が国会で憲法9条は読んでも読み切れないという答弁をし、その答弁をもとに作った政府見解なんだから、外国の武力攻撃と書いてあるのは、我が国に対する外国の武力攻撃にきまってるんです。
　それを、そうじゃないと。あなただけを心から愛しているとはあのとき書いていないんだから、アメリカの女性、同盟国のアメリカを助けるための集団的自衛権行使も憲法9条はできるんだといっていることと同じことなんです。論理的には全く同じことなんです。
　しかも、この旦那さんの発言は、この夫婦のプロポーズ前の楽しく幸せだった恋人時代の思い出も、プロポーズを経て42年間の苦楽をともにした結婚生活の思い出や積み重ねてきた信頼関係も、そして何より、二人が出会った時から奥さんがずっと信じていた旦那さんのまごころの愛情も、その二人のこれまでの歩みの何もかもを根底からくつがえしてしまうものなのです。
　「同盟国のアメリカに対するイランの武力攻撃」と読み替えることは、昭和47年政府関係の以前と以降の、日本の民主主義、国民の皆さんの代表である国会に対して政府が行った答弁や政府見解をひっくり返し、政府の憲法解釈を監督するために行った国会の本会議決議などを全て否定することになるのです。

　これほど国民の皆さんをバカにするものはない。まさに、ふざけるにもほどがあるというものでしょう。先ほどの奥さんは、安倍総理の「憲法9条の解釈の「基本的な論理」は変えていません。憲法違反ではありません。」という衆議院の特別委員会での国会答弁を日中にNHK中継で観たところ、その余りの意味不明さと内容のウソっぽさにイライラが溜まって、朝目覚めたらとんでもない悪い夢を見ていただけで、その後、夫婦はこれまでどおり仲睦まじく幸せに暮らしました。

しかし、私たちは、このような暴挙を絶対に許してはいけない。こんな「読み替え」を許したら、自衛隊員や国民の皆さんが憲法違反の戦争で生命を奪われ、傷付くことになる。そして、憲法の平和主義が失われるのみならず、日本は、永久に法治国家でなくなってしまう。憲法9条すらこんなインチキで180度真逆の内容に変えられるのだったら、どんな憲法や法律の条文であっても、いくら国会で答弁を積み重ねても政府見解を提出させても、後から幾らでも時の権力者が好きなように解釈を「読み替える」ことができるようになってしまう。

これは、徴兵制ができるかどうかというようなレベルの問題ではありません。憲法的には、徴兵制の実現など一瞬です。憲法18条の「意に反する苦役」を徴兵制は苦役ではない、国民の崇高な責務であり栄誉だと「読み替え」ればいいだけです。

思想良心の自由、信教の自由、表現の自由、学問の自由、職業選択の自由など、憲法で保障するあらゆる自由や権利が、いかようにも、時の権力の読み替えによって侵害されるようになるのです。

つまり、憲法が憲法でなくなってしまうのです。

9. 安倍内閣は「昭和47年政府見解」にしがみつくしかない
──前にも後にも何も存在しない

私は3月24日以降、この問題を国会で必死で追及をしてですね、安倍政権は、今こういうところまで追いつめられています。まず、「読み替え」を根拠付ける資料は何も政府の中に存在しない。内閣法制局の中には、吉國長官等の判子を付いた表紙を含めた計9ページの起案文書そのものとその本文をタイプ打ちで清書した紙の二枚があるだけ。つまり、安倍政権は、「同盟国に対する外国の武力攻撃」とも読めるじゃないですか、としか言えない。

さらにですね、昭和47年に、この政府見解を出す前ですね、前と後には憲法9条で集団的自衛権、限定的な集団的自衛権行使なるものを含めて、それが出来ると認めた国会答弁や政府見解は1つもないんですよ。

それは当たり前なんです。さっき申し上げたように憲法9条の解釈は憲法制定議会からは一貫して日本が武力攻撃を受けた時の正当防衛しか出来ない、そして、憲法9条の条文を変えない限りできないとまで言っているわけですから当たり前なんですけど、つまりこの前後、昭和47年政府見解の前後には

何もないんですよ。

　ようするに、安倍政権は昭和47年見解によっかかるしかない。この昭和47年政府見解にしがみついて、これに集団的自衛権が書いてあるっていうふうに安倍政権は言い張るしかないんですね。そう読めるじゃないですか、とすがりつくしかない。

　なので、これはそういう文書であるわけないだろと、だって作った人が――「いかに読んでも読み切れない」、「同盟国に対する武力攻撃だけでは、日本国民の生命などは覆らない」、「よもや憲法9条が許しているとは思えない」、

昭和47年政府見解の読み替えの根拠資料が存在しないことを示す国会答弁

■参　外交防衛委員会　平成27年4月2日
○小西洋之君　この外国の武力攻撃という言葉、この言葉に我が国に対するという限定を昭和四十七年当時付けなかった理由は何ですか。
○政府特別補佐人（横畠裕介君）　昭和四十七年当時、私がこれを担当したわけではございませんし、その辺の意図について記録も残っておるわけではございませんが、現に、この昭和四十七年の政府見解において、まさに外国の武力攻撃という記述になっているということでございます。

昭和47年政府見解の前後に、政府見解等が存在しないことを示す国会答弁等

■限定的な集団的自衛権行使を法理として認めた政府見解等に関する質問に対する答弁書（平成27年5月15日答弁128号　小西洋之議員（参））
質問：　昭和四十七年政府見解の決裁日以前に限定的な集団的自衛権があることを法理として認め、それを示した政府見解に係る文書や議事録等は存在するか。
答弁：　お尋ねの昭和四十七年十月七日以前に政府としてこのような内容を示した文書、国会における答弁等が存在するとは承知していない。

■参　外交防衛委員会　平成27年5月19日
○小西洋之君　昭和四十七年政府見解以降に、憲法九条において限定的な集団的自衛権が許容されている旨を明示した国会答弁あるいは政府見解文書などがありますでしょうか。昨年の七月一日以前ですね、閣議決定以前まで。
○政府参考人（内閣官房国家安全保障局）
　そのようなものはないと承知をしております。

「憲法9条の条文を変えない限りできない」、「自衛かつ他衛の集団的自衛権は認められない」──こういっているんだから、っていうことを国民の皆さんがご理解していただいて、国民の皆さんみんなで声を上げれば、それで**解釈改憲も安保法制も「the end」**なんです。これで終わりなんです。

10. 安保法制の衆議院特別委員会での追及

　この問題は、衆議院の安保法制の特別委員会でも、民主党議員の先生方が、「その（限定的な集団的自衛権行使）の論理といいますのは、当時の担当者の頭から出て紙として今に残っている」（6月26日　大串博志委員に対する横畠内閣法制局長官答弁）という「昭和47年政府見解の読み替え」をより明らかにする答弁を引き出すなど、何度も厳しく政府を追及しました。

　特に、6月22日の参考人質疑の機会では、かつて横畠内閣法制局長官の上司であられた元内閣法制局長官の法政大学法科大学院教授宮﨑礼壹先生が御出席になり、ご紹介した吉國長官や真田次長の答弁などに言及しつつ「**四十七年政府意見書から、集団的自衛権の限定的容認の余地を読み取ろうというのは、前後の圧倒的な経緯に明らかに反します**」と述べられ、また、「**現在の政府答弁は、四十七年意見書に我が国に対すると明白には書かれていないから、「外国の武力攻撃」とある表現には、我が国と密接な関係にある外国に対する武力攻撃も含むと読めると強弁して、いわゆる新三要件には四十七年見解との連続性があると主張しているわけですが、これは、いわば、黒を白と言いくるめる類いと言うしかありません**」と喝破なさっています。

　また、先ほどご説明したように、安倍内閣は、昭和47年政府見解の前後において、7.1閣議決定が容認した「限定的な集団的自衛権行使」を認めた政府見解や国会答弁は一つも存在しないとしています。しかし、この（当たり前で正しい）見解は逆に、**昭和47年政府見解の前後のすべての政府見解や国会答弁が「あらゆる集団的自衛権行使は違憲であると明言されている」ことの矛盾についてどのような説明ができるのか**、という問題を安倍内閣に突き付けることになります。つまり、7.1閣議決定が自ら記している「論理的整合性と法的安定性」の問題が問われるのです。

　これに対して、横畠長官は、昭和47年政府見解の前後の政府見解や国会答弁は、「あらゆる集団的自衛権行使（政府はこうした集団的自衛権の母集団全体を「フルセット」または「フルスペック」の集団的自衛権と呼んでいます）

を違憲と述べているだけ、あるいは、他国防衛のみを目的として自国防衛を目的としない集団的自衛権行使（つまりは、「非限定的な集団的自衛権」）のみを違憲と述べているだけであって、その全ての政府見解などにおいて「限定的な集団的自衛権行使」が合憲であることは法理として否定されていない」という訳の分からない、御都合主義のきわまった論理破綻した主張を展開しています。

　これは、政府としてはどのようにしても論理的な説明のしようがないので必死になって強弁をしているだけなのですが、これについても、宮崎元内閣法制局長官は参考人意見において、積み重ねられた累次の政府見解や国会答弁という「歴史を甚だしく歪曲するもの」と明解に断じられています。

　こうした衆議院の特別委員会における民主党議員の先生方の追及や宮崎元長官の信念ある御発言によって、この「昭和47年政府見解の読み替え」が安保法制の核心的な問題であることは、一部のインターネットメディアや週刊

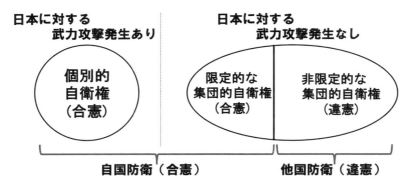

■安倍政権の説明イメージ
「個別的自衛権」と「限定的な集団的自衛権」は合憲で、「非限定的な集団的自衛権」は違憲としている。この二つの集団的自衛権の両方を合わせた、あらゆる集団的自衛権の母集団のことを「フルセット（or フルスペック）の集団的自衛権」と呼称している。

【参考】個別的自衛権とあらゆる集団的自衛権は「日本に対する武力攻撃が発生しているか否か」で絶対的に分けられ、概念として交わることはない。日本に対する武力攻撃の発生である「武力攻撃の着手」に至った段階で個別的自衛権の世界となる。

誌、月刊紙、新聞紙に加えて、一部の全国紙などでもその真相に迫る記事が出されるようになっていました。しかし、そうした追及を逃れるために、安倍総理や閣僚、そして横畠内閣法制局長官は、まさに、へりくつや三百代言(さんびゃくだいげん)というべきはぐらかしや時間稼ぎによる答弁拒否を繰り返し、そして、最後には、自民党総裁でもある安倍総理と与党は、特別委員会の審議を打ち切って、安保法制を強行採決したのです。

11. 安保法制を阻止するために
——国民の皆さんの手に憲法を取り戻す

　今後の参議院での国会審議ですが、冒頭でご説明したように、どんなに民主党などの野党議員が頑張っても60日ルールという手段を強行し衆議院で三分の二以上の多数で再可決すれば、安保法制は法律として成立し、日本はいつでも集団的自衛権行使を発動できる国になってしまいます。

　私は、安倍総理は、最終手段として100％、この衆議院での再可決を行ってくると確信しています。なぜなら、7.1閣議決定と安保法制は、「昭和47年政府見解の読み替え」という、真相さえ知れば中学生や高校生でも容易に理解できる単なるインチキの上に成り立っているからです。だから、安倍総理とそれを支える狂信的な官僚集団は——解釈改憲と安保法制は、安倍総理だけではできません。外務官僚などを中心に、確信犯で国民の皆さまの憲法と日本の民主主義を蹂躙(じゅうりん)している恐ろしい官僚集団がいるのです——絶対に止まることができないのです。止まると、倒れるしかない。何が何でも前に進むしかない。

　この「からくり」が暴露され、それが現時点での私の参議院での質疑（外交防衛委員会 3/24、4/2、4/7、4/23、5/12、5/19、6/9、6/11、決算委員会 4/20、本会議 6/10）や衆議院の特別委員会での民主党議員による質疑によって国会の議事録に刻まれた以上、未来永劫、安倍内閣の解釈改憲と安保法制が法的な正当性を得ることはできません。なぜなら、国会の議事録は永久保存であり、インターネットでいつでもどなたでも確認できる（http://kokkai.ndl.go.jp/）。そして、将来のいつの時代の国民の皆さんとその代表である国会議員が見ても、「昭和47年政府見解の読み替え」は、日本語が日本語である限りこの世に理屈や論理がある限り、絶対に許される訳のない暴挙であるか

らです。

　しかし、2013年8月にそれまでの慣例に反して内閣法制局長官の人事を強行して解釈改憲に着手してより、この二年余りの安倍政治の現実を直視すると、こうした正論が封殺され黙殺され通用しなくなる社会、あるいは、国会議事録の削除や改変さえ強行される時代すら生じ得ることは決して予断を許さない——戦前の「反軍演説」は議事録から削除され、また、私も本年3月20日の予算委員会質疑における安倍総理への「平和主義の法理の切り捨て」という違憲論点の追及において与党から水面下で議事録の削除要求を受けました——と考えています。なぜなら、憲法9条すら解釈改憲できるのであれば、他の憲法の条文など如何様にでも都合よく読み替え解釈改憲を強行し、それに基づいて安保法制のような法律を成立させることにより、権力者が望むどのような社会でもつくり出すことができるからです。

　また、社会で正論を封殺している間に、憲法上内閣が権限を有する最高裁判事の任命権を行使して安保法制の違憲訴訟に対して合憲判決で確定させることができることも、忘れてはなりません。

　そして、このような全体主義やファシズムともいうべき事態の進行などよりも、**直近に差し迫った現実的な脅威として、私が、安倍総理が必ず実行すると確信していることが、安保法制の参議院での強行採決後の早期の自衛隊の海外への出動です。**

　お話ししたように、安倍総理とんでもない暴挙を積み重ねている以上、絶対に止まることができない。とすれば、安倍総理が行うことは、その暴挙を無きものにするための「**事態の固定化**」です。「**違憲状態の既成事実化**」と言い換えても構いません。本来ならば、成立した法律を廃止することや閣議決定を撤回することは幾らでも行うことができ、また、その前例も数え切れないほどあります。しかし、安倍総理は、自分が総理大臣の権力の座にある間に、目の前にある違憲立法への批判を封じ込め、そして、将来においてこうした廃止や撤回を防ぐために違憲の安保法制という事態を永久にひっくり返しようがないようにするべく、自衛隊の海外への出動を強行し、憲法9条と前文の平和主義を文字どおり「死文化」させることを強行してくると考えています。

　この事態の固定化に本格的な戦争行為をする必要はありません。例えば、

海上自衛隊の護衛艦を安保法制で可能となる米国の戦争の後方支援などに出動させるだけで、安保法制は実行されたことになり、日本国憲法の憲法規範としての権威は完全に地にまみれてしまいます。そして、その後に、憲法改正が仕掛けられ、憲法9条と前文の平和主義は文字どおり、この世から完全に失われてしまうことになるでしょう。

　ですので、この参議院審議の間に、何が何でも、安保法制の成立を阻止し、これを廃案に追い込み、7.1閣議決定を破棄させなければなりません。そして、このような主権者である国民の皆さんや議会制民主主義を無視し否定する暴挙を繰り広げてきた安倍内閣を退陣に追い込まなければなりません。まずは、国民の皆さんが憲法を取り戻し、まともな民主主義とまともな政治を取り戻す、それ以上に重要なことは何もなく、為すべきこともありません。

　そのためには、国民の皆さんに、中学生や高校生でもすぐに理解できる「昭和47年政府見解の読み替え」のインチキについて声を上げて頂き、この最強の論点で闘っていただくほかないと考えています。
　安倍総理は、自衛隊の軍事力行使の拡大は正しいという信念であり、自分の解釈変更（7.1閣議決定）は正しいと考えているのですから、「戦争反対！」、「9条壊すな」というメッセージだけでは、安保法制を止めることはできないのです。

　しかし、安保法制は「違憲だ！」、なぜなら、「昭和47年政府見解の読み替え」という「言いがかり、言葉遊びのインチキじゃないか！」、「真っ黒なものを白と言い張っているだけのデタラメだ！」、「私たち主権者の憲法を、こんなのインチキで奪うな！」、「憲法を返せ！」、「安倍総理のインチキから、みんなの力で憲法を取り戻そう！」という声が広がり、その追及が広がることが、安倍政権にとって一番辛く堪えるのです。

　また、全国の各地域や国会前、首相官邸前のデモにお一人でも多くの方にご参加いただきたいのです。
　そして、その時には、ぜひ、本書のスライドや昭和47年政府見解の起案文書をそのままプラカードにして頂いて、「昭和47年政府見解には集団的自衛

権行使は影も形もないぞ！」、「読んでも読み切れないのに勝手に読み替えるな！」、「集団的自衛権行使はゼロ！絶対行使できない！」などのプラカードを掲げていただきたいのです。こうしたプラカードが安倍政権や与党には一番効くのです。

こうした声がどんどん広がっていけば、こうした暴挙をご存じない良識的な与党の国会議員の方々も、「こんなとんでもないことをしているとは知らなかった。こんな言葉遊びで、憲法の戦争放棄や平和主義を捨て去ってしまい、自衛隊員を集団的自衛権の武力行使に出動させたり、国民をその戦争に巻き込んで死傷させてしまうことは許されない。また、こんなことを認めたら、もう日本は法治国家でなくなってしまい、議会制民主主義の国でもなくなってしまう。いや、日本語による常識すら通用しない、専制国家になってしまう。」とお考えになり、解釈改憲と安保法制から手を引く、あるいは、積極的に反対し、声をあげて下さるようになるでしょう。

安倍総理を止めるただ一つの方法は、彼の権力基盤を突き崩すことです。

政治権力は一人では行使できません。安倍総理を支えてしまっている国会議員に国民の皆さんの声を届けることが一番重要なのです。それは、自民党など与党の国会議員の皆さん、安保法制を応援してしまっている一部野党の国会議員の皆さんに、「いくら何でも、こんなめちゃくちゃなことには付き合いきれない。」と考え、国民の皆さんのために行動していただくことなのです。

幸い参議院は来年2016年7月に必ず選挙があります。

多くの与党の参議院の先生方は、「昭和47年政府見解の読み替えの問題は、自分の参議院選挙の時でも、まったくそのまま存在し続ける。こんな問題を抱えて、国民の皆さんの大きな反対世論の中で、選挙ができるのだろうか。」ときっと心配になってきます。参議院は「良識の府」です。その不安の気持ちを、国民のための行動の確信に変えていただくのです。

また、衆議院はいついかなる時でも解散総選挙があり、遅くとも2018年12月には必ず任期満了選挙があります。
　60日ルールによる衆議院での再可決を阻止することも不可能ではありません。
　国民の皆さんの声が大きくなれば、それがいつ選挙があるか分からない常在戦場といわれる衆議院議員の先生方にも届き、衆議院での三分の二の再可決を阻止することも可能になってくると思います。昭和47年政府見解の読み替えのインチキは永久になくなることはできません。三年半以内の衆議院任期満了時にも存在し続けます。
　7月16日の衆議院の本会議の際には、特別委員会の審議を打ち切っての強行採決であったため、この「読み替え」という恐ろしい根本のインチキを多くの衆議院の先生方は正確に詳しくご存じはありませんでした。しかし、国民の皆さんの怒りの声が届けば、「**二度にわたって**」このようなインチキの違憲立法に賛成票を投じてしまうことを多くの衆議院議員の先生方は、きっと信念を持って拒否して下さるはずです。つまり、衆議院の三分の二以上での再可決は、お一人、お一人の衆議院の先生方の力とそれを動かす国民の皆さんの力で阻止することができるのです。

また、解釈改憲と安保法制を先導してきた官僚も動揺しています。

　私が3月に昭和47年政府見解の読み替えを暴露した時から、多くの安保法制に携わる官僚の皆さんから「参りました」という声を聞いています。官僚は優秀ですから、「こんなめちゃくちゃな話がいつまでも持つ訳がない」とすべてを理解しています。また、解釈改憲や安保法制のお先棒を担ぐ行為は、国家公務員の憲法遵守擁護義務違反であり、それは当然に国家公務員法の懲戒処分事由になります。安倍総理が「読み替え」という暴挙をその政治力で維持できなくなれば、自分たちの保身のためにあっという間に手を引いていきます。

　その結果、安倍総理は、国会議員からも官僚からも見放され裸の王様になって政権を維持できなくなるのです。

このお話は、衆議院の安保法制の特別委員会において安倍政権が徹底的な答弁拒否を行い、また、合計たったの116時間の審議時間だけであっという間に強行採決をしてしまったため（この問題だけを3月から6月まで10回の国会質疑を行った私でも答弁拒否の連続の中、時間が足りていません）、報道ではようやく本格的に取り上げられ始めたばかりであり、その内容も十分なものには至っていません。

　しかし、誤解を恐れず申し上げれば、このお話は、日本社会で今一番重要なお話だと思います。また、戦後の日本社会にとっても最重要であり、あるいは、平和憲法の運命を決めるという意味では、世界的にも本当に重要なお話のはずです。

　どうか、身の回りのあらゆる限りの方々にこのお話を伝えて頂き、また、お電話やＦＡＸ、お手紙やビラ、インターネットのフェイスブックやブログ、ツイッターなどあらゆる手段で、一人でも多くの方々に届けて頂きたいと願っています。参議院での審議は1ヶ月半かそこらしかないかもません。8月中までが勝負です。毎日、何度も何度も繰り返し発信をして頂くことが大切です。

　また、お住まいの選挙区の与党議員の先生方に本書の内容をお伝えいただいて、国会議員としてこんな「読み替え」に賛成なさるべきでないことをご意見し、同時に、その議員のお考えを確認することもできます。すべての国会議員は、憲法遵守擁護義務を負っており（憲法99条）、「昭和47年政府見解の読み替えを認めるのですか？それはなぜですか？」という国民の皆さまの真剣かつ真摯な声を無視することはできないはずですから、これはとても重要な方法です。

　また、同じことを各地域の政党の支部や、東京の政党本部にしていただくこともできます。特に、国民の皆さまの税金からなる政党交付金をもらっている政党は、政党助成法第1条に「日本の民主政治の健全な発展に寄与することを目的」として政党交付金が交付されることになっていますので、「あなたの政党は、昭和47年政府見解の読み替えを認めるのですか？それはなぜですか？こんなことが民主政治の健全な発展になるのですか？」と聞いていただくこともできます。

解釈改憲と安保法制は、国民の皆さまの力で阻止することができるのです。憲法は安倍総理のものではありません。与党議員のものでもありません。ただ一人、主権者である国民の皆さまだけのものです。

　まずは、憲法9条を国民の皆さまの手に取り戻しましょう。その上で、まともな民主主義と議会政治の基盤のうえで、日本の外交や安全保障政策のあり方を冷静に議論すればいいのです。私は、中国や北朝鮮の軍事的動向、中東でのテロの拡散など、日本周辺や世界の安全保障環境の変化を勘案しても、国民の皆さんの生命と日本の国益を守るために政策論として集団的自衛権行使は必要ないと考えていますが、しかし、その他の分野では幾つか法制度を整えるべきものがあると考えています。私が所属する民主党はこうした見地に立って、具体的な安保法制の改革案を4月28日に提言し、必要な立法作業を行っています。しかし、こうした議論は、あくまで、日本の民主主義と政治が現在の異常な状況を脱してから行うべきものであり、また、安倍内閣をこの夏で退陣させた後の秋の臨時国会からでも十分に間に合うことです。

　なお、安倍総理が国会を無視して強行した米国議会演説などがありますが、米国はルールの国であり、アメリカンデモクラシーの国ですから、私たち日本国民が主権者として憲法を取り戻し、民主主義の力で安倍内閣を退陣させてもなんら動揺はしません。ある政治権力を国民の力で転換させることは民主主義国家では当たり前のことです。もちろん、安倍総理が強行した異常な外交に対し、新しい内閣が国家を代表して、米国民と米国政府・議会に対し、誠意あるお詫びをしなければなりませんが、その上で、主権国家どうしの外交を行っていけばいいだけです。

主権者である国民の皆さんの手に憲法を取り戻す。今を生きる私たちのために、将来の子ども達のために、絶対に取り戻さなければいけない。

　それには、「昭和47年政府見解の読み替え」のインチキによる安保法制を撤回させ、7.1閣議決定を撤回させ、時計の針を一年前に戻してリセットすればいいだけなのです。

　私も、先輩同僚の国会議員とともに、国民の皆さんと力を合わせて全力で闘うことをお誓いします。ともに頑張りましょう！

【参考】「昭和 47 年政府見解の読み替え」を示す国会答弁

■参外交防衛委員会 平成 27 年 3 月 24 日
○小西洋之君　昭和四十七年の政府見解、ここの「外国の武力攻撃」ということについて、我が国に対する外国の武力攻撃だけではなくて、我が国でない他国に対する武力攻撃、同盟国に対する武力攻撃、そういうものも含まれると、そういうふうにこれを考えていいんだということを、あなたは歴代の法制局長官から直接伺ったことはございますか。
○政府特別補佐人（横畠裕介君）　直接聞いたことはございません。
○小西洋之君　では、法制局の内部でそうした見解をおっしゃっていた方、いらっしゃいますか。
○政府特別補佐人（横畠裕介君）　この基本的な論理まで遡ってしっかりと検討したというのは、今回の閣議決定に至る過程の中でございます。
○小西洋之君　では、要するに、今私が申し上げたような同盟国、我が国でない他国に対する外国の武力攻撃ということもここに概念的に含まれるというふうに考え出したのは、横畠長官、あなたが初めての法制局長官ということでよろしいですね。
○政府特別補佐人（横畠裕介君）　同様に考えていた者がいたかどうかは存じませんが、この昭和四十七年の政府見解そのものの組立てから、そのような解釈、理解ができるということでございます。

■衆平和安全法制特別委員会　平成 27 年 5 月 27 日
○長妻委員　……四十七年見解……ここの「外国の武力攻撃」というのは、これは、外国の日本に対する武力攻撃及び外国の密接に関係する相手国に対する武力攻撃と、両方含まれているということなんですね、四十七年見解というのは。
○横畠政府特別補佐人　……「外国の武力攻撃」という部分は、必ずしも我が国に対するものに限定されていない。……というふうに理解しております。
○長妻委員　四十七年見解、最終的には集団的自衛権を否定しているんですが、このよく引用される、外国の武力攻撃によって権利が根底から覆される、これは、我が国のみならず外国の他国への武力攻撃というのもこの四十七年の時点で含んでいてこういうふうに書いたんだというふうに今おっしゃったわけですが、これは総理、これでよろしいんですね。
○安倍内閣総理大臣　法制局長官が、ただいま政府を代表して見解を述べているところであります。

■参外交防衛委員会　平成 27 年 6 月 11 日
○小西洋之君　……四十七年見解を作ったときに今お認めになった限定的な

特別な関係、分かりやすく言えば、**前文の平和主義は憲法9条のお母さんのような関係**にあります。最高裁の判決（昭和34年砂川判決）も、歴代政府の解釈も、「憲法9条は、憲法前文の平和主義の理念が具体化した規定である」と述べてきました。つまり、戦争の放棄などを定めた憲法9条は前文の平和主義の理念がダイヤモンドのように結晶したものだと理解できるのです。

また、先ほどの昭和47年政府見解の内容の説明の中で（P.023）、「憲法前文にある日本国民の平和的生存権、つまり、日本国民が外国の軍隊の侵略で殺されることのない平和的生存権を持っているのだから、それを守るために、憲法9条のもとであっても、日本国民の生存、生命を守るための自衛の措置だけはできる。そして、外国の侵略から国民を守るための必要最小限度の個別的自衛権の行使だけは許されるが、一方で、まさにそれしか許されないという理由のために、集団的自衛権の行使は違憲とならざるを得ない。」というお話をしました。このように、**憲法の前文は憲法の個々の条文を解釈する際にその内容を方向づけ、あるいは拘束する「解釈上の指針としての意味」を持っている**とやはり歴代政府は国会で答弁をしてきました。このことは日本国憲法の制定時に文部省が全国の子ども達に向けて出した説明本『あたらしい憲法のはなし』（昭和22年8月）にも分かりやすく書いてあります。

憲法前文は「解釈上の指針」

○平成6年10月18日 大出内閣法制局長官答弁
　日本国憲法前文はそれぞれの条文を解釈する場合の<u>解釈上の指針</u>としての意味を持っている・・・政府といたしましても、従来からそのような理解をしてきておるところ

○昭和57年3月12日 角田内閣法制局長官答弁
　・・・前文はそれぞれの条文を解釈する場合の<u>解釈上の指針</u>として、これまた重要な意味を持っている

さらに、最高裁も砂川判決で憲法前文の「日本国民の平和的生存権」という平和主義の法理だけを用いて（昭和47年政府見解などと異なり、砂川判決は憲法13条は用いていません）日本が「自衛のための措置」ができるという考えを導いています。ちなみに、この「自衛のための措置」という文言は、この安保国会から安倍政権が「これが集団的自衛権行使の合憲の根拠となり、最高裁判決も集団的自衛権行使を認めているのだ」というとんでもない主張に利用しているものなのですが、もし、安倍内閣が憲法前文の平和主義を軽んじるのであれば、それは、安倍内閣が安保法制の合憲の根拠としている砂川判決の「安倍内閣としての読み方」――もちろん、憲法論の名に値しない「暴論」です――における唯一の根拠を自ら否定することになります。

> **文部省『あたらしい憲法のはなし』昭和22年8月2日**
>
> …前文というものは、二つのはたらきをするのです。**その一つは、みなさんが憲法をよんで、その意味を知ろうとするときに、手びきになることです。つまりこんどの憲法は、この前文に記されたような考えからできたものですから、前文にある考えと、ちがったふうに考えてはならない**ということです。もう一つのはたらきは、これからさき、この憲法をかえるときに、この前文に記された考え方と、ちがうようなかえかたをしてはならないということです。

(2) 集団的自衛権行使は前文の平和主義と矛盾することはできない

　「なるほど、前文は、憲法の条文の解釈を拘束する力があるのか」と驚かれるかも知れません。しかし、そもそも、前文とは、憲法を制定することになった由来や、制定する目的、制定に当たっての決意、あるいは、憲法が拠って立つ基本原理などが規定されたものとされています。日本国憲法の三大原理と呼ばれる国民主権、基本的人権の尊重、平和主義は、すべて前文の中に

基本となる考え方が書かれています。つまり、主権者である国民が憲法を制定する際の最も根本的で基本的な考え方が書かれているものが前文ということになります。(なお、安倍総理は著書の中で前文の一部を挙げて「連合国に対する詫び証文」と述べていますが、これは憲法が何たるかを全く理解していない主張です。)

　従って、憲法を制定する目的やそれが拠って立つ基本原理など一番根本的な考えを書いた前文と憲法の条文の解釈が矛盾すると、憲法制定の目的などが実現できなくなったり、国民主権や平和主義などの基本原理の考えが損なわれてしまいます。つまり、条文の間違った解釈でこうした前文の考えを骨抜きにすることができることになってしまいますから、「拘束する力」は当たり前のことです。

　さて、以上のことから、解釈改憲、安保法制と前文の平和主義との関係でどのようなことが言えるでしょうか。それは、『**集団的自衛権の行使というものは、憲法前文の考えと一切矛盾することはできない**。もし、少しでも矛盾することがあるのであれば、集団的自衛権行使を可能にした7.1閣議決定と安保法制は、憲法9条の解釈上の指針としての効力を有する前文に違反する「許されない解釈であり、立法である」こととなり、それらは、**その前文の考えに拘束される憲法9条に違反するものとして違憲無効となる**』ということになります。

2. 憲法前文の三つの平和主義

　ところで、安倍内閣を含む歴代政府は、憲法前文には三つの平和主義の考えが書かれているとしてきました。簡単にご説明すると、(1) 国会や内閣という国家権力が戦争を起こすことを許さない決意の国民主権の平和主義、(2) 他国の人々との信頼関係を築くことによって平和を保持する平和主義、(3) 全世界の国民が戦争によって殺されることのない平和的生存権を有することを確認する平和主義です(以下の、前文の太字のところです)。

■日本国憲法前文
　<u>日本国民は</u>、正当に選挙された国会における代表者を通じて行動し、われらとわれらの子孫のために、諸国民との協和による成果と、わが国全土にわたつて自由のもたらす恵沢を確保し、<u>政府の行為によつて再び戦争の</u>

> 惨禍が起ることのないやうにすることを決意し、ここに主権が国民に存することを宣言し、この憲法を確定する。そもそも国政は、国民の厳粛な信託によるものであつて、その権威は国民に由来し、その権力は国民の代表者がこれを行使し、その福利は国民がこれを享受する。これは人類普遍の原理であり、この憲法は、かかる原理に基くものである。われらは、これに反する一切の憲法、法令及び詔勅を排除する。
> 　日本国民は、恒久の平和を念願し、人間相互の関係を支配する崇高な理想を深く自覚するのであつて、平和を愛する諸国民の公正と信義に信頼して、われらの安全と生存を保持しようと決意した。われらは、平和を維持し、専制と隷従、圧迫と偏狭を地上から永遠に除去しようと努めてゐる国際社会において、名誉ある地位を占めたいと思ふ。われらは、全世界の国民が、ひとしく恐怖と欠乏から免かれ、平和のうちに生存する権利を有することを確認する。
> 　われらは、いづれの国家も、自国のことのみに専念して他国を無視してはならないのであつて、政治道徳の法則は、普遍的なものであり、この法則に従ふことは、自国の主権を維持し、他国と対等関係に立たうとする各国の責務であると信ずる。
> 　日本国民は、国家の名誉にかけ、全力をあげてこの崇高な理想と目的を達成することを誓ふ。

　そして、日本国憲法がこうした平和主義を定めた憲法であることを、義務教育の小学生がみんな学校で習っているのです。本年３月現在で、そぞれ全国で一番目と二番目に広く採用されている教科書からご紹介します。

3. 集団的自衛権行使と「全世界の国民の平和的生存権」との矛盾

　ところがですね、実はこの憲法前文の三つの平和主義は、どれもこれも、集団的自衛権行使と真っ向から矛盾するのです。
　例えば、「われら日本国民は、全世界の国民が、ひとしく戦争による恐怖と欠乏から免かれ、平和のうちに生存する権利を有することを確認する」としている「全世界の国民の平和的生存権」の平和主義を考えてみましょう（この「恐怖と欠乏」が「戦争による惨禍」を意味することは解釈として確

> ◆ 日本国憲法前文に示された
>   平和へのちかい（要旨）
>
>   わたしたちは、世界がいつまでも平和であることを、心から願います。わたしたちは、平和と正義を愛する世界の人々の心を信頼して、平和を守っていきたいと思います。
>
>   わたしたちは、平和を守り、平等で明るい生活を築こうと努力している国際社会のなかで、名誉ある国民になることをちかいます。わたしたちは、全世界の人々が、みな平等に、恐怖や欠乏もなく、平和な状態で生きていくことができる権利をもっていることを、確認します。
>
>   どんな国であろうと、自分の利益と幸福だけを考えて、他国のことを忘れるようなことがあってはなりません。

> 日本国憲法の前文の一部（要約）
>
> 日本国民は、わたしたちと子孫のために、世界の人々と仲よく協力し合い、自由のもたらす恵みを国土の全体にわたって確かなものにし、政府の手によって再び戦争の災いがおこることのないように決意し、主権が国民にあることを宣言して、この憲法を定める。

立しています）。

　安倍政権が集団的自衛権行使の根拠としているホルムズ海峡の事例ですが、全世界の国民がひとしく、つまりは、イランのすべての国民の皆さんも戦争によって殺されることのない平和的生存権を有すると確認している以上、日本に石油が不足するおそれがあるからと言って、イランはあくまでもアメリカと戦っているのであって日本に対して攻撃をしてきている訳でもないのに、自衛隊を集団的自衛権行使の海外派兵をしてその武力行使によって、イランの軍人や巻き添えでイランの市民を殺傷して石油を確保することは、この平和主義の考え方とどう考えても矛盾することになります。

　つまり、全世界の国民の平和的生存権を確認する憲法前文に拘束される憲法９条の解釈の下では、このホルムズ海峡の事例に限らず、日本が攻撃を受けてもいないのに（つまり、「武力攻撃の着手」に至ってもいないのに）同盟国を助けるために他国に対して日本から武力行使を仕掛ける集団的自衛権行使は違憲であると考えざるを得ないのです。

　これは、小学生の子供でも容易に理解し、疑問に思える話でしょう。「僕たち日本人も、他の国の子どもたちもそのお父さんやお母さんも、みんな戦争

によって殺されることなく平和のうちに生きる権利を有するって憲法に書いてあるんだ。なのに、なぜ、日本を攻撃してもいない国の人たちを、自衛隊がたたかいをしかけて殺してしまうことが許されるんだろうか。さっぱり分からない。安倍総理が言っていることは、僕たちが教科書で習っていることと違うのではないか。」

　ところが、困ったことにというか、恐ろしいことに、集団的自衛権行使がこの平和主義となぜ矛盾しないのかについて、学校の先生や御両親はだれも子ども達に説明ができない、その疑問に論理的に答えることができないことになってしまうのです（もちろん、私もできません）。

　また、小学生はこのようにも悩むでしょう。「僕も戦争で殺されることはぜったいに嫌だし、僕のお父さんやお母さんが殺されてしまうこともぜったいに嫌だ。そんなことは考えるだけでこわいし、おそろしい。その気持ちは、ほかの国の子どももみんなおなじだと思う。でも、自分が殺されるのが嫌なのに、自分を殺そうともしていないほかの国の人たちを殺してしまうことって正しいんだろうか。それを正しいことだ、そういうことも正しいことなんだ、と考える人たちに日本国民のみんながなってもいいんだろうか。日本はそういう国になってもいいのだろうか。」

　これは、私たち大人も当然に考えることでしょう。「自分の子どもが戦争で殺されることなんて絶対に許せない、絶対にあり得ないことだ。でも、日本を攻撃してもいない他の国の子ども達を、自衛隊がその武力行使の巻き添えで殺してしまうようなことを許してもいいのだろうか。また、他国の軍隊の兵士も、私たちと同じかわいい子どもを持つ親のはずだ。また、私たちも人の親になって初めて深く知るところになった親の愛情のありがたみ、その兵士達にも彼らのことを誰よりも愛する親がいるだろう。その人たちを、日本を攻撃してもいないそういう人たちを殺してしまっていいのだろうか。」

　さらに、小学生の子ども達も私たち大人も一緒に、このようにも考えるでしょう。「日本国民のみんなが戦争によって殺されることがない平和的生存権を有すると書いてある。でも、集団的自衛権行使とは、日本が武力攻撃を受けていない状況で、内閣と国会の判断で（時間的な制約などから、事実上、内閣だけの判断となることが殆どでしょう）、日本が他国に対して武力行使を仕掛けるものだ。その結果、自衛隊員は間違いなく戦死するし、また、日本の国土が反撃を受けて、一般の日本国民にも死傷者が生じることになるだろ

う。テロも起きることになるかも知れない。また、その時の内閣や国会の判断、つまり、国家権力の判断が誤って、間違った戦争、必要のない戦争を起こしてしまったことは戦前の日本の歴史にも、戦後の米国を含めた世界の歴史にも幾らでもあることだ。こうした、日本が武力攻撃を受けていない、受けることが確信できない状況（個別的自衛権が行使できる「武力攻撃の着手」と評価できない状況）にもかかわらず、日本が武力行使を仕掛けて、そこから生じる戦争における、私たち日本国民の命の問題、つまり、集団的自衛権行使を許すか許さないかは、私たち自らが憲法改正によって決めるもので、7.1閣議決定や安保法制だけで決めてもらっては絶対に困る。そんなことは許されない。」

　つまり、約310万人以上の戦死者を出したといわれるかつての戦争で何千万人もの日本国民が直面した「なぜ、国家がこんな愚かな戦争をして、大切なかけがえのない自分の肉親を殺してしまったのか」という思いからも明らかなように、「日本国民の平和的生存権」の趣旨を考えてみれば、それを否定してしまう（その可能性は間違いなく存在する）集団的自衛権行使という国家権力の発動を、憲法改正無くして行うことは絶対に許されないのです。

　このように、憲法前文の平和主義は、私たち日本国民の生命や幸せそのものに直結し、また、私たちが他国の人たちの生命や幸せについてどのように考える国民であるのか、その在り方そのものに直結する憲法論点なのです。にもかかわらず、国民の皆さんはこうしたことを、お一人お一人として、また、日本社会の中でみんなで考える機会さえ与えられていないのです。もし、万が一この平和主義を変えるのであれば、国民の皆さまが考えていただく機会となるのが、まさに国会における憲法改正発議に至るプロセスであり、また、その究極の機会こそが、国民の皆さま自身による憲法改正の国民投票なのですが、これらは、7.1閣議決定と安保法制における「憲法前文の平和主義の切り捨て」によってすべて奪われてしまっているのです。

　そして、衆議院の特別委員会では、この憲法前文の三つの平和主義と安保法制の関係はただの一度も議論されることなく強行採決されてしまっているのです。（平和的生存権以外の他の二つの平和主義との矛盾は後述します）

4.「平和主義」が全く審査されていない 7.1 閣議決定と安保法制

　そして、実は、安倍内閣は、昨年の7.1閣議決定の際に、この前文の平和

主義と集団的自衛権行使の関係について、一切、何の審査も行わず、何の審査資料も政府の中に紙一枚さえも存在しないことが、私への国会答弁などで明らかになっています。また、7.1閣議決定には前文の平和主義の理念とは全く相反する積極的軍事主義というべき「積極的平和主義」という言葉は散りばめられていても、憲法前文の「平和主義」という言葉は唯の一つもありません。

また、地球の裏側での米軍のための戦争支援（戦闘現場の「真横」での弾薬の提供など）も解禁する安保法制の策定の際の与党協議においても、政府資料として前文の平和主義に関するものは何ら存在しないことが政府答弁書などによって明らかになっています。

つまり、解釈改憲と安保法制は、子ども達が小学校や中学校の義務教育で習っている「日本という国が平和国家であり、日本国憲法が平和主義の憲法である、たった一つの、そして根本的な理由である、憲法前文の平和主義の法理」を最初から切り捨て、まったく無視して強行されたもの、なのです。

そして、それは、子ども達が知らない間に、お父さんやお母さんが知らない間に、いつの間にか、日本の平和主義を根本から変え、そして、私たち日本国民を、私たちが気付かない間に、全く別の国民にしてしまうものなのです。

憲法前文の平和主義は、憲法９条のもとの武力行使の在り方を規律する力があります。歴代政府は、戦争放棄などを定めた憲法９条であっても我が国が武力攻撃を受けた場合の必要最小限度の個別的自衛権行使は、憲法前文の「日本国民の平和的生存権」を根拠の一つに合憲としてきました。にもかかわらず、平和主義が有する最も重要な機能であって徹底的に検討されなければならない武力行使を制限する方向での拘束性を、何の検討も審査も無く切り捨てることは絶対に許されません。つまり、個別的自衛権行使を合憲とするために「日本国民の平和的生存権」を考慮するのに、集団的自衛権行使の合憲性を判断する際には最初から「他国民の平和的生存権」を切り捨てるといった「平和的生存権のいいとこ取り」は決して許されないのです。

集団的自衛権行使は全世界の国民が有することを確認した平和的生存権の法理に矛盾し、ゆえにその拘束を受ける憲法９条に違反する、すなわち、7.1閣議決定と安保法制は違憲無効なのです。

5. 7.1 閣議決定の文面上も明らかな「平和主義の切り捨て」

　この「憲法前文の平和主義の切り捨て」は、昭和47年政府見解と7.1閣議決定の文言の違いを比較するとよりはっきりと確認できます。

　これは7月1日の閣議決定と、そのもとになった、読み替えをやった昭和47年政府見解の「基本的な論理」の部分を比較したものです。昭和47年政府見解を読み替えて、それをもとに7月1日の閣議決定を作り出しているので、日本語はほとんど一緒なんですが（裸の「外国の武力攻撃」という文言もそのまま移されています）、ところが灰色の部分だけ違うんですね。

　で、灰色の下の部分ですが、「**しかしながら、だからといって、平和主義をその基本原則とする憲法が、右にいう自衛のための措置を無制限に認めているとは解されないのであって、**」という言葉が丸ごと切られちゃっているんですね。なぜかというと、この部分は、まさに、先ほどの憲法前文の三つの平和主義の制限により、その二行前に書いてある日本ができる「必要な自衛の措置」、つまりは、戦いを制限付けるところだからです。この、平和主義によって何でもかんでもできる訳ではないんだ、平和主義の制限があるんだとい

7．1閣議決定における「平和主義」の切り捨て

昭和47年政府見解	7.1閣議決定
（前略）憲法は、第９条において、同条にいわゆる戦争を放棄し、いわゆる戦力の保持を禁止しているが、前文において「全世界の国民が……平和のうちに生存する権利を有する」ことを確認し、また、第１３条において「生命、自由及び幸福追求に対する国民の権利については、……国政の上で、最大の尊重を必要とする」旨を定めていることからも、わが国がみずからの存立を全うし国民が平和のうちに生存することまでも放棄していないことは明らかであって、自国の平和と安全を維持しその存立を全うするために必要な自衛の措置をとることを禁じているとはとうてい解されない。	(2)　憲法第９条はその文言からすると、国際関係における「武力の行使」を一切禁じているように見えるが、憲法前文で確認している「国民の平和的生存権」や憲法第13条が「生命、自由及び幸福追求に対する国民の権利」は国政の上で最大の尊重を必要とする旨定めている趣旨を踏まえて考えると、憲法第９条が、我が国が自国の平和と安全を維持し、その存立を全うするために必要な自衛の措置を採ることを禁じているとは到底解されない。
しかしながら、だからといって、平和主義をその基本原則とする憲法が、右にいう自衛のための措置を無制限に認めているとは解されないのであって、それは、あくまで外国の武力攻撃によって国民の生命、自由及び幸福追求の権利が根底からくつがえされるという急迫、不正の事態に対処し、国民のこれらの権利を守るための止（や）むを得ない措置としてはじめて容認されるものであるから、その措置は、右の事態を排除するためとられるべき必要最小限度の範囲にとどまるべきものである。	一方、この自衛の措置は、あくまで外国の武力攻撃によって国民の生命、自由及び幸福追求の権利が根底から覆されるという急迫、不正の事態に対処し、国民のこれらの権利を守るためのやむを得ない措置として初めて容認されるものであり、そのための必要最小限度の「武力の行使」は許容される。

う言葉を、ざっくり切り落としているんです。

そうすると、前文の平和主義の制限の結果、憲法9条の下では外国からの侵略にさらされた際の正当防衛の個別的自衛権行使しかできないという解釈になっていたのですが、これを切ってしまっているので、もう何でもできる。イランの兵士や巻きぞえで市民を殺して石油を確保する集団的自衛権もできるし、地球の裏側で戦争を行っている米国の後方支援、後方支援といっても戦闘現場の「真横」で弾薬の提供など兵站活動をやるので、戦争行為としては米軍と「一体化」することになる「憲法9条違反」と言わざるを得ないのですが、できることになっているんですね。

まさに、平和主義を切った瞬間に、日本は「平和国家」から普通の国になるのではなくて、どこにでもある「ただの国」になってしまって、「どこででも、誰とでも、何でもできる」、「切れ目もないが、歯止めもなく、止めどもない」という自衛隊の軍事力の行使が解禁されてしまっているのです。

ちなみに、フリップの灰色の上の部分に、その中に、「生存」っていう言葉がありますね。生存、つまり、国民の生命に関わるような問題。経済的な利益や日米同盟の揺らぎといった国際関係だけではだめで、国民の生命、生死そのものが関わるような事態でないと、武力行使はできないという論理だったのに、これを切っているので、「国の存立」という抽象的な概念だけで、集団的自衛権行使を許容しうるようになっているんですね。

つまり、7.1閣議決定の「基本的な論理」とは、昭和47年政府見解から「平和主義」などを切り捨てた捏造の論理なのです。

6. 国家権力に戦争を起こさせない平和主義との矛盾

さらに、もう一つの平和主義、「国家権力に戦争を起こさせない平和主義」についてご説明します。これは、先ほどの平和的生存権が国民が戦争で殺されないという「国民の人権」を認めたものであるのに対し、この平和主義は「国家権力の戦争行為」そのものを縛るものです。

個別的自衛権と集団的自衛権の決定的な違いは、集団的自衛権行使は国会や内閣という国家権力が開始する戦争行為だと言うことです。時の内閣が、安保法制にある集団的自衛権行使が可能な「存立危機事態だ!」と言って、国会がそれを追認する。その結果、そもそもその武力行使に踏み切るという決断が正しかったのかどうか、あるいは、その武力行使に対する相手国の反

撃やテロにより日本国民がどのような被害を受けるかどうかの判断をすべて、時の国家権力に委ねることになるのです。

　日本の過去の戦争の過ちは、時の軍部や政治権力が国民に無断で無謀で悲惨な戦争を起こし、国民に大きな惨禍をもたらしたものでした。実は、憲法前文の平和主義の一つである、国会や内閣という国家権力が戦争を起こすことを許さない平和主義とは、「**日本国民は、政府の行為によつて再び戦争の惨禍が起ることのないやうにすることを決意し、ここに主権が国民に存することを宣言し、この憲法を確定する**」と前文に明確に書かれているものなのです。

　かつて、満州事変から太平洋戦争の敗戦に至るまで続いた戦争によって310万人以上の日本国民が亡くなり、2000万人以上のアジアの人々が犠牲となったと言われています。日本国民は、広島・長崎の原爆、東京大空襲、沖縄の地上戦、南方の島々での玉砕戦や特攻隊の悲惨や悲劇など、この上ない惨禍を被りました。

　戦前、女性には選挙権もなく、また、言論の自由の保障などもない世の中で、国民は民主主義の力により、軍国主義や全体主義のもとの戦争を防ぐ力はありませんでした。むしろ、徴兵制や国家総動員法によって、戦争に駆り立てられ、犠牲となっていきました。

　こうした大きな反省を胸に、「**日本国民は、政府の行為によつて再び戦争の惨禍が起ることのないやうにすることを決意し**」として、もう二度と国家権力に勝手に戦争を起こさせない、そのために、「**ここに主権が国民に存することを宣言し**」、すなわち、天皇主権の国を改めて国民主権という政治原理を採択し、国民主権に基づいた新しい憲法を制定するのだとしているのです。

　つまり、日本国民の皆さんの国民主権は、ただの国民主権ではないのです。内閣総理大臣であるとともに最大与党の自民党の総裁である安倍総理のような**権力者に二度と勝手に戦争を起こさせない、国民のための恒久平和を守り抜くための国民主権なのです。**このように、まさに「政府」、これは国会も含む意味ですが、国会や内閣という国家権力に二度と勝手に戦争を起こさせない、起こすことを許さない、恒久に平和を守り抜くための国民主権であることは、歴代政府の国会答弁などでも明らかになっています。

　だとすれば、集団的自衛権行使とはこれまで憲法に存在しなかった新しい戦争行為であり、かつ、まさに日本に対する武力攻撃が発生していないのに、また、それが発生する見極めができないのに（「武力攻撃の着手」の評価に至

らない状況であるのに)、国会や内閣の判断で日本が武力行使を仕掛けて、その結果戦争状態が起きるものですから、それを7.1閣議決定と安保法制だけで解禁することは、どのように考えても憲法違反になるのです。つまり、**国家権力による戦争を許さない国民主権の承認である、憲法改正の国民投票が少なくとも絶対に必要なのです。**

　そして、大切なことは、この前文の「**戦争の惨禍**」という言葉の意味です。この惨禍にはかつての日本軍兵士が、赤紙で徴兵された市民も含めて、国家権力によって引き起こされた戦争——満州事変(いわゆる宣戦布告などがない「武力行使」)、日中戦争や太平洋戦争(「戦争」)など——の犠牲だったように、**この惨禍には、集団的自衛権行使の武力行使によって必ず戦死することになる自衛隊員の命とその尊厳も当然に含まれるのです。**自衛隊員は、私達と同じ市民であり、国民です。個人としての尊厳を持った仲間なのです。その彼等に、私達のために命懸けで戦ってもらうためには、「国家権力による戦争を許さない国民主権」が新しい戦争行為を許すことにするための「国民主権の承認」である「憲法改正の国民投票」が必ず必要になるのです。そのことを憲法はきちんと定めているのです。

(1) 自衛隊員の「リスク論」の本質

　実は、これが「自衛隊員のリスク論」の本質なのです。集団的自衛権行使など、安保法制によって全体として自衛隊員のリスクが増加するのは常識として当たり前です。特に、武力行使である集団的自衛権を行使すれば間違いなく自衛隊に戦死者が出ます。それを正面から明確な言葉で認めない安倍内閣は、自衛隊員を人格ある存在として扱っていないものであり、言語道断です。

　つまり、大切なことは、安倍総理が言い繕っているリスクの増減やそれが大きいか小さいかではなく、新しいリスクが「生じているのか否か」、「あるのか、ないのか」なのです。「戦争の惨禍」の戦争そのものである集団的自衛権行使という新しい武力行使を解禁して、これまでには存在しなかった戦死のリスクを憲法改正も無くなぜ自衛隊員に課すことができるのか、安倍内閣の7.1閣議決定と国会で審議中の安保法制だけで、自衛隊員が新しい戦死のリスクを抱えることを平和憲法は許容しているのか、という問題なのです。特に、これは、時の内閣や国会の誤った判断によって集団的自衛権行使を発動してしまい、その結果、自衛隊員を戦死させてしまうことが起こり得るこ

とを考えればいっそう明らかでしょう。

つまり、自衛隊員に新しい「戦争の惨禍」たる戦争のリスクを生じさせ、それを課すことになる集団的自衛権行使の解禁は、国家権力によって国民に戦争の惨禍が生じることを許さないとしている憲法前文に違反し、その法理の拘束を受ける憲法9条に違反することになるのです。この点においても、7.1閣議決定と安保法制は違憲無効なのです。

もし、集団的自衛権行使を可能にしたいのであれば、国会として憲法改正の発議を行い、私たち国民一人一人が、「本当に集団的自衛権行使は必要不可欠なのだろうか。そのために、同じ国民である自衛隊員に戦死を覚悟の命懸けの戦闘をしてもらうことをお願いするのは真にやむを得ないことなのだろうか。」ということを考え抜いて、国民投票で決めなければならないのです。

(2) 自衛隊員「服務の宣誓」における「国民の負託」

このことは、全自衛隊員が自衛隊法の定めに基づいて入隊に際し行っている「服務の宣誓」、通称、「命の宣誓」からも明らかです。

いざ有事の際には命の危険を顧みず、命懸けで戦うと誓っています。

このような宣誓は、警察官も消防隊員も行っていません。自衛隊員だけの「命の宣誓」です。安倍総理は、この宣誓を取り上げて、「自衛隊員は既に命

自衛隊員の服務の宣誓

宣誓

私は、<u>我が国の平和と独立を守る自衛隊の使命を自覚し、日本国憲法 及び法令を遵守し、</u>一致団結、厳正な規律を保持し、常に徳操を養い、人格を尊重し、心身を鍛え、技能を磨き、政治的活動に関与せず、強い責任感をもつて専心職務の遂行に当たり、<u>事に臨んでは危険を顧みず、身をもつて責務の完遂に務め、もつて国民の負託にこたえる</u>ことを誓います。

懸けで戦うと誓っているのだから、集団的自衛権行使という新しい武力行使で戦闘をすることは問題ない。」と繰り返し主張しています。しかし、それは絶対に間違いです。

　この宣誓文で一番大切な箇所はなんでしょうか。

　それは、文末の「国民の負託にこたえる」です。自衛隊員は、日本国民からの負託があってこそ命懸けの戦闘をして下さると誓っているのです。

　その日本国民の負託とは何か。申し上げるまでもありません。「集団的自衛権行使という新しい武力行使のもとで、戦死も覚悟の上で、私たち日本国民のために命懸けで戦って下さい」という日本国民一人一人の決意であり決断である、「憲法改正の国民投票」なのです。それ以外に、「国家権力によって、再び戦争の惨禍を起こさせない決意の国民主権」の下で、同じ国民である自衛隊員に集団的自衛権行使による命懸けの戦闘を負託する、お願いすることはできないのです。

　私は、このことを本年の3月20日の参議院予算委員会で、安倍総理に問い質しました。「義務教育の教科書で、平和主義を習っている自衛隊員の子ども達に分かるように説明して下さい。なぜ、国会や内閣という国家権力によって二度と戦争の惨禍を起こさせない決意をもって採択された国民主権とされているのに、その国民主権の行使の憲法改正なくして、7.1閣議決定や安保法制だけで、自衛隊員の子ども達のお父さんやお母さんである自衛隊員が集団的自衛権行使の戦闘で戦死しなければならないのか。自衛隊員の子ども達に届くように説明して下さい。」と質問しました。しかし、安倍総理からは、いつもながらの「レッテル張りだ」といった暴言があるだけでした。

　なお、この「服務の宣誓」は、冒頭に「私は、……日本国憲法及び法令を遵守し」とした上で、文末の「**身をもって責務の完遂に務め、もって国民の負託にこたえることを誓います**」と結ばれています。安倍総理と与党の国会議員の先生方は、「昭和47年政府見解の読み替え」という、まさに言葉遊びというべき暴挙によって捏造した憲法解釈である7.1閣議決定（宣誓の「日本国憲法」）とそれに基づく安保法制（宣誓の「法令」）を自衛隊員に遵守させ、その下で、集団的自衛権行使による戦死も含めた命懸けの戦闘を行わせるのでしょうか。それは、余りにも、自衛隊員の人格を無視した、自衛隊員を尊厳ある個人として扱うのではなく、その人格を顧みずかつての戦争がそうであったように、あたかも「国家のために戦う道具」としか言いようがな

い扱いをしているのではないでしょうか。このようなことは、人権国家、民主主義国家で、絶対に許されてはならないのです。そのことを憲法前文の平和主義は、かつての戦争の経験から明確に定めているのです。

(3) 一般の日本国民が被る「戦争の惨禍」

さらに、この「戦争の惨禍」は自衛隊員だけのものではありません。集団的自衛権を行使すれば、相手国の反撃やその後のテロ攻撃などを覚悟しなければなりません。つまり、日本国民の皆さんも戦死や死傷を余儀なくされることになるのです。まさに、憲法前文が許さないとしている「戦争の惨禍」そのものが生じるのです。

集団的自衛権行使は「同盟国への武力攻撃を阻止する」という他国防衛権であり、日本国民の生命や国土を守る役割を有するのは個別的自衛権です。安倍内閣のいう日本防衛のための限定的な集団的自衛権行使であっても――そもそも、自国防衛のためであれば先制攻撃として国際法違反の武力攻撃になってしまいますが――、その相手国の立場からすると、「こちらは攻撃していないのに、日本から攻撃を受けた」ということであり、そこから日本に対し反撃が始まることになります。今まで日本は、日本が侵略を受けない限りは、絶対に戦争しない国だったのにこれからは時の国家権力の判断だけで戦争を行える国になろうとしています。内閣総理大臣や国会の判断に大きな失敗がありうるのは歴史が幾らでも証明しています。また、失敗があるかどうかにかかわらず、国家権力が今まで持っていなかった権限である武力行使をして国民の皆さんに戦争の惨禍、戦死やテロということをもたらしてしまう事を解禁しようとしているわけです。

だとすると、国民の皆さんはまさに主権者として、「国家権力による戦争の惨禍を許さない決意による国民主権」とされている主権を行使し、すなわち、「憲法改正の国民投票」によって、集団的自衛権行使という国家権力に開戦の判断を委ねる戦争行為を日本国憲法の上に解禁するのかどうかを判断する権利があるのです。まさに、これは、国民の生命、権利を守るために憲法によって国家権力を制限するという「立憲主義」の考えそのものでもあるのですが、日本国憲法の場合は、過去の悲惨な戦争の反省から、その考えを前文の平和主義に明文で定めているのです。

これは、安倍総理が集団的自衛権行使が必要である理由として主張してい

る米軍イージス艦防護の事例——北朝鮮が米軍イージス艦を攻撃するなどの場合に、自衛隊がそれを阻止しなければ、続く北朝鮮の日本への攻撃への防衛に支障をきたすという想定——であっても同じです。この事態が自衛隊の個別的自衛権行使では対処できない、つまり、北朝鮮が日本に「武力攻撃の着手」に至っているかどうかの見極めができない状況と言うことは、北朝鮮との戦争が本当に不可避かどうかの見極めができない「見切り発車」の判断で、内閣や国会が開戦を決意し、集団的自衛権を行使することを意味します。安倍総理がいくら米軍イージス艦を防護することは日本を守るためだと主張してみても（これが政策的に必須のものではなく誤った選択肢であることは後に立証します）、このような**内閣や国会という国家権力に、憲法改正の国民投票も無く新しい武力行使を許し、その結果、国民に対し戦争の惨禍をもたらすことを憲法前文は明確に禁じており、ゆえに、その法理の拘束を受ける憲法9条に反し、7.1閣議決定と安保法制は違憲無効となるのです。**

（4）前文に7.1閣議決定は「国民が排除する」と明記されている

　実は、過去の悲惨な戦争の惨禍の反省と恒久平和へのかたい決意から創られた日本国憲法は、徹底して、どこまでも「戦争の惨禍」から国民の皆さんを守り抜くようにできています。7.1閣議決定のような平和を守り抜くための決意による国民主権に反した憲法規範に対しては、「**われらは、これに反する一切の憲法を排除する。**」と憲法前文に明記されています。

　つまり、国家権力の判断で戦争行為を起こし、国民にその惨禍をもたらす集団的自衛権行使を解禁した7.1閣議決定による解釈変更は違憲無効であることが憲法前文の条文上からも明らかなのです。よって、**安保法制は当然に違憲無効の立法となります。**

7．日本国民の平和主義への「誓い」を奪う7.1閣議決定と安保法制

　最後に、憲法前文の文末には、「日本国民は、国家の名誉にかけ、全力をあげてこの崇高な理想と目的を達成することを誓ふ。」と規定されています。つまり、日本国民以外の「全世界の国民の平和的生存権」の理念に基づき、自ら他国への武力行使を行わないこと、「内閣や国会という国家権力に絶対に戦争を起こさせない」ことなどの平和主義の理念の理想と目的を達成することを国民として誓っているのです。

そんな誓いは関知しないという国民の皆さんもいらっしゃるかもしれません。しかし、集団的自衛権行使を解禁することにより、間違いなく自衛隊員や一般国民の皆さんに生じることになる「戦争の惨禍」については、自分の友人や隣人にも生じる得る問題として自らのこととしてお考えいただくなど、あらゆる国民の皆さんみんなで考えていただくべき事柄です。

憲法は安倍総理のものではありません。主権者である国民の皆さまだけのものです。「全世界の子ども達や人々が、自分たちと同じく、戦争によって殺されず平和のうちに生きる権利を持つ存在なんだ。」、「国家権力に勝手に戦争は起こさせない。自分たちの命と、自分たちの幸せは自分たちで決める。私たち日本国民の国民主権は、そのための国民主権なんだ。」という平和主義を、国民のお一人として、ご自身の思いや誓いとして、保持したいと願うなら、I am not ABE. と唱えて頂きたいと思います。

7.1閣議決定と安保法制は、この主権者である私たち日本国民の平和主義への思いや誓いを「切り捨て」や、昭和47年政府見解の読み替えという「言葉遊び」で奪い去り、踏みにじろうとしているのです。私たちが主権者である以上、このような暴挙を絶対に許してはいけません。

8. 前文の平和主義などについての更なるご説明

この前文の平和主義の法理と安保法制の関係は、衆議院の安保法制の特別委員会では、一度も議論されていません。民主党議員の追及がなされる前に強行採決されています。しかし、前文の平和主義は安保法制における最大の憲法問題であり、しかも、義務教育で子ども達が習っているものであるように、私たち日本国民の在り方そのものにかかわる問題です。

以下に、本文でご説明することができなかったもう一つの「他国民の人々との信頼関係を築くことによって平和を保持する平和主義」と集団的自衛権行使の矛盾、「安保法制の基盤となっている「積極的平和主義」が前文の平和主義に違反するものであること」、「憲法前文の国際協調主義の正しい理解」などについてご説明していますのでぜひご覧下さい。

【重要解説】他国の人々との信頼関係を築くことによって平和を保持する平和主義

二つ目の平和主義の内容について、噛みくだいてご説明しますと、「日本国

民は、恒久の平和を強く願い、友愛、信頼、協調というような民主的な社会の存立のために欠くことのできない人間と人間との関係を規律する最高の道徳律を深く自覚した結果、みずから進んでこうした道徳律に則っていくことを決意して、そして、本来的には戦争ではなく平和を愛するはずの諸国民との間の公正と信義に信頼を置いて、軍事力に頼るのではなくこうした諸国民との信頼を基盤に、日本国民の安全と生存を保持しようと決意した。」というような意味が書かれているとされています。

　ようするに、恒久平和を念願しつつ、人間相互の間の友愛や協調という道徳の存在とその力を信じて、平和を求める他の国民との間に信頼関係の基盤を築き上げることによって（よく誤解されていることですが、**「国家」との信頼ではなく、諸「国民」との信頼**です。例えば、北朝鮮という国を信じるのではなく、北朝鮮の市民、国民が持っているはずの公正と信義を信頼するという意味なのです）、決して軍事力に頼るのではなく（だからといって、外国の軍隊の侵略を抑止し、いざという時にそれを排除する自衛隊による必要最小限の武力行使を否定するものではないとされています）、平和ブランドや平和外交の力で国民を守っていくことを決意したと述べているのです。

　そして、このことが、憲法9条において、「日本国民は、正義と秩序を基調とする国際平和を誠実に希求し」として、「戦争の放棄」や「戦力の不保持」などを定めていることに対応しているのだとされています。

　つまり、集団的自衛権の行使とは、米国に武力攻撃を行っているイランなどの国が日本に対して武力攻撃を行ってもいないのにそれらの国に自衛隊が（先制的に）武力行使を行うことですが、**そもそも、この平和主義は、日本が武力攻撃を受ける場合のやむを得ない正当防衛の必要最小限度の武力行使以外に武力によって国民を守ることを否定していると解するべきものであり、集団的自衛権行使はこの平和主義と矛盾し、違憲無効と解せざるを得ないのです。**

【参考】前文の平和主義の解釈についての政府答弁等

■参 予算委員会 昭和51年5月7日
〇政府委員（吉國一郎君）　憲法の前文の第一段にございます「政府」の言葉は、これは狭い意味の行政府を指すのではなくて、国家の統治機関全体を指すものというのが、これはもう学界の通説であろうと思います。
〇政府委員（吉國一郎君）　この前文の第一段で、「**政府の行為によって再び戦**

争の惨禍が起ることのないやうにすることを決意し、」と書いてございますのは、ただいま申し上げましたように、戦争の主体が国家である、戦争を起こすことの決定は国政の運用に当たる国家機関によってなされるということに着目したからであると考えられるのでありまして、その趣旨といたしますところは、要するに、わが国民がかつて体験したような戦争の惨禍が起こることがないようにするという日本国民のかたい決意を表明したところにあると考えられまして、これは憲法の基本原則の一つであるところの平和主義を強調したものであるというのが現在の前文の解釈であろうと思います。

○政府委員（吉國一郎君）　「ここに主権が国民に存することを宣言し、この**憲法を確定する。**」と書いてございますが、憲法制定の当時における考え方は、従来の、過去の戦争が国家機関の手によって行われ、その惨禍を日本国民がひとしく受けたというところに着目をいたしまして、どうしてもそういうことが起こることがないようにしよう、そこで国民主権ということを確立することによって過去のそのような例が起こることがないようにするというかたい決意を表明したものであるということが大方の憲法学者の解釈でございます。私もそのとおり考えております。

○政府委員（吉國一郎君）　憲法の前文の第二項と申しますか、第二段は、本文の第九条及び第九十八条第二項の規定と相まちまして、わが国は平和主義、国際協調主義の立場に立つことを宣明したものであると思います。そこの中に、「**人間相互の関係を支配する崇高な理想**」という文言がございますが、これは、たとえば友愛でございますとか、信頼でございますとか、あるいは協調というような、民主的な社会の存立のために欠くことのできない人間と人間との関係を規律する最高の道徳律を言うのだというのが、これまた大方の憲法学者の説明でございます。私もそのように考えております。また、「**深く自覚する**」ということは、わが国が他から押しつけられて受動的にこの平和主義の原則を宣明したということではなくて、人類の崇高な理想を深く自覚した結果、みずから進んで、他から押しつけられたものではなくて、みずから進んで決意したということを示すものとして「深く自覚する」という文言を使ったものと解釈をいたしております。

■佐藤功著『憲法（上）〔新版〕』（有斐閣・1983年）〕
　前文のこの部分（小西注「**われらは、全世界の国民が、ひとしく恐怖と欠乏から免かれ、平和のうちに生存する権利を有することを確認する。**」）は直接には大西洋憲章（一九四一年八月一四日）の第六項「…すべての国のすべての人々が恐怖と欠乏から解放されてその生命を全うすることを保障する平和が確立されることを希望する」の文句から来たもの…ここにすべての国民が「平和のうちに生存する権利」を有するという表現になっていることは、<u>平和の確立</u>

を「国家」の任務すなわち「国家」の問題として捉えるのではなく、平和を「国民」の「権利」として、すなわち平和の問題を人権の問題として捉えていることを示しており、そこにこの文句の特別の意味がある。そして、このように平和の問題は人権の問題であるとするのは、戦争こそ人の生命・自由に対する最大の脅威であり、平和なきところに人権はなく、平和こそ人類が維持され保障されるための条件であるという基本的立場に基づく。

「平和のうちに生存する権利」とは右のような人権の条件としての平和を享受する権利を意味する。

■参議院議員小西洋之君提出　憲法前文の平和的生存権に係る文言の趣旨に関する質問に対する答弁書（答弁第八〇号　平成二十七年三月二十四日）
御指摘の文言は、全世界の国民は基本的人権が維持され保障されるための条件である平和を享受する権利を有していることを述べたものと解している。

■参議院議員小西洋之君提出　憲法の平和主義及び憲法前文の趣旨等に関する質問に対する答弁書（答弁第十六号　平成二十七年一月九日）
憲法前文第二段第三文に規定する「恐怖と欠乏」とは、「平和のうちに生存する権利」の言わば対極にある戦争によってもたらされる様々な惨禍などのことをいうものと解している。

【重要解説】平和主義の法理と憲法９条の論理解釈から許容される武力行使（我が国に対する武力攻撃の「着手」に至った場合以外に一切許容されない）

そもそも、日本国憲法においては、憲法９条との関係であらゆる集団的自衛権の行使が違憲となる法理として、①憲法９条固有の解釈だけから導かれるものと、②憲法９条とのその解釈上の指針としての効力を有する前文の平和主義の規定との総合的な解釈から導かれるものの、二つの法理があります。

憲法９条は前文の平和主義の理念が具体化した規定である（最高裁砂川判決及び政府解釈）とされていますので、実は、これら①、②は法的には全く同じものであり、そのどちらにおいてもあらゆる集団的自衛権の行使は違憲となるのですが、その説明の中に前文の平和主義を（憲法９条の下で許容される武力行使（自衛の措置）を制限する趣旨で）明示してあるかどうかで見分けることができます。以下の島聡議員への平成16年政府答弁書は前者①となり（多数例あります）、昭和47年政府見解は後者②になります（唯一の例です）。

これまでの説明にあったように、国家権力に戦争を起こさせない決意の国民

主権の平和主義の法理、全世界の国民の平和的生存権の法理の平和主義、諸国民との信頼構築により平和を保持する平和主義からは、結局、これらの平和主義と憲法 9 条との総合的な論理解釈による帰結として、我が国が武力行使を許容されるのは「我が国に対する武力攻撃の着手に至った場合のみ」であることになります。つまり、集団的自衛権行使は憲法 9 条において絶対にできないのです。昭和 47 年政府見解の「平和主義の制限」はこのような効力があるのです。なお、憲法前文の平和主義は、憲法改正でも変えることができないとされています（学界通説。前記の文部省『あたらしい憲法のはなし』参照）。

他方、憲法 9 条の固有の解釈においても、以下の平成 16 年政府答弁書にあるように、集団的自衛権行使は解釈変更の余地はなく、憲法改正以外に手段がないという結論となります。（憲法 9 条のより詳細なご説明は小西 HP 参照）

■島聡君提出　政府の憲法解釈変更に関する質問に対する答弁書（平成 16 年 6 月 18 日答弁第一一四号）

○質問二（二）
　例えば我が国が攻撃されてはいないが、同盟国の軍隊が我が国領域外のこれに接着した水域で攻撃され、同盟国に対する武力行使と評価しうる場合に、同国を防衛しなければその直後には我が国への武力行使が確実と見込まれるようなとき、すなわち個別的自衛権に接着しているものともいえる形態の集団的自衛権に限って、その行使を認めるというような場合を限局して集団的自衛権の行使を認めるという解釈をとることはできないか。このような解釈を含め、集団的自衛権に関する憲法解釈について政府として変更の余地は一切ないのか。

○答弁「二について」
　憲法第九条の文言は、我が国として国際関係において実力の行使を行うことを一切禁じているように見えるが、政府としては、憲法前文で確認している日本国民の平和的生存権や憲法第十三条が生命、自由及び幸福追求に対する国民の権利を国政上尊重すべきこととしている趣旨を踏まえて考えると、憲法第九条は、外部からの武力攻撃によって国民の生命や身体が危険にさらされるような場合にこれを排除するために必要最小限度の範囲で実力を行使することまでは禁じていないと解している。
　これに対し、集団的自衛権とは、国際法上、自国と密接な関係にある外国に対する武力攻撃を、自国が直接攻撃されていないにもかかわらず、実力をもって阻止することが正当化される権利と解されており、これは、我が国に対する武力攻撃に対処するものではなく、他国に加えられた武力攻撃を実力をもって

阻止することを内容とするものであるので、国民の生命等が危険に直面している状況下で実力を行使する場合とは異なり、憲法の中に我が国として実力を行使することが許されるとする根拠を見いだし難く、政府としては、その行使は憲法上許されないと解してきたところである。

　お尋ねのような事案については、法理としては、仮に、個別具体の事実関係において、お尋ねの「同盟国の軍隊」に対する攻撃が我が国に対する組織的、計画的な武力の行使に当たると認められるならば、いわゆる自衛権発動の三要件を満たす限りにおいて、我が国として自衛権を発動し、我が国を防衛するための行為の一環として実力により当該攻撃を排除することも可能であるが、右のように認めることができない場合であれば、憲法第九条の下においては、そのような場合に我が国として実力をもって当該攻撃を排除することは許されないものと考える。

【解説】この質問主意書は、この度の解釈改憲における「日本の防衛に寄与している米国のイージス艦が北朝鮮から武力攻撃を受けた際に、自衛隊が集団的自衛権を行使して守れなくてよいのか」という安倍内閣の主張の局面と重なる「個別的自衛権に接着しているものともいえる形態の集団的自衛権」という概念を定立し、自国防衛の目的を有する「限定的な集団的自衛権行使」の解釈変更の余地を問うたものである。

　これに対し、答弁書では、①そのような集団的自衛権行使を含め「憲法の中に我が国として実力を行使することが許されるとする根拠を見いだし難く」違憲であるとし、さらに、②「『同盟国の軍隊』に対する攻撃が我が国に対する組織的、計画的な武力の行使に当たると認められる」、すなわち、それが我が国への武力攻撃の「着手」と評価しうるならば、個別的自衛権行使の一貫として、同盟国への「攻撃を排除することも可能である」とした上で、しかし、「右のように認めることができない場合であれば」違憲であるとして、明解に「限定的な集団的自衛権行使」の合憲性を否定している。

【重要解説】安倍内閣の「積極的平和主義」と「前文の平和主義」との矛盾

（1）積極的平和主義とは何か

　自衛隊のあらゆる軍事力の行使を解き放つ7.1閣議決定と安保法制の基礎にある中心理念が「積極的平和主義」です。この得体の知れない思想の実相と、憲法前文に定める本来の平和主義との違いを押さえておきましょう。

　積極的平和主義という思想が、政府の公文書に明記されたのは、「国家安全保障戦略」（平成25年12月17日閣議決定）です。そこには、「本戦略では、

……国際協調主義に基づく積極的平和主義を明らかにし、」とされていますが、具体的な定義を記した箇所はありません。今後のわが国の安全保障政策の基本理念と位置付けているこの上なく重要な概念であるにも関わらず、それを最たる基本文書の中で具体的かつ正確に定義付けないというのは、私のかつての官僚経験でも理解できないことです。ようするに、故意に曖昧模糊なものとしているのです。

そこで、積極的平和主義に関する大臣答弁を見てみましょう。

> ■衆 外務委員会 平成27年4月8日
> ○岸田国務大臣　積極的平和主義とは何かという御質問ですが、国際的な安全保障環境の変化が指摘をされています。テロの脅威ですとか、さらには大量破壊兵器、弾道ミサイルといった技術の拡散ですとか、また、宇宙、サイバー、こうした新しい脅威も指摘をされています。
> 　こうした状況を見るときに、今や脅威は容易に国境を越えてくる時代になった、どの国であっても一国のみでは自国の平和と安定を守ることができない時代になってきた、こうした認識が広がりつつあります。自国の平和と安定を守るためには、アジア太平洋地域、さらには国際社会、世界の平和と安定を確保することが必要になってきている、こういった認識が広まっています。
> 　このため、我が国としましても、地域の、そして世界の平和と安定及び繁栄のために、これまで以上に積極的に貢献していきたいという考え方、これが積極的平和主義の基本理念であると考えています。

この内容から理解できることは、国防の観点における積極的平和主義とは、**「軍事的手段を用いて、積極的に我が国に対する危害の原因となる軍事的要素を取り除いていくこと」**であるということです。つまり、積極的平和主義の下では、**「日本が自ら軍事力を行使して、自らの平和と安全を確保するためと称して、世界のあらゆる所での紛争に介入していくことが正当化されている」**のです。

このような「**積極的軍事主義**」ともいうべき理念が、憲法前文の平和主義の考えと矛盾することは明らかです。「積極的平和主義」という言葉に騙されて、いつの間にか私たちは「平和主義の国ではなくなっている」のです。

さらに、問題なのは、安倍政権がこの積極的平和主義なる理念について、以下のような素朴な疑念も含めて、その合理性や必要性について説得力のある説明ができていないことです。つまり、我が国のこれまでの専守防衛や平

和国家ブランドによる国防力をどのように評価し、それがなぜ安倍内閣の認識する安全保障環境の変化の中では不十分のものになっていると考え、それに対しどのような必要性や合理性に基づき、こうした積極的平和主義という理念を採用することにしたのか、という説明が全くなされていないのです。

・北朝鮮の核ミサイルなどの問題はあるにしても、脅威が国境を越えるのは今に始まったことではないのではないか。例えば、冷戦下のソ連の核ミサイルの脅威などと比較してどう違うのか。
・また、一国だけでは守れないのも今に始まったことではない。そもそも国連憲章自体がそのような考えに基づいているのではないか。また、我が国は日米安保条約を締結しているが、なぜそれが安倍内閣の認識する安全保障環境の変化の中では、我が国が米国のために集団的自衛権行使をしなければ機能しないと考えるのか。
・なぜ、遠方の地の紛争に介入することが、我が国の平和を守ることになるのか。また、それは、我が国に及ぶことのなかった戦火を招くことにならないのか。
・特に、テロの脅威を防ぐために、なぜ、テロを巡る係争地などで軍事力を行使することが必要なのか。却って、我が国での報復テロなどを招くことにならないのか。
・集団的自衛権行使はもとより、後方支援をすることによりその当事国と敵対関係になると、その国との関係で中長期にわたる安全保障問題が生じるのではないか。

(2)「国際社会の平和創造を通じた国防」という理念の切り捨て

　私は、決して一国平和主義の論者ではないのですが、ようするに、積極的平和主義は、我が国の軍事力の行使については凄まじいまでの国家体制を整備しようとしている一方で、軍事力の行使以外の政策のあり方が不明なのです。
　そして、実は、不明どころか安倍政権は大変な方針転換を行っています。国家安全保障戦略は、かつての「国防の基本方針」（昭和32年）を廃止し改定したものなのですが、その「国防の基本方針」において第一方針として記載されていた「（1）**国際連合の活動を支持し、国際間の協調をはかり、世界平和の実現を期する。**」との理念は、国家安全保障戦略の中では、完全に切り捨てら

れているのです。

つまり、国防のあり方として、我が国周辺の国々との友好関係や協調関係の構築や国連機能の強化などの平和創造に取り組むよりは、日本自らの軍事力行使を次元を超えて拡大することを優先させているのです。

> ■国防の基本方針（抜粋）
> 国防の目的は、直接及び間接の侵略を未然に防止し、万一侵略が行われるときはこれを排除し、もって民主主義を基調とする我が国の独立と平和を守ることにある。この目的を達成するための基本方針を次のとおり定める。
> 　（１）国際連合の活動を支持し、国際間の協調をはかり、世界平和の実現を期する。
> （略）

（3）憲法の国際協調主義の改変

　積極的平和主義が、なぜ、このような憲法が定める本来の平和主義を逸脱したものとなっているのか、その原因として、積極的平和主義が憲法の定める国際協調主義を変質させていることがあります。

　国家安全保障戦略において「**国際協調主義に基づく積極的平和主義**の立場から、我が国の安全及びアジア太平洋地域の平和と安定を実現しつつ、国際社会の平和と安定及び繁栄の確保にこれまで以上に積極的に寄与していく。このことこそが、我が国が掲げるべき国家安全保障の基本理念である」とされているように、積極的平和主義は「国際協調主義に基づく」として、表現的にもこの文言を枕詞のように使っています。

　ところが憲法で定める国際協調主義とは何かについて、政府は以下のように説明しています。

> ■参外交防衛員会　平成27年3月24日　内閣法制局長官答弁資料
> 　国際協調主義については、憲法前文第2段は「日本国民は、恒久の平和を念願し、人間相互の関係を支配する崇高な理想を深く自覚するのであつて、平和を愛する諸国民の公正と信義に信頼して、われらの安全と生存を保持しようと決意した。**われらは、平和を維持し、専制と隷従、圧迫と偏狭を地上から永遠に除去しようと努めてゐる国際社会において、名誉ある地位を占めたいと思ふ。**われらは、全世界の国民が、ひとしく恐怖と欠乏から免かれ、平和のうちに生存する権利を有することを確認する。」と規定し、前文第3段は「われらは、い

づれの国家も、自国のことのみに専念して他国を無視してはならないのであつて、政治道徳の法則は、普遍的なものであり、この法則に従ふことは、自国の主権を維持し、他国と対等関係に立たうとする各国の責務であると信ずる。」と規定している。
　これらは、<u>我が国が平和主義及び国際協調主義の立場に立つことを宣明したもの</u>であると理解される。

　ここで、先にご説明した平和主義以外の箇所の意味をご説明します。「われらは、平和を維持し、専制と隷従、圧迫と偏狭を地上から永遠に除去しようと努めてゐる国際社会において、名誉ある地位を占めたいと思ふ。」における**「名誉ある地位を占めたい」**とは、**「世界各国とともに、また世界各国にさきがけて平和主義に徹底すること」**を意味するとされています。日本が自国の防衛や国際紛争の解決のために軍事力を行使することではありません。
　また、「われらは、いづれの国家も、自国のことのみに専念して他国を無視してはならないのであつて、政治道徳の法則は、普遍的なものであり、この法則に従ふことは、自国の主権を維持し、他国と対等関係に立たうとする各国の責務であると信ずる。」における**「われらは、いづれの国家も、自国のことのみに専念して他国を無視してはならない」**とは、かつての戦争で我が国が掲げていた八紘一宇(はっこういちう)の思想のような**「国家の独善主義を排除し、国際協調主義の立場に立つことを明らかにするもの」**という意味とされています。自衛隊の海外出動や海外派遣の根拠となるものではありません。
　このように、「国際協調主義に基づく積極的平和主義」としていますが、憲法の定める国際協調主義は、安倍内閣が安保法制で強行しようとしている自衛隊の軍事力の行使の全面展開を正当化するものには到底なり得ないのです。むしろ、我が国の憲法の国際協調主義は平和主義をその基調とするものであるのであって、安倍内閣の「積極的平和主義」とはその真逆の理念を現しているのです。

■参　国際テロリズムの防止（略）特別委員会　平成15年10月8日
〇吉岡吉典君　……前文の中で特に、「われらは、いづれの国家も、自国のことのみに専念して他国を無視してはならない」云々という前文の、憲法の本によると第三段だと書かれているわけですが、そこについてのいろいろな新しい見解が述べられております。そして、これは国際協調あるいは自衛隊を派遣しての日本の国際協力の根拠とすべき部分であるというようなことも強調

されてきております。
　私は憲法をそんなに研究してきたわけではありませんが、しかし、私が憲法に関する本を読んだ限り、それからまた、憲法制定議会のいろいろな速記録を繰り返し読んだ限り、この前文のこの箇所というのは、そういう**国際協調あるいは自衛隊派遣による国際協力の根拠になるようなものではなくて、むしろ過去の日本の独善的な国家主義の誤り、これを正して、普遍的な国際道徳に沿って日本が行動すべきものだという原則を示したものだ**というように私は取りました。こういうふうに取ってよろしいでしょうか、長官。

〇政府特別補佐人（秋山收君）　ただいまの憲法前文第三段の趣旨でございますが、**一般には国家の独善主義を排除し、国際協調主義の立場に立つことを明らかにするものであると理解されております。**
ただ、今、委員、自衛隊派遣のこととも関連してお尋ねになりましたので一言申し上げますと、**このような理念に基づきまして、我が国として他国の支援を行おうとする場合に、自衛隊その他、実力組織を他国に派遣することを当然に要請する**というところまでは御指摘のとおり言えないと思いますが、他方、他国を支援するに当たりまして、自衛隊の専門的な技術あるいは能力を用いることが必要とされる、その活動の内容が武力の行使に当たるものではない、**平和主義の理念に反するようなものでもないときに、**我が国としての主体的な意思決定によって、このような支援活動を行うために自衛隊を他国に派遣することを否定する趣旨のものとも考えられないのであります。

【解説】「平和主義の理念に反するようなものでもないときに、」とあるように、自衛隊のあらゆる海外での活動は、憲法前文の平和主義の理念に反することは絶対にできないのです。

（4）平和創造会議設置法構想について

　以上にご説明したように、安倍内閣の積極的平和主義は、憲法の平和主義や国際協調主義とも全く矛盾し、かつ、我が国の安全保障の基本方針を大きく変容させる「**積極的軍事主義**」というべきものであります。
　安保法制を撤回させ、違憲の解釈変更と立法行為を行った法的・政治的責任等によって安倍内閣を退陣させた後に、今後、我が国の外交・安全保障政策がどのようにあるべきなのでしょうか。その鍵となるのが「平和創造（Peace　Creation）」という理念であると考えています。
　「平和」とは、「防衛」、「国防」、「国家安全保障（安全保障）」、「外交」の全て

を包含し通底する概念であり、また、予防外交 preventive diplomacy、平和維持 peace-keeping、平和構築 peace-building などを包含する概念です。つまり、外交や安全保障の目的は、あくまで、平和を維持し平和を守っていくことにあります。防衛という軍事のために外交や安全保障（エネルギー保障なども含む）があるのではありません。

　そして、憲法の定める平和主義と国際協調主義の理念を具体化し、それを外交、安全保障政策の上で具現化していくための司令塔的機関である平和創造会議（Peace Creation Conference）を政府に設置するべきであると考えています。平和創造会議は、我が国が憲法の平和主義の具現化のために総力を挙げて取り組むという「積極的平和創造主義」の司令塔であり、この「**積極的平和創造主義**」こそ、安倍総理の訴える軍事優先の「積極的平和主義」に政治的に対峙する理念であると考えます。

　平和憲法を有する我が国にあっては、その平和主義や国際協調主義を具現化するための基本理念、政策の基本方針を定め、国全体で平和創造に取り組んでいく司令塔である平和創造会議（Peace Creation Conference）が、そもそも必要かつ不可欠でありました。解釈改憲と安保法制の闘いの成果として、私たちが、こうした憲法の基本理念を具体化していく社会、国家へと発展できればこれほど素晴らしく価値あることはないと願っています。

※なお、平和創造会議（Peace Creation Conference）は、国家安全保障会議（NSC）の有する機能と役割はそのままに、理念的かつ政策的にそれと整合し得るものです（NSCは従来と同じ組織・業務を有し、NSC法の改正は不要です）。
※超党派の議員連盟「立憲フォーラム http://www.rikken96.com/」においては「平和創造基本法案」を提唱し、私の平和創造会議構想の骨格も法案の中に取り入れて頂いています。

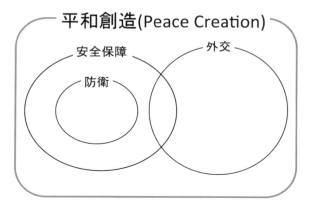

【重要解説】集団的自衛権行使容認の「砂川判決論法」を徹底論破する

(1) 砂川判決が集団的自衛権行使を認めているという暴論

　5月の衆院特別委員会の初日から、政府側は、解釈改憲の合憲性について、それまでは行うことのなかった新しい主張を展開するようになりました。それは、「最高裁砂川判決において、限定的な集団的自衛権行使が認められている。故に、7.1閣議決定や安保法制は合憲である」という驚くべき「砂川判決論法」です。

　この砂川判決論法は、高村正彦自民党副総裁による7.1閣議決定以前からの主張でしたが、特別委員会に入って初めて、安倍内閣もその論法を答弁し始めました。これは、私の参院での「昭和47年政府見解の読み替え」問題の追及の結果、特別委員会での論戦を乗り切るために持ち出したとある良心ある政府関係者から確認しています。

　また、6月4日の衆院憲法審査会での憲法学者の「違憲発言」による状況の中で、いっそう強調し始めています。これは、「昭和47年政府見解の読み替え」と「平和主義の切り捨て」の総合問題です。その主張のポイントは、以下のとおりです。

- 集団的自衛権行使を容認する昭和47年政府見解にある「自国の平和と安全を維持しその存立を全うするために**必要な自衛の措置**」という論理は、砂川判決（昭和34年12月16日）に示された「自国の平和と安全を維持しその存立を全うするために**必要な自衛のための措置**」という論理と同一の「**基本的な論理**」である。
- 砂川判決における「**自衛のための措置**」とは、個別的自衛権行使も**集団的自衛権行使**も、ともに含みうる概念である。
- 従って、他国防衛ではなく自国防衛を目的とする「限定的な集団的自衛権行使」を許容する昭和47年政府見解の「**自衛の措置**」は、砂川判決の「**自衛のための措置**」の範囲内のものである。つまり、昭和昭和47年政府見解だけでなく、砂川判決も「**限定的な集団的自衛権行使**」を容認しており、7.1閣議決定の合憲の根拠となる。
- 最高裁判決が容認しているのだから、7.1閣議決定と安保法制は憲法違反ではない。

> ■衆 平和安全法制特別委員会 平成 27 年 5 月 27 日
> ○安倍内閣総理大臣　ただいま高村委員が引かれましたように、昭和三十四年の砂川事件の最高裁判決で示された「わが国が、自国の平和と安全を維持しその存立を全うするために必要な自衛のための措置をとりうることは、国家固有の権能の行使として当然のことといわなければならない。」、これが砂川判決で示された判決でございます。
> 　そして、昭和四十七年政府見解において、「自国の平和と安全を維持しその存立を全うするために必要な自衛の措置をとることを禁じているとはとうてい解されない。」と。<u>これはまさに、当然、軌を一にするわけであります。</u>
> （略）
> 　<u>したがって、昨年の閣議決定は、最高裁が判断を示した、一見明白に違憲でない限り国会と内閣に委ねられているという最高裁から与えられた裁量の範囲内であり、立憲主義にのっとった解釈であると考えております。</u>
>
> ■衆 平和安全法制特別委員会 平成 27 年 6 月 26 日
> ○安倍内閣総理大臣　平和安全法制の考え方は砂川事件判決の考え方に沿ったものであり、判決の範囲内のものであります。この意味で、**砂川事件の最高裁判決は、集団的自衛権の限定容認が合憲である根拠たり得るものであると考えているところでございます。**
> 　そして、**憲法の解釈を最終的に確定する権能を有する唯一の機関は最高裁判所であり、平和安全法制は、その考え方に沿った判決の範囲内のものである**と考えております。

　昭和 47 年政府見解だけでなく、最高裁判決までも勝手に読み替えて解釈改憲を強行するという、まさに「毒を食らわば皿まで」の主張です。

　明らかに暴論ですが、これを論破するには、(a) 昭和 47 年政府見解と砂川判決とは「基本的な論理」にずれがあること、(b) そもそも砂川判決から集団的自衛権行使を読み取ることは論理として不可能である、という二点を立証すればいいのです。

(2) 昭和 47 年政府見解と砂川判決との「基本的な論理」のずれ

　最初の立証は簡単です。確かに、「自国の平和と安全を維持しその存立を全うするために必要な自衛の（ための）措置」という部分はうり二つですから、昭和 47 年政府見解は砂川判決を引用したのは事実でしょう。実際、昭和 47 年政府見解の作成契機となった昭和 47 年 9 月 14 日の参議院決算委員会での当時の吉國内閣法制局長官の答弁にも砂川判決の引用があります。

第二章　097

■参　外交防衛員会　平成27年6月9日
○小西洋之君　四十七年見解の基本的な論理①、②、帰結（あてはめ）というふうに分けているわけですけれども、……砂川判決で示されている法理は基本的な論理①だけでよろしいですね。
○国務大臣（中谷元君）　私は①だと思っております。

昭和47年政府見解と砂川判決論理との関係

砂川判決

そもそも憲法九条は、わが国が敗戦の結果、ポツダム宣言を受諾したことに伴い、日本国民が過去におけるわが国の誤つて犯すに至つた軍国主義的行動を反省し、政府の行為によつて再び戦争の惨禍が起るようにすることを決意し、深く恒久の平和を念願して制定したものであつて、前文および九八条二項の国際協調の精神と相まつて、わが憲法の特色である平和主義を具体化した規定である。すなわち、九条一項においては‥‥、さらに同条二項においては‥‥と規定した。かくのごとく、**同条は、同条にいわゆる戦争を放棄し、いわゆる戦力の保持を禁止しているのであるが**、しかしもちろんこれによりわが国が主権国として持つ固有の自衛権は何ら否定されたものではなく、わが憲法の平和主義は決して無防備、無抵抗を定めたものではないのである。憲法前文にも明らかなように、われら日本国民は、平和を維持し、専制と隷従、圧迫と偏狭を地上から永遠に除去しようとつとめている国際社会において、名誉ある地位を占めることを願い、**全世界の国民と共にひとしく恐怖と欠乏から免かれ、平和のうちに生存する権利を有することを確認するのである。しからば、わが国が、自国の平和と安全を維持しその存立を全うするために必要な自衛のための措置**をとりうることは、国家固有の権能の行使として当然のことといわなければならない。

「**基本的な論理①**」のみと対応する

昭和47年政府見解

基本的な論理①
「憲法は、**第9条において、同条にいわゆる戦争を放棄し、いわゆる戦力の保持を禁止しているが**、前文において「**全世界の国民が‥‥平和のうちに生存する権利を有する**」ことを確認し、また、第13条において「**生命、自由及び幸福追求に対する国民の権利については、‥‥国政の上で、最大の尊重を必要とする**」旨を定めていることからも、わが国がみずからの存立を全うし国民が平和のうちに生存することまでも放棄していないことは明らかであって、**自国の平和と安全を維持しその存立を全うするために必要な自衛の措置**をとることを禁じているとはとうてい解されない。

＋

基本的な論理②
しかしながら、だからといって、平和主義をその基本原則とする憲法が、右にいう自衛のための措置を無制限に認めているとは解されないのであり、それは、あくまで外国の武力攻撃によって国民の生命、自由及び幸福追求の権利が根底からくつがえされるという急迫、不正の事態に対処し、国民のこれらの権利を守るための止むを得ない措置としてはじめて容認されるものであるから、その措置は、右の事態を排除するためとられるべき必要最小限度の範囲にとどまるべきものである。

↓

帰結（あてはめ）
そうだとすれば、わが憲法の下で武力行使を行うことが許されるのは、わが国に対する急迫、不正の侵害に対処する場合に限られるのであって、したがって、他国に加えられた武力攻撃を阻止することをその内容とするいわゆる集団的自衛権の行使は、憲法上許されないといわざるを得ない。

「同盟国に対する外国の武力攻撃」と勝手に読み替え、「基本的な論理②」で限定的な集団的自衛権行使を解禁

しかし、その両者を比較してみると、安倍内閣が「昭和47年政府見解の読み替え」により「限定的な集団的自衛権行使」を解禁した法理としているのは第1章でご説明した昭和47年政府見解の**「基本的な論理②」**の部分ですが、砂川判決の「自衛のための措置」と対応する昭和47年政府見解の「自衛の措置」という法理は**「基本的な論理①」**の部分までなのです。要するに、同じ基本的な論理だ！と安倍総理などは主張しながら、実は、砂川判決の論理は「限定的な集団的自衛権行使」を具体的に認める法理は何ら展開していない「基本的な論理①」との対応に止まるのです。

　つまり、安倍内閣は、昭和47年政府見解の「基本的な論理」は砂川判決の法理と軌を一にしている、よって、7.1閣議決定は合憲であり、立憲主義に反しないと主張しているのですが、それは、二つの論理①、②を混ぜ合わせた国民を欺く論法なのです。

　この点について、中谷防衛大臣は参議院での私の追及に対し、**『砂川判決の論理が該当するのは、「基本的な論理①」までである』**と認めています。私は、「国民を欺く論法は二度と行わないこと」を厳しく指摘しました。まともな政権ならこれで主張を引っ込めるところですが、その後も繰り返し強弁していますので、徹底的に対処していく必要があります。

(3) 砂川判決から集団的自衛権行使は「いかに読んでも読み切れない」

　次は、砂川判決の「自衛のための措置」は集団的自衛権行使を許容するものではないことの立証です。そもそも、**砂川判決は、米軍基地への立ち入り行為について旧安保条約に基づく刑事特別法の合憲性が争われた事案であり、集団的自衛権行使は争点にすらなっていません。**歴代政府においても砂川判決の「自衛のための措置」は、「個別的自衛権行使しかできないという政府の見解の基盤にある基本的な考えと軌を一にするもの」という趣旨の見解に止まってきました。

(a) 第一に、判決文の論理的な読み方から無理があります。判決文は、「無防備、無抵抗ではない」から説き起こして「日本国民の平和的生存権」を根拠に「自衛のための措置」を導いていますが、無防備・無抵抗からいきなり他国防衛の実質を有する集団的自衛権行使を認めるのは日本語として論理的に不可能です。（読めるとしてもせいぜい個別的自衛権行使までということになり、むしろ、集団的自衛権行使を否定する論拠にすらなり得るも

のと考えられます。)

(b) 同じく判決文の読み方として、そもそも、この「自衛のための措置」は、判決文の中では、憲法9条の下で可能な武力行使のあり方を論じるものではなく、日本が「他国に安全保障を求めること」、すなわち、日米安保条約の締結という「自衛のための措置」ができることを導くために説き起こされた概念に過ぎません。それを掴まえて、この中に他国防衛である集団的自衛権行使があるというのは言いがかりも甚だしい、恣意的な「読み替え」であると言わざるを得ません。

■最大判昭和34年12月16日　砂川判決抜粋
……しからば、わが国が、<u>自国の平和と安全を維持しその存立を全うするために必要な自衛のための措置をとりうること</u>は、国家固有の権能の行使として当然のことといわなければならない。**すなわち**、われら日本国民は、憲法九条二項により、同条項にいわゆる戦力は保持しないけれども、これによつて生ずるわが国の防衛力の不足は、これを憲法前文にいわゆる平和を愛好する諸国民の公正と信義に信頼することによつて補ない、もつてわれらの安全と生存を保持しようと決意したのである。そしてそれは、必ずしも原判決のいうように、国際連合の機関である安全保障理事会等の執る軍事的安全措置等に限定されたものではなく、わが国の平和と安全を維持するための安全保障であれば、その目的を達するにふさわしい方式又は手段である限り、国際情勢の実情に即応して適当と認められるものを選ぶことができることはもとよりであつて、憲法九条は、<u>わが国がその平和と安全を維持するために他国に安全保障を求めること</u>を、何ら禁ずるものではないのである。

【参考】非現実的などと批判されることがある「平和を愛する諸国民の公正と信義に信頼して、われらの安全と生存を保持しようと決意した」という前文の規定は、実は日米安保条約合憲の論拠となっているのです。(なお、信頼するのは諸「国家」ではなく、諸国民です)

(c) 第三に、そもそも判決文は「憲法9条は、前文の平和主義を具体化した規定」として、憲法9条の戦争放棄、戦力不保持の規定を引用した上で、こうした憲法9条においても「日本国民の平和的生存権」を根拠に主権国家としての固有の自衛権を有し「自衛のための措置」が取り得るとしています。

つまり、砂川判決の「自衛のための措置」には、法理として、「他国民の平和的生存権」などの平和主義の法理の制限が根っこのところから掛かっ

ているのです。そして、憲法前文に掲げる三つの平和主義（政府解釈による）はそのどれもが、日本が武力攻撃を受けないのに武力を行使するという意味で先制的な武力行使である集団的自衛権と真っ向から矛盾するものですが（第二章で詳述）、安倍総理や閣僚、高村副総裁もこれに全く言及がありません。**つまり、砂川判決論法は、「憲法前文の平和主義の法理の切り捨て」という暴挙において、7.1 閣議決定とまさに「軌を一にする」もの**なのです。

(d) 第四に、判決以前に歴代政府は一貫して集団的自衛権行使を違憲とし、更に、昭和 29 年に可決された「自衛隊の海外派兵を許さない」旨の参院本会議決議の趣旨説明において「憲法 9 条の自衛とは国土の侵略に対する当防衛行為である」とされていることから、政府も国会も違憲としている団的自衛権行使を、最高裁が訴訟の争点にもなっていない判決で、しかも何の具体的な法理も根拠として明示せずに合憲とする訳がありません。

(e) 第五に、判決から間もない昭和 35 年 4 月 28 日の国会答弁など、歴代政府は判決後も一貫して、第一次安倍内閣の安倍総理や外務大臣当時の高村副総裁（平成 11 年 3 月 8 日予算委員会等）のように「集団的自衛権行使は違憲である」としてきました。もし、砂川判決が集団的自衛権行使を許容していたのであれば、安倍総理等は最高裁判決違反の答弁、つまり、憲違反の答弁をしていたことになります。つまり、砂川判決論法は、判決以降の議会政治を根底から覆す主張なのです。

> 【解説】昭和 47 年政府見解作成の契機となった同年 9 月 14 日の吉國内閣法制局長官答弁では「自衛権は、砂川事件に関する最高裁判決でも、自衛権のあることについては承認をされた。」等、砂川判決に言及しつつ「昭和 47 年政府見解の読み替え」を全否定する論拠を示している。ようするに、安倍内閣は「限定的な集団的自衛権行使」が昭和 47 年政府見解で容認され、かつ、砂川判決でも容認されているので 7.1 閣議決定等は合憲であると主張しているのだが、吉國長官の答弁は昭和 47 年政府見解が「限定的な集団的自衛権行使」を容認することを否定し、かつ、その立論の中で砂川判決の文言を引用しているのである。
> 　つまり、昭和 47 年政府見解の作成者が、あらゆる集団的自衛権行使が砂川判決に含まれることを否定しているのである。

(f) 第六に、田中耕太郎最高裁判事の補足意見にある有名な『自衛はすなわち「他衛」、他衛はすなわち自衛』という言葉ですが、これはいみじくもその前

段で「一国の自衛は国際社会における道義的義務である」と述べているように、道義を述べた一種の政策論の類いであって法理論ではありません。なお、田中長官については、大法廷判決の事前に米国政府と判決方針を内通していたという米国政府の公文書記録が公開されており、もしこれが事実であるならば、戦後司法最大の汚点というべき違法行為の責任者です。

他方、(これまでの砂川判決を巡る論争の中で全く指摘されたことが無い事実であると理解していますが、) <u>これに対して、憲法上可能である自衛権として個別的自衛権のみを認めていると解される石坂修一判事のれっきとした法理論を示した補足意見があります</u>。つまり、補足意見でこのように主張する判事が、もし、判決主文に法理として集団的自衛権行使が含まれていたならば、これに賛同する訳がありません。

> ■昭和34年12月16日 砂川判決（石坂判事補足意見）
> 　わが国が……<u>急迫不正の侵害に対し、これを排除するため自ら衛る権利を有することについては、異論があるとは考へ得られない。……自衛権は、急迫不正の侵害に対し已むを得ざる場合、わが国自らこれを行使し得ること当然であつて、若しその行使が禁止せられて居るとするならば、自衛権を以つて無内容となし、単なる画餅とするに外ならぬ。</u>
> 　憲法九条は、……わが国が自ら右の如き自衛権行使の手段即ち防衛手段を保有することを、全面的に禁止して居るものとは、到底解し得られない。
> 　……自衛権行使のため有効適切なる手段を、国家が予め組織整備することも亦、法的に可能であるとせざるを得ない。……（固より、その形態、規模は、侵さず、侵されざるの限界を保つべく、その防衛行為は、侵害より生ずる紛争が、国際連合憲章に従つて解決を見るに至る迄の間における当面の措置たるべきものと解すべきである。）
>
> 【解説】文理からして明らかに我が国に対する急迫不正の武力攻撃に対する個別的自衛権行使の法理が述べられている。そのための実力組織を保持することが合憲であることも言及され、かつ、それが「侵さず、侵されざる」べきものと我が国に対する武力攻撃を排除するための必要最小限度の実力であることも示されている。また、「国際連合憲章に従つて解決を見るに至る迄の間における当面の措置たるべきもの」とは国連憲章第51条の定めを指しているものと解されるが、第51条には個別的自衛権行使と集団的自衛権行使がともに規定されているところ、この個別的自衛権行使のみに留まる論理展開における第51条への言及は石坂判事において主文の「自衛のための措置」に集団的自衛権行使が含まれているとは到底考えていないことを明確に示している。

(4) 最高裁は「昭和47年政府見解の読み替え」に統治行為論は使えない

最後に、安倍総理と高村副総裁は、「主権国としてのわが国の存立の基礎に極めて重大な関係をもつ高度の政治性を有するものについては、一見極めて明白に違憲無効でない限り、内閣及び国会の判断に従う」という砂川判決の統治行為論の法理を引用しつつ、7.1閣議決定は最高裁から委ねられた裁量の範囲内という主張を行っています。しかし、「昭和47年政府見解の読み替え」や「平和主義の切り捨て」の暴挙が「一見極めて明白に違憲」であることは明々白々であり（第三章の「立法事実の不存在」による最高裁違憲判決も存在します）、最高裁が統治行為論で7.1閣議決定を合憲とすることは、司法権が、法の支配と日本語そのものを崩壊させる暴挙を侵すことになります。

(5) まとめ

以上のことから、砂川判決と安倍内閣の「昭和47年政府見解の読み替え」の間には論理的な適合性はなく、また、そもそも、砂川判決は集団的自衛権行使を容認したものでは到底あり得ず、従って、「昭和47年政府見解と同一論理である砂川判決が集団的自衛権行使を許容し、故に7.1閣議決定と安保法制は合憲である」とする安倍内閣等の砂川判決論法は完膚無きまでに論破されることになるのです。

むしろ、「昭和47年政府見解の読み替え」だけでは堪えきれずに、「最高裁砂川判決の読み替え」まで足を突っ込んでしまった安倍内閣は、自ら新たな墓穴を掘ったと言えるでしょう。この世紀の暴論を徹底的に追及しなければなりません。

第三章　解釈改憲のからくり　その３
―― 「立法事実」のでっち上げ（不存在）

１．集団的自衛権行使がなぜ必要不可欠なのか不明

　解釈改憲の３つ目の「からくり」、これも大きな違憲論点なのですが、それは、そもそも、安倍政権の説明では「**誰の生命を救うために、集団的自衛権の行使が必要不可欠なのか、分からない。全然はっきりしない。**」と言うことです。

　これを法律用語で、「立法事実」の不存在といいます。つまりは、でっち上げです。立法事実とは、憲法解釈の変更であれ、法律の立法であれ、条例の制定であれ、あらゆる法規範を作る際に必ず求められる「政策目的の必要性と、政策手段の合理性を根拠付ける社会的な事実」のことを言います。これがない法規範は、憲法違反になることが最高裁の判決でも示されています。

　ちょっと難しい言葉になりましたが、集団的自衛権行使の解釈変更で求められる「立法事実」とは、分かりやすく言えば、以下のようになります。

> **（Ａ）政策目的の必要性**
> 我が国に対する武力攻撃が発生していない局面の段階で、同盟国等に対する武力攻撃を阻止しなければ、生命が失われることになる日本国民が存在すること
> **（Ｂ）政策手段としての合理性**
> そうした生命が失われる日本国民を守るために、集団的自衛権の行使しか他に手段がないこと

　これを憲法９条との関係でご説明しましょう。憲法９条は、「戦争放棄や戦力の不保持、交戦権の否認」など軍事力の行使に関することが徹底的に否定されていますので、これを日本語として素直に読むと、「**憲法第９条の文言は、我が国として国際関係において実力の行使を行うことを一切禁じているよう**

に見える」と平成16年の政府答弁書などの歴代解釈で、そして、7.1閣議決定においてもそのように明記されています。

　つまり、憲法9条の解釈は、一切の戦いが禁止されているという全否定からスタートしているのです。さすがの安倍内閣もこの憲法9条の日本語としての常識的な受けとめは「読み替える」ことができなかったのですね。そして、安倍内閣以前の歴代政府は、その全否定から、日本国民の平和的生存権などを根拠にした論理的な解釈の結果として、日本が侵略を受けた場合の必要最小限度の個別的自衛権の行使のみを究極の例外としてかろうじて合憲としていたのです。

　従って、全ての武力行使が禁止されているという憲法9条の全否定の世界から集団的自衛権行使という新しい武力行使を可能にするためには、集団的自衛権行使の必要不可欠性を証明するものとして、政策目的の必要性（A）と政策手段の合理性（B）の両方が立証されなければならないのです。どちらかが欠けても、この憲法9条の文理としての解釈を超えることができず違憲となります。

　そして、実は、この政策目的の必要性（A）と政策手段の合理性（B）は、読んで頂くとお分かりの通り、7.1閣議決定における集団的自衛権行使の新三要件の第一要件及び第二要件そのものになります。つまり、これらの事項が証明できなければ、新三要件自体が成り立たなくなり、7.1閣議決定とそれに基づく安保法制（条文は新三要件をそのまま引き写したものです）は違憲無効となるのです。

■武力行使の「新三要件」
① 　我が国に対する武力攻撃が発生したこと、又は我が国と密接な関係にある他国に対する武力攻撃が発生し、これにより我が国の存立が脅かされ、国民の生命、自由及び幸福追求の権利が根底から覆される明白な危険があること
② 　これを排除し、我が国の存立を全うし、国民を守るために他に適当な手段がないこと
③ 　必要最小限度の実力行使にとどまるべきこと

　ところが、この全否定の世界から新しい武力行使である集団的自衛権行使を解禁するために必要不可欠な以下のような根拠を安倍政権は具体的かつ論

理的に説明できていないのです。

- 日本が武力攻撃を受けない局面である集団的自衛権の状況で、――「武力攻撃の着手」に至った瞬間に国際法上も個別的自衛権の世界になります――国民の生命が根底から覆される、つまりは、死んでしまう日本国民とは一体誰なのか。
- 石油ショックのような経済問題など（広い意味での「戦禍」）は生じ得るとしても、それで日本国民が死んでしまうことが起こり得るのか。つまり、物理的な武力作用も受けていないのに、なぜ、日本国民が死ぬことになるのか。そういう国民は存在し得ないのではないか、仮に存在するとしてもそれは国の存立が脅かされる事態（第一要件）とは到底言えないのではないか。
- だとすると、唯一考えられるのは、将来日本に及んでくるかも知れない武力攻撃（「戦火」）を事前に食い止めるために集団的自衛権行使が必要であるということだが、そもそも、集団的自衛権行使とは「同盟国に対する武力攻撃を自衛隊が阻止するもの」であり、「日本に対する武力攻撃を自衛隊が阻止するもの」ではない（これは個別的自衛権行使）。そうだとすると、なぜ、集団的自衛権行使が、将来の日本への武力攻撃を阻止することになるのか。
- 結局、それは、どういう事態の、どういう因果関係の下で死んでしまうはずの日本国民を集団的自衛権行使で守れることになるのか。（以上、（A））
- そして、もし、仮にそうした国民がいるとしても、それは個別的自衛権の行使で守れないのか、あるいは外交努力などでは不可能なのか。（以上、（B））

2. 7.1 閣議決定における二つの「立法事実のでっち上げ」

　ここで、皆さまもお気付きのとおり、立法事実とは集団的自衛権行使が政策的に必要不可欠であることの根拠ですので、法理論と政策論の総合問題となります。すなわち、7.1 閣議決定と安保法制が法的に違憲無効であり、かつ、政策論的にも改憲（解釈変更）の必要性も合理性も見出せないものであることのご説明となります。

　そして、実は、7.1 閣議決定における集団的自衛権行使を許容する解釈変更においては、二つの「立法事実のでっち上げ」が行われているのです。

一つは、①昭和47年政府関係の「外国の武力攻撃」という文言を読み替えて「限定的な集団的自衛権行使」の法理が昭和47年当時から容認されていたと理解する際のでっち上げであり、もう一つは、②そうした「限定的な集団的自衛権行使」の法理を昨年42年ぶりに初めて用いてホルムズ海峡事例などの当てはめを行い解釈変更を実行した際のでっち上げです。後者②は、ようするに、ホルムズ海峡事例などが、立法事実に該当し得ない、あるいは、その立証がないと言うことです。
　これらを分かりやすくいえば、「限定的な集団的自衛権行使」の法理を創る際（昭和47年政府見解の読み替え）、それを使用する際（7.1閣議決定での当てはめ）のそれぞれに立法事実が求められるのですが、その両方において不存在であり、二重の意味で解釈改憲の違憲論拠となっているのです。

(1)「昭和47年政府見解の読み替え」における立法事実のでっち上げ

　前者の「昭和47年政府見解の読み替え」については、第一章でご紹介した昭和47年政府見解の作成者である吉國内閣法制局長官が同見解の作成契機となった国会答弁で、「同盟国への武力攻撃のみが発生している状況では、日本国民の生命、自由、幸福追求の権利は根底からくつがえらない」と述べていたことが、吉國長官における集団的自衛権行使についての政策目的の必要性（A）の否定（立法事実の否定）を意味します。つまり、このように国会で答弁している吉國長官が、「我が国として国際関係において実力の行使を行うことを一切禁じているように見える」という憲法9条の文理としての解釈を乗り越えて「限定的な集団的自衛権行使」の法理を作り出す論理的な法的根拠を有していない（それどころか、これ以上表現のしようがないほどに積極的に否定している）ことは明々白々でありますから、にもかかわらず、「外国の武力攻撃」という言葉を読み替えて、昭和47年政府見解に「限定的な集団的自衛権」が存在していると主張することは、立法事実の不存在として絶対に許されないなのです（違憲無効）。

　なお、衆議院の特別委員会では、民主党議員の追及に対し、横畠内閣法制局長官は、「吉國長官は、昭和47年当時、「同盟国等に対する外国の武力攻撃によって国民の生命等が根底から覆されることがある」という事実の認識は持っていなかったが、しかし、事実の認識と法理は別であり、昭和47年政府見解には「限定的な集団的自衛権行使」の法理が吉國長官の手によって書き

込まれているのだ」という、ようするに、立法事実がなくとも一見して全面的な禁止規範である憲法９条から新たな武力行使を容認する法理が創れるという、自らが代表編者となって現した以下の法律用語辞典の「立法事実」の定義を根底から覆すような支離滅裂かつ非論理的な答弁（６月26日）を繰り返しています。

【立法事実】法律の必要性を根拠付ける社会的、経済的な事実。立法目的の合理性及びそれと密接に関連する立法の必要性を裏付ける事実のみでなく、立法目的を達成するための手段が合理的であることを基礎付ける事実も含まれる。

出典　有斐閣『法律用語辞典（第４版）』
編集執筆　法令用語研究会　代表　横畠裕介

【解説】この定義によれば、憲法９条の解釈変更により集団的自衛権の行使を可能とするために立証しなければならない立法事実は、「**最高法規である憲法９条において集団的自衛権の行使を可能とする解釈変更の必要性を根拠付ける社会的事実。解釈変更の目的の合理性及びその必要性（Ａ）を裏付ける事実や、更に、集団的自衛権行使の手段としての合理性（Ｂ）を基礎付ける事実。**」となります。

　第一章で申し上げた「昭和47年政府見解の読み替え」を私が薄々思っていたというのは、昨年の臨時国会でこの立法事実の不存在を横畠長官に追及した際に「立法事実より、基本的な論理こそが大事」という答弁を繰り返していたからです。つまり、「昭和47年政府見解の読み替え」により基本的な論理を捏造してしまえば、立法事実は最初から不要となります。

■第189回　参　外防委　平成27年6月11日
○小西洋之君　横畠長官に伺います。吉國長官は明確に、昭和四十七年政府見解を作った当時に、我が国が武力攻撃を受けていない局面では日本国民の生命などは根底から覆されることはないというふうに答弁で言っているし、横畠長官もその吉國長官の事実の認識を認めています。
　にもかかわらず、吉國長官はなぜ、一切の実力の行使を禁止しているかのように見えるという憲法九条の下において、国際法上、武力の行使に当たる、国際法上、集団的自衛権の行使に当たる新しい武力の行使を認めることができる

んでしょうか。それは、最高裁も認めているところのこの<u>立法事実という考え方</u>、あるいは、これもう全てですよ、条例や、また最高裁は規制立法だとかといってごまかすのは駄目ですよ。新しい法規範を作るときには、そういう社会的な事実とか立法事実は必要なわけですから。そういう立法事実なくして、吉國長官はなぜ昭和四十七年見解当時に新しい武力行使を認めることができるんでしょうか。そんなことを認めたら、我が国は法治国家ではなくなってしまうのではないんでしょうか。明確に答弁をください。

○政府特別補佐人（横畠裕介君）　吉國内閣法制局長官が当時、限定的な集団的自衛権の行使を認めたというお尋ねの趣旨が理解できません。

【解説】横畠長官が連発している典型的な答弁拒否の例である。これは、私の質疑時間が残り数分となったのを見計らって、わざとトボケて時間稼ぎをしているものである。安倍総理も横畠長官も「昭和４７年政府見解の作成の当時から限定的な集団的自衛権がその中に書き込まれていた」という答弁を当然にしており、明らかに矛盾している。7.1 閣議決定以降、私は、横畠長官とは二十回近くの国会審議で質疑を行っているが、唯の一度も長官が論理的な答弁を行ったことはない。また、部下の次長の委員会出席要求を与党理事を壟断して拒否したこともあった（官僚が議員からの答弁要求を拒否するのは異常なことである）。「法の番人」と呼ばれる内閣法制局長官が違憲の解釈変更や違憲立法を強行する内閣を支えるという倒錯した事態が生じている。私は、閣僚や横畠長官との質疑においては、仮に、安保法制が強行採決された場合に将来の最高裁違憲訴訟に資するため以下のような議事録を残すこととしている。

■参　外交防衛委員会　平成 27 年 4 月 7 日
○小西洋之君　この質疑を将来読んでいただく、違憲訴訟が起きたときの最高裁判事、また、その他全ての国民の皆様に申し上げますけれども、私の質問に対して法制局長官は何ら正面から答えず、かつ論理を持って答えておりません。それは、答えることができないからです。答えた瞬間に論理破綻になるから。

■参　決算委員会　平成 26 年 04 月 21 日
○小西洋之君　実は、<u>法の支配において内閣法制局長官は最高裁判所の長官よりも重要な役割を担っているのでございます。あえて申し上げます。憲法違反の戦争によって国民が死んで傷つくことを体を張って止める</u>のが内閣法制局長官の役割でございます。その国民が憲法違反の戦争によって死んで傷ついて、それについて損害賠償請求の裁判があったときに、それについて賠償を命じる違憲判決を出すのが最高裁長官の役割でございます。

そういう意味で、我が国は極めて危険な状態にある。……最高裁がしっかり国家権力と闘っていただきたい。それで、闘っていただくためには、今からしっかりとした強靱な判決を出していただきたい。<u>国民の自由や権利を守れというその反対意見についてしっかりとした反論をやるんだったらやるというような判決を出すことによって、最高裁自体が鍛えられて、国民の自由や権利を守る、そのとりでとなる</u>ことを強くお願い申し上げて、私の質疑とさせていただきます。

　【解説】最高裁が「多数意見と少数意見のすれ違い」による憲法に抵触する判決文の書き方を行っていることについて（目からウロコの戦後司法最大級の改革論点であるが、詳細は小西HP資料ご参照）、将来の安保法制違憲訴訟の際に最高裁が本来の司法権のあり方を保持できるよう直ちにその改革を行うこと等を求めるべく、最高裁事務総局と内閣法制局の双方に出席を求めて行った質疑である。

(2) 7.1 閣議決定における立法事実のでっち上げ

　「昭和47年政府見解の読み替え」における立法事実の不存在の立証だけで「限定的な集団的自衛権行使」を容認した7.1閣議決定の「基本的な論理」は違憲の論理となりますので、実は、安保法制を阻止するためには、ホルムズ海峡事例などを国会で厳しく追及する必要はありません。「昭和47年政府見解の読み替え」の追及は、新三要件の成立を根こそぎ突き崩すものだからです。

　しかし、国民の皆さまを欺く（あざむく）解釈改憲の実体を出来るだけ詳しく解明するという観点で以下に詳しい分析をご説明します。

　安倍内閣は「昭和47年政府見解の読み替え」により、「限定的な集団的自衛権行使」の法理がそもそも存在していたのだとして、その法理を7.1閣議決定の際に42年ぶりに初めて使用し、ホルムズ海峡事例などをその法理に「当てはめ」て、機雷掃海は合憲である等の新しい解釈（「解釈変更」）を得ました。

　この「当てはめ」の過程における、ホルムズ海峡事例などが、そもそも立法事実に足るのか、また、その立証があるのか、というのが、7.1閣議決定におけるもう一つの立法事実の不存在です。足り得ない、又は、立証に欠けるのであれば、「限定的な集団的自衛権行使」の法理を使用する正当性がないことになり、かつ、そもそも論として、「我が国として国際関係において実力の

行使を行うことを一切禁じているように見える」という憲法9条の分離としての解釈を乗り越えるだけの論拠を持っていないことになり、そのような事例を「当てはめ」の根拠とした集団的自衛権行使の解釈変更は違憲無効となります。

　これは、政策論としての観点から見れば、安倍総理が声高に主張している「我が国を取り巻く安全保障環境が変化している中で、国民の命と平和な暮らしを守り抜くため」に、本当に集団的自衛権行使が必要不可欠なのかを検証し、結論としてそれを否定し、同時に、現行憲法の「専守防衛」でも国民の皆さまの生命と日本の国益は守れるということをご説明するものとなります。

(3) 7.1 閣議決定の際には立法事実を全く審査していない

　さて、少し専門的なご説明が入りましたが、国民の皆さまにご理解いただきたいことは、この「**立法事実のでっち上げ**」を許せば、どんな憲法の条文でもあっという間に簡単に解釈改憲ができるようになるということです。

　私は、かつて、総務省で放送法を担当していましたが、ある日、内閣総理大臣と総務省の官僚が「放送局のテレビ番組で、日本国民の思考回路が根底から覆されることを発見した」と言い出したとします。日本列島の全国津々浦々の老若男女の思考回路が根底から覆される?? なんのこっちゃ意味不明ですが、しかし、こうしたことが「現実にある」と認めてしまうと、じゃあ、それを防ぐために「言論など一切の表現の自由は、これを保障する」としている憲法21条を解釈改憲しましょう、そして、国家（総務省）が放送局の番組に事前介入できることにして、そのルールや手続きなどを定めた放送法改正をしてしまおう、ということになってしまうのです。**集団的自衛権行使について、7.1 閣議決定と安保法制でやっていることは法的にはこれと全く同じことなのです。**

　つまり、ある社会的事実があり得ない、または、あるのかどうか立証もないのに「ある」と言い切った瞬間に（立法事実のでっち上げ）、権力者の意のままにどのような法規範でも創り出すことができ、かつての独裁政治などと同じ、「法治」ではなく「人治」の世の中になってしまうのです。立法事実が不存在の法律を違憲無効とした最高裁判決（昭和50年薬事法違憲判決）も、立法事実とは風が吹けば桶屋が儲かる式の「単なる観念上の想定」では足りず、「**確実な根拠に基づく合理的な判断**」でなければならないと明確に示して

います。このため、間違っても違憲の立法がないように、私がかつて官僚時代に内閣法制局に法案の審査に行った際には、いの一番に求められたことは「立法事実の証明」でした。

しかし、実は、7.1閣議決定の際には、この集団的自衛権行使の解釈変更の「立法事実」を内閣法制局は全く審査しておらず、何の審査資料も存在しないことが、国会質疑や政府答弁書で明らかになっています。つまりは、7.1閣議決定の「限定的な集団的自衛権の法理」に対する「当てはめ」における立法事実が存在しないのです。

このことは、7.1閣議決定の文面上も、「我が国を取り巻く安全保障環境が根本的に変容し、変化し続けている状況を踏まえれば、今後他国に対して発生する武力攻撃であったとしても、その目的、規模、態様等によっては、**我が国の存立を脅かすことも現実に起こり得る**」とのみ述べ、直ちに、「我が国と密接な関係にある他国に対する武力攻撃が発生し、これにより我が国の存立が脅かされ、国民の生命、自由及び幸福追求の権利が根底から覆される明白な危険がある場合……憲法上許容されると考えるべきであると判断するに至った」とされていることからも明らかです。すなわち、「現実に起こり得る」と述べているのは抽象的な概念である「国の存立が脅かされる」ことのみであり（これすら、風が吹けば桶屋が儲かる式でまともな説明になっていませんが）、立法事実たる「なぜ、どのように、国民の生命等が根底から覆されることが発生するのか、また、それを防ぐためにはなぜ集団的自衛権行使以外に手段がないのか」については、何ら具体的な論証がありません。つまり、7.1閣議決定の中には立法事実の立証が全く存在しないのです。

そして、安保法制における集団的自衛権行使の要件は、7.1閣議決定の新三要件の文言が一言一句そのまま書き込まれたものですので、この立法事実の不存在はそのまま安保法制における立法事実の不存在を意味します。**すなわち、安保法制は立法事実を欠く違憲立法であり、衆参の安保法制の特別委員会は最初から政策的な必要性やその手段としての合理性について捉えどころの無い法案の審査を余儀なくされているのです。**

(4) 立法事実論の本質
―― **守るべき国民がいないのに自衛隊員も国民も戦死することになる**

立法事実論が憲法9条を骨抜きにする違憲論点の本質である理由をより具

体的にご説明すると、「ある国民の生命を救うためと称したものの、実は政策目的として必要性はなく、また、政策手段としても合理性がない場合、それにもかかわらず集団的自衛権を合憲としそれを発動すれば、その行使により戦死する自衛隊員と相手国の反撃により戦死する一般の国民は、「実は、守るべき日本国民がいないのに戦死する」ことになってしまう」ということです。これは同時に、立憲主義、平和主義に反する問題でもあります。

つまり、立法事実の審査も行わずに 7.1 閣議決定を強行しそれに基づき安保法制を国会提出している安倍内閣は、国民の生命と尊厳ある人格を無視する暴挙を犯しているものといわざるを得ないのです。

その安倍内閣は、集団的自衛権行使の必要不可欠性の根拠として、三つの事例、「米国軍艦による邦人避難事例」、「ホルムズ海峡事例」、「米国イージス艦防護事例」を、安保法制の特別委員会で主張しています。もちろん、この全ての事例について、昭和 47 年政府見解の読み替え、前文の平和主義の法理の切り捨てを行っている段階で違憲無効でありますが、立法事実についてもそれを満たすに足るものは一切ありません。むしろ、私がかつて霞ヶ関で、そして国会議員として立法に取り組んできた際の政策論のレベルにすら到底達し得ない想定に立つものばかりです。

なぜ、このような不合理で非現実的な事例ばかりになるかというと、①そもそも、日本国民と日本防衛は個別的自衛権の役割であること、にもかかわらず、②他国防衛を本質とする集団的自衛権で自国防衛のケースなるものを国民の不安をかき立てる魂胆をもって無理矢理に創作したものであること、③その創作の際に、解釈改憲を先導した国家安全保障局の官僚達が、そうした分野を所管し適切な専門的知見を有する官僚に全く相談をせずに頭ごなしに作った事例であるためなどです。

では、それらについて順に分析をしていきましょう。

3.「米国軍艦による邦人避難事例」における立法事実のでっち上げ
（1）安倍総理の説明の欺瞞と論理破綻

最初は、国民の皆さまにもすっかりおなじみの絵の話です。朝鮮半島有事の際に、日本人のお母さんと赤ちゃんが米軍の軍艦に乗って避難する絵ですね。

安倍総理は、昨年の 7 月 1 日、解釈改憲を強行した後の夕方 6 時からの記者会見でこのフリップを使って、次のような内容を述べています。

「朝鮮半島で突然紛争が発生し、そこから逃げようとする日本人を米国の軍艦が輸送しているとき、その軍艦に乗った日本人の命を守るため、自衛隊が米国の船を守る。それをできるようにするのが今回の閣議決定です。」

米国の軍艦に乗っている日本国民の命を救うため、その米国の軍艦に対して攻撃をする北朝鮮の軍隊を排除する——世界最強の米国と戦争を開始し首都の平壌やその周辺の軍事拠点などを守るのに精一杯の北朝鮮が、何の軍事的メリットもない避難船の攻撃をなぜするのか、どこにそんな余裕があるのか私には全く理解できませんが——つまりは、この親子の命を救うために自衛隊の集団的自衛権の行使を可能にするために、7.1閣議決定を行ったと明言しています。ああ、この親子を守るためなら仕方がないのかも知れない。つい、そう思われた方も多いと思います。

しかし、ですね、その3ヶ月後の昨年の10月に参議院の外交防衛委員会で私が横畠内閣法制局長官を追いつめたときに、集団的自衛権行使の新三要件の第一要件、「国民の生命などが根底から覆される」、あの「国民」というのは、個々の国民のことを考えているのではありませんと、**この親子を守るためには集団的自衛権の行使はできません、とはっきり答弁したんですね。安倍総理の記者会見を全否定してしまったのです。**

なぜかというと、新三要件というのは我が国の存立がかかるような、つま

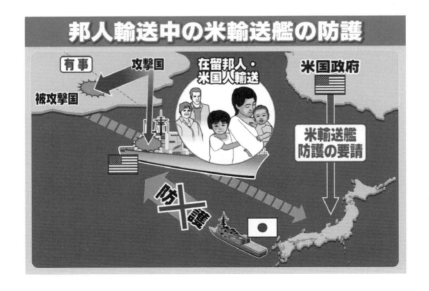

り日本国民全体が危機にあるような場合のことなので、個々の国民であるこの親子を助けるために国を挙げての武力行使なんてのは出来ません、と。

だから、安倍総理は国民の皆さんを騙すとんでもないインチキを言っていたんですね。

> **「母子避難」米艦輸送ケースの破綻**
>
> 平成26年7月1日 総理大臣記者会見
> 　海外で突然紛争が発生し、そこから逃げようとする日本人を…米国が救助を輸送しているとき、日本近海において攻撃を受けるかもしれない。…日本人の命を守るため、自衛隊が米国の船を守る。それをできるようにするのが今回の閣議決定です。
> （首相官邸HPより）
>
> 平成26年10月16日 横畠内閣法制局長官
> 　新三要件の第一要件…は、個々の国民のことを考えているのではなくて、…「我が国の存立が脅かされ、」ということとセットのことでございまして、言わばそれの表裏一体のことを申し述べているもの

しかも、この答弁の時に、横畠長官は、「総理は、この親子を助けることで新三要件を満たし集団的自衛権を発動できると言ったのではなく、北朝鮮が日本に武力攻撃をしてくるかもしれないという全体の状況の中で先に新三要件が認定されて集団的自衛権行使が可能となっており、その下で実行する

■参 外交防衛委員会　平成26年10月16日
〇小西洋之君　あの親子の命は新三要件の「国民の生命」の要件には当たらないという理解でよろしいですね。
〇政府特別補佐人（横畠裕介君）政府の事例は、単に絵に描いてある国民を保護するというのが、そのために武力の行使三要件を満たすことになるのだという文脈というよりも、攻撃国の言動等から我が国にも武力攻撃が行われかねない状況なども前提として、全体として新三要件に該当するかを認定し、その認定された場合における具体の活動の事例ということで説明されているものと理解しております。

一つの武力行使として説明していると理解している」と安倍総理に助け船を出していました。

　ところが、安倍総理は、今さら後には引けないと思ったのか、今年の２月の衆議院の本会議で、「**日本人の親子が乗った米国軍艦が武力攻撃を受ける明白な危険がある場合には、新三要件が成立し得る**」と述べて、やはり、「**この親子を助けることを直接の目的として、集団的自衛権行使ができる**」という見解を示しました。内閣法制局長官の答弁と総理の答弁が食い違うというのは、（横畠長官が「法の番人」ではなく、「安倍総理の顧問弁護士」と霞ヶ関で称されているように）さすがの安倍内閣でも起きていないことですが、そうした事態が発生しているのです。

　しかし、この安倍総理の答弁のままでは、当初の疑問である、なぜ、個別の国民の生命の危機が、「我が国の存立を脅かし、国民全体の生命等が根底から覆される明白な危険」（答弁の中では「我が国が武力攻撃を受けた場合と同様な深刻、重大な被害が及ぶことが明らかな状況」と言い換えています）と同価値になるのか、なぜ、国全体の存立が脅かされる問題となるのか、依然としてさっぱり分かりません。

> ■衆　本会議　平成27年２月16日
> ○内閣総理大臣（安倍晋三君）　我が国近隣で武力攻撃が発生し、米国船舶は公海上で武力攻撃を受けている、攻撃国の言動から我が国にも武力攻撃が行われかねない、このような状況において、在留邦人を乗せた米国船舶が武力攻撃を受ける明白な危険がある場合は、状況を総合的に判断して、我が国が武力攻撃を受けた場合と同様な深刻、重大な被害が及ぶことが明らかな状況に当たり得ると考えられます。

　これに対し、衆議院の特別委員会における民主党の後藤祐一議員の追及に対し、安倍総理は、「日本人が乗った船を確信犯で攻撃する行為に出た北朝鮮が、続いて日本に武力攻撃を仕掛けてくるという危険性は極めて高く、よって、第一要件の国民の生命等が根底から覆される明白な危険がある場合に該当する」といった内容を答弁しました。そして、更に、「これは北朝鮮の日本に対する海上封鎖（武力攻撃）にも繋がるのだ」という内容を述べています。

　しかし、こうした、安倍総理の一連の主張は、以下のような論理破綻に行き着くことになります。つまり、どうしようもなく常識外れの思考を重ねない限り、この事例と付き合うことは困難となるのです。

> ■衆 平和安全特別委員会 平成27年7月3日
> ○安倍内閣総理大臣 日本人が乗っている船を破壊する、多数の日本人を殺傷するということを決意している……。総合的に判断するんですが、そこで多数の日本人を殺傷するということになる中において、日本との関係は極めて悪化をし得る……。
> 　それを決意した中において、さらに、日本に対して攻撃を行うという危険性は極めて高いと考え得る……。
> 　つまり、事実上、それは海峡を封鎖しようということにもつながってくる……人の行き来をいわば途絶えさせるためにそれを攻撃するということになる…。

- なぜ、世界最強の米軍と戦争状態にあり首都の平壌等の政治・軍事拠点の防衛で必死の状況にある北朝鮮が、新たに日本との開戦を覚悟し、そしてその開戦の端緒として、軍事的に何のメリットもなく、逆に、国際社会からの強烈な非難と制裁措置に繋がり、ますます米国との戦争の遂行を困難とする「何の罪もない市民が乗った避難船（米艦）」を攻撃するのか。（※米艦を避難船代わりに代用することは、出航前に、北朝鮮へも、国際社会へも周知できるはずである）
- 安倍総理は、「日本との関係は極めて悪化をし得る」と述べているが、もし、「避難船攻撃→日本から北朝鮮へ強烈な非難→それに逆上して北朝鮮が日本に武力攻撃」という因果関係を考えているのであれば、北朝鮮が避難船を攻撃するそもそもの動機が、ますます意味不明となる
- 北朝鮮が海上封鎖をし、日本人などの搬送を「途絶」させることを実行するためには、制空権と制海権を保持する必要があるが、北朝鮮の軍事力の実態でそのようなことが可能なのか。（到底不可能というのが常識的見解）
- 以上のことが、常識として起こり得ると観念できないのであれば、「**避難船たる米艦を攻撃することが、新三要件の成立する存立危機事態となる**」という立論は、法令解釈における立法事実論としては否定せざるを得ない。

　結局、解釈改憲を強行するべく国民の皆さまを欺くために始めた、「この日本人の親子を助けなくてよいのか！」という主張と自らが設定した新三要件の「国の存立が脅かされる」などとの辻褄がいよいよ合わなくなっているのです。安倍総理は、前記の7.1閣議決定後の記者会見で、「**集団的自衛権が現行憲法の下で認められるのか。そうした抽象的、観念的な議論ではありませ**

ん。現実に起こり得る事態において国民の命と平和な暮らしを守るため、現行憲法の下で何をなすべきかという議論であります」と述べてこの事例を訴えていますが、まさに、「抽象的、観念的な議論」すら成立しないような論理破綻の世界になっているのであり、到底「立法事実に値しない」主張と断ぜざるを得ません。

　また、「攻撃国の言動から我が国にも武力攻撃が行われかねない」という設定は、米軍イージス艦防護事例と同じ状況設定ですが、安倍内閣において、北朝鮮軍が日本への武力攻撃を行う手段又は端緒として、①ある事例では最強兵器である米軍イージス艦を攻撃し、②もう一方の事例では何の軍事的メリットもない避難船代わりの米軍艦を攻撃するという設定をしていることになります。米軍イージス艦の事例は後に論破しますが、こうした共に破綻する両極端の事例しか出せないということは、安倍内閣が合理的かつ論理的な政策分析に基づいて集団的自衛権行使の必要性を考えているのではないことの証明そのものとなります。要するに、この事例は、最初から国民を煽動する目的のみで考案された非常に悪質な事例であると断ぜざるを得ないのです。

(2) では、あの日本人親子をどのようにして救出するのか

　ちなみに、では、この親子はどうやって救うのか、というと、――そもそも、散々議論されているように、そもそも戦争当事国の米国の軍艦に乗って避難するなどと言うことは日本政府の責任において絶対にあってはならないことなのですが――海外の紛争でそこにいる日本国民が巻き込まれる話はこれに限らず、起こり得る話です。つまり、この親子は海外で紛争に巻き込まれている日本人なのであって、その日本人を助けるために、日本に攻撃を仕掛けていない北朝鮮にこちらから武力行使をして戦争を起こすという話にはならないはず。そんなことをいの一番に考える国はないはずなのです。

　例えば、私が、総理大臣だったら、ただちに、北朝鮮と国際社会に対して声明を出します。「その避難船代わりに使っている米国軍艦に乗っている日本国民は何の罪もない一般市民である。どうか、その船を攻撃するようなことはしないで欲しい。」と。また、この声明に賛同してくれる国々を事前にかき集めます。こうした声明を無視して国際世論を無視して、避難船を攻撃する北朝鮮は、国際社会から袋だたきにあい、ますます、米国との戦争遂行が困難になるでしょう。そして、続けて、「もし、万が一の事故が起きてはいけな

いので、自衛隊の航空機と艦船（戦闘機や護衛艦を含む）をその米国軍艦の警備のために出動させます。しかし、自衛隊の航空機などは、あくまで、不測の事故を防ぐためのもので、北朝鮮を攻撃するためのものでは決してない。」という声明を出し、自衛隊の「海上警備行動」を発令します。これは、武力行使ではなく、今の法制度でもできる自衛隊の邦人保護の警察行動です。

これで、もし、不測の事態が起きる時でも（繰り返しますが、軍事的に何のメリットもない避難船を故意に攻撃するという想定は常識を逸脱した話です）、自衛隊が警察行動として実力で避難船を守ることができますし、もし、こうした声明や国際社会からの要請にもかかわらず、北朝鮮の軍隊が自衛隊の航空機や艦船の警備を実力で排除して、避難船代わりの米国軍艦を攻撃しようとするような場合、すなわち、北朝鮮の軍事行為が我が国への武力攻撃の発生と評価できるような場合には、個別的自衛権を行使して避難船を守ることができます。これで、十分なのではないでしょうか。（なお、民主党は周辺事態法の改正でこれと同様の方向性の措置を検討しています）

以上から、この安倍内閣の「米国軍艦による邦人避難事例」はそもそも、新三要件の第一要件たる政策目的の必要性が立証できず、かつ、第二要件である政策手段の合理性が立証できず、むしろ、その両者とも論理的に否定され、よって、立法事実の不存在として、解釈変更の根拠足り得ないことになります。

4. ホルムズ海峡事例

この事例については、先の邦人避難事例と同様に報道等各方面から多くの検討がなされていますので、ごく簡潔に要点のみを記します。いずれにしても、到底、解釈変更の立法事実たり得ない事例です。

・「ホルムズ海峡に機雷敷設をする特定国の想定はなく、同海峡を擁する中東地域で安全保障環境がますます厳しさと不透明性を増す中、あらゆる事態に万全の備えを整備することが重要」（7月24日参院本会議　安倍総理答弁）と、自ら「立法事実の存在を全否定する」に至っている。
・ホルムズ海峡を封鎖して一番困るのは経済破綻することになるイランである。一方、イランは政治体制の変化により、核開発を巡る問題を始めとし

て、米国や国際社会と協調路線に転じ、7月には国際合意が成立している。よって、海峡封鎖の可能性は限りなく想定し難い状況となっている。
・ホルムズ海峡経由で石油供給を受ける国は日本だけではなく、中国、インド、韓国などもそうである。中国と韓国のペルシャ湾内の産油国への依存度（その全てがホルムズ海峡を通航してくる訳ではないが）は中国51％、韓国84％とされる（国会図書館調査）。これらの国への経済的影響は世界的な経済ショックを引き起こすことになる。よって、当然に海峡封鎖に対処する国際的な枠組みが構築される。むしろ、本当に海峡封鎖を心配するなら、そうした取り組みに主導的な役割を発揮できるよう全力で中東各国の友好国としての戦略外交に取り組むべきである。
・ホルムズ海峡を迂回するパイプラインの建設が進んでいる。本当に心配ならば、そうした建設を促進する国際的な枠組み構築などに取り組めばいい。
・2014年度一般電気事業用の総発電量に占める石油電源は9.3％であり、その約8割がホルムズ海峡通過とすると、実は全体の7.6％に過ぎない。天然ガスも海峡依存度は24.7％である。（参院特委7月30日質疑）
・従って、約半年分の石油備蓄がある中、石油が枯渇して病死、凍死、餓死などが起きることは想定されないが、それでも心配ならば、より一層のエネルギー供給先の多角化に取り組めばいい。なお、ホルムズ海峡を経由しないアブダビ首長国の油田権益獲得に邦人企業が本年になって成功している。また、天然ガスについては米国からのシェールガスの輸入開始が間近（2016年より）となっている。
・民主党後藤祐一議員の指摘（7月3日質疑等）にもあるように、他国の機雷掃海艇によって解決することも十分に可能であると思われる。なお、米国も佐世保の海軍基地に掃海艇を配備している。
・なお、機雷掃海をすれば孫子の代までイラン国民から恨まれ、他の中東の国民からも敵性視されることになる。親日国であるイスラム教シーア派が圧倒的多数人口の大国のイランを中長期に敵国にしてしまうことのデメリットを考えると武力行使という手段は究極の愚策であり、真に海峡封鎖を想定するのであれば、上記のような代替手段をあらゆる措置を講じて実現することこそ政策的合理性が認められる。

なお、このホルムズ海峡事例は、「昭和47年政府見解の読み替え」、「平和

主義の法理の切り捨て」の以下のような観点から、どのように立法事実を議論しても、そもそも絶対的に違憲無効です。

・憲法9条の従来の基本論理は、全ての実力行使を禁止しているかのように見える憲法9条においても、日本国民の平和的生存権、すなわち、日本国民が「戦争による惨禍」（政府解釈）を免れ平和的に生存するために必要な最小限度の実力行使だけはできるという論理解釈となっている。すなわち、憲法条の基本論理が許容する我が国の武力行使は、その論理必然として、国民の生命の危険が存在し、かつ、それが我が国に対する武力行使を起因とするものでなければならない。ところが、このホルムズ海峡事例は、日本に向かってくる武力行使（「戦火」）は存在せず（つまり、「戦争による惨禍」の問題ではない）、経済的問題という広い意味の「戦禍」の問題であり、しかも、上記に述べたように国民全体の生命の問題（国の存立の問題）ではあり得ないので、そもそも、この事例は憲法9条解釈の基本論理に反する。
・また、憲法前文の平和主義の法理（全世界の国民の平和的生存権など）からは、石油目的の武力行使は認めることができない。（上記のようにあり得ない事態であるとして）仮に、石油供給の停止による日本国民の病死、凍死等を心配するにしても、石油確保のために殺傷されるイランの人々の身になって平和的生存権の法理を踏まえれば、当然に憲法改正が必要となる。
・なお、安倍政権は、機雷掃海は、事実上の停戦後の「受動的かつ限定的」な武力行使であるなどと、説明しているが、それでは、自衛隊が機雷掃海任務に際して絶対に誰一人も殺傷することがないのか、あるいは、米軍等のイラン攻略作戦全体で見た時の「作戦としての一体化」は絶対に存在しないのか等について立証が必要となるが、そのような立証は不可能であるし、やること自体が非常識で無意味である。つまり、機雷掃海は、憲法9条の基本論理及び前文の平和主義の法理と矛盾する違憲の武力行使である。

5. 日米同盟の本質的な理解
── 日米安保条約第3条と在日米軍基地の意義

　残る事例、「米軍イージス艦防護事例」──北朝鮮と戦争中の米軍イージス艦が、北朝鮮軍から攻撃を受けるのを自衛隊のイージス艦がミサイル発射に

よって防護するもの——ですが、安倍総理はこの事例について、①米軍イージス艦を自衛隊が防護しないと日米同盟が壊れ、結果的に日米同盟の抑止力が低下し、日本を侵略などしてくる国が現れ、かつ、そうなった時に対処できなくなる、②この米軍イージス艦を防護しなければ、その後に北朝鮮が日本に弾道ミサイル攻撃を仕掛けてきた時に、この米軍イージス艦が日本を守ることができなくなるため、日本国民の生命等が失われることがあるといった二つの異なる内容の主張をしています。

前者の「日米同盟の揺らぎ」は、それ自体で、「日本国民の生命等が根底から覆される明白な危険」（新三要件の第一要件）が発生する訳ではありませんから、立法事実には該当しません。政府も、私の質疑に対し、「日米同盟の揺らぎだけでは新三要件は成立せず、集団的自衛権行使はできない」という答弁しています（昨年10月16日）。一方、後者は、個別の事例として、これが立法事実に該当するのかどうか分析を行う必要があります。

さて、前者の日米同盟の強化などのための安保法制の必要性については、昨年の7.1閣議決定以前からこの安保国会を通じて安倍総理が何度も強調しているものですが、「自衛隊のイージス艦が米軍イージス艦を防護しなければ、日米の同盟は著しく毀損（きそん）される」（参予算委員会 平成26年3月19日）、「安保条約及び同盟そのものが大きな危機に陥る」（参予算委員会 平成25年5月08日）という問題意識と、逆に、自衛隊のイージス艦が防護できるようになれば日米同盟の絆はより深まり日米同盟の抑止力が高まるという認識からは、以下のような検証すべき論点が分析、抽出できます。

(a) 自衛隊のイージス艦が米軍イージス艦を防護しなければ、本当に日米同盟が壊れてしまうのか。
(b) 日米同盟の抑止力は現時点で足りないものがあるのか、あるいは、将来において足りなくなることがあるのか。すなわち、自衛隊のイージス艦が米軍イージス艦を防護しなければ、日米同盟の抑止力が保持できず、いざという時に、米軍が日米安保条約に基づく日本防衛の義務を果たさないのか。

国民の皆さんは、確かに自衛隊のイージス艦が助けることができる米艦を助けなければ人情として持たないのではないか、また、中国が軍事力を増強してくる中、いざという時に米軍を自衛隊が集団的自衛権行使で守れるよう

> ■衆 本会議 平成27年5月26日
> ○内閣総理大臣（安倍晋三君）　平和安全法制がもたらす抑止力の強化と日米安全保障体制に与える影響についてお尋ねがありました。
> 　今回の平和安全法制が実現すれば、国民の命と幸せな暮らしを守るために、グレーゾーンから集団的自衛権に関するものまで、あらゆる事態に対して切れ目のない対応を行うことが可能となります。
> 　日本が攻撃を受ければ、米軍は、日本を防衛するために力を尽くしてくれます。そして、安保条約の義務を全うするため、日本近海で適時適切に警戒監視の任務に当たっています。
> 　しかし、現在の法制のもとでは、私たちのためその任務に当たる米軍が攻撃を受けても、私たちは日本自身への攻撃がなければ何もできない、何もしない。果たして、皆さん、これでよいのでしょうか。
> 　このような問題を踏まえ、日米同盟がよりよく機能するようにするのが、今回の平和安全法制です。
> 　日本が危険にさらされたときは日米同盟が完全に機能するということを世界に発信することによって、紛争を未然に阻止する力、すなわち抑止力はさらに高まり、日本が攻撃を受ける可能性は一層なくなっていくと考えます。

にしておかなければ、逆にいざという時に米軍は日本を守ってくれなくなるのではないか、とつい思ってしまうかも知れません。

　しかし、これは安倍総理の、とにかく、何が何でも憲法九条の解釈変更と安保法制を実現したいという政策合理性も日本の国益もかなぐり捨てた「情念」にもとづく、国民の皆さまを騙す論法です。

　結論から先に、申し上げますと、自衛隊のイージス艦が米艦を防護しなくとも日米同盟は絶対に壊れませんし、日米同盟の抑止力は将来においても決して弱くなり、日本の防衛に問題が生じることはありません。これは、日本と米国の主権国家同士の法的約束により、また、日米同盟によって米国が得ている国益の本質的評価からそのように断言できます。

6. 日米安全保障条約第3条
——米国のため集団的自衛権行使をしなくてよいと明文で締結

　最初に、衝撃の目からウロコのお話をさせて頂きます。
　実は、1960年（昭和35年）に日米安全保障条約が改定された際に、新規に盛り込まれた日米安保条約第3条に、「日本は憲法9条によって集団的自衛

権行使が禁止されているため、日本は米国のために集団的自衛権行使を行わなくてよい」ということが明記されています。単に、日本が憲法9条の解釈において集団的自衛権ができないということではなく、主権国家同士の条約で日本が米国のために集団的自衛権を行使することが法的に免責されているのです。

> **■日米安全保障条約第3条**
> 第3条　締約国は、個別的に及び相互に協力して、継続的かつ効果的な自助及び相互援助により、武力攻撃に抵抗するそれぞれの能力を、憲法上の規定に従うことを条件として、維持し発展させる。

　この条文の趣旨は、どなたでも見ることができる外務省ＨＰ「日米安全保障条約（主要規定の解説）」において、7.1閣議決定の以前は以下のように説明されていました。

> ○第3条
> 　この規定は、我が国から見れば、米国の対日防衛義務に対応して、我が国も憲法の範囲内で自らの防衛能力の整備に努めるとともに、米国の防衛能力向上について応分の協力をするとの原則を定めたものである。
> 　これは、沿革的には、米国の上院で1948年に決議されたヴァンデンバーク決議を背景とするものであり、NATO（北大西洋条約機構）その他の防衛条約にも類似の規定がある。同決議の趣旨は、米国が他国を防衛する義務を負う以上は、その相手国は、自らの防衛のために自助努力を行ない、また、米国に対しても、防衛面で協力する意思を持った国でなければならないということである。
> 　ただし、我が国の場合には、「相互援助」といっても、**集団的自衛権の行使を禁じている憲法の範囲内のものに限られることを明確にするために、「憲法上の規定に従うことを条件」としている。**

　文末の私が下線を引いたところをご覧下さい。ズバリ、「集団的自衛権の行使を禁じている憲法の範囲内のものに限られることを明確にするために、「憲法上の規定に従うことを条件」としている。」と書いてありますね。私も、昨年の５月に、解釈改憲を阻止するための追及の過程で、この解説文を発見したときは、思わず目が点になりました。

つまり、外務省の解説にもあるように、この第3条に関する条項は、米国の上院決議に基づいて米国政府が同盟条約を結ぶ際に、そのすべての相手国とそれぞれまったく同一の内容のものを必ず締結しているものなのですが、**日米安全保障条約だけがその各国との条約とまったく違った文言で、まったく違った内容になっているのです**。本来ならば、米国政府は日本政府に対し、米国が日本を防衛する義務を負う（日米安保第5条）以上は、日本も米国に対して防衛面での協力を求めなければならないのですが、日本は憲法上集団的自衛権行使ができないので、以下のNATO条約（北大西洋条約）との違いで一目瞭然のように、逆に、条約の文言を特別に選んで、日本が米国のために集団的自衛権行使をすることが免責される規定となっているのです。

見比べて頂けるように、先ほどの「憲法上の規定に従うことを条件」という文言だけではなく、他の条約では「単独に及び共同して」とされているのを「個別的に及び相互に協力して」とし、同様に「個別的の及び集団的の能力を」とされているのを「それぞれの能力を」としたことが、条約締結時の国会で明確に答弁されています。つまり、分かりやすく言えば、第3条全体の作りからして、「日本は集団的自衛権行使が違憲であるので、日本は米国の

日米安保条約では「日本は米国のために集団的自衛権を行使しなくてもよい」と締結している！！

NATO条約第3条	日米安保条約第3条
締約国は、この条約の目的を一層有効に達成するために、<u>単独に及び共同して</u>、継続的かつ効果的な自助及び相互援助により、武力攻撃に抵抗する<u>個別的の及び集団的の能力</u>を維持し発展させる。	締約国は、<u>個別的に及び相互に協力して</u>、継続的かつ効果的な自助及び相互援助により、武力攻撃に抵抗する<u>それぞれの能力</u>を、<u>憲法上の規定に従うことを条件</u>として、維持し発展させる。

【外務省HPでの解説】（2014/07/01以前）
　ただし、我が国の場合には、「相互援助」といっても、<u>集団的自衛権の行使を禁じている憲法の範囲内のものに限られることを明確にする</u>ために、「憲法上の規定に従うことを条件」としている。

ために集団的自衛権を行使しなくてよい」ことが主権国家同士の国際条約に明記されていることになります。

　この日米安保条約第3条の問題は、解釈改憲及び安保法制において、以下のような重要な論点を有するものです。

　まず、安倍総理の主張するように、自衛隊のイージス艦が米軍イージス艦を防護しなくとも、「日米同盟が著しく毀損したり、危機に陥ったりはしない」ということです。なぜなら、そもそも、日本は米国のために集団的自衛権行使をしなくてよいことになっているからです。安倍総理は、米艦を守らなければ、米国は世論の国だから大変なことになると煽り立てる答弁を何度も行っていましたが、ご案内のとおり、世論の国であることはどこの先進国も似たり寄ったりで、しかし、米国は何より「ルールの国」なのです。もし、自衛隊が米軍を守らず非難されることがあるとすれば、それは、このような第3条をそのままにしておいた米国憲法において条約の締結と承認を担う大統領と上院に向かう非難であり、むしろ、米軍のイージス艦を指揮する米軍の司令官が自衛隊の防護を頼りにしていたような事態があれば、その司令官は軍法会議にかけられるでしょう。よって、もし、米国が自衛隊に防護して欲しいのであれば、堂々と安保条約改正を要請してこなければならないのです。しかし、米国政府は、これまで一度もそうした正式の要請をしたことはありません。

　次に、仮に7.1閣議決定による憲法解釈の変更よって、安保条約第3条に言う「憲法上の規定」が集団的自衛権を行使できないと解釈されてきた第9条ではなく、解釈変更後の限定的な集団的自衛権を行使できる第9条に置き代わるのだというのであれば、これは、憲法に違反する7.1閣議決定による条約の上書きであり、法的なクーデター行為そのものなのですが、衆議院の安保法制の特別委員会ではこのことはまったく議論されないまま強行採決されています。

　また、条約は憲法98条の条約遵守義務によって法的な効力において法律に優先するとされています（政府解釈、学界通説）。つまり、条約に違反する法律は無効なのです。よって、安保法制を強行採決しても、少なくとも安保法制が日米安保条約に反する部分、すなわち、集団的自衛権行使を違憲とし、かつ、米国に対する行使には及ばないとされている点については、法律として効力を有しないことになります（もちろん、7.1閣議決定が違憲無効ですから日米安保第3条を持ち出さなくても安保法制の殆ど全ては始めから無効で

す)。ようするに、ある政権がどうしても集団的自衛権行使を解禁したいのであれば、国民投票による憲法改正をし、次に、日米安保条約を改定する国会承認を得、その次に安保法制を制定しなければならないのです。

これは、7.1閣議決定と安保法制という法律による条約の上書きであり、先と同様に法的なクーデター行為そのものなのですが、衆議院の安保法制の特別委員会ではこのことについてもまったく議論されないまま強行採決されています。

ところで、この問題に関する私の国会での追及に対して、政府は論理破綻した答弁拒否を行っています。その内容は、「憲法上の規定に従うことを条件として」とあるところ7.1閣議決定により「憲法」の解釈が変わったのだから問題はない」とし、挙げ句の果てには、「そもそも、第3条は特定の憲法解釈に立ち入った規定ではない」など答弁しています。しかし、これが、昭和35年当時の条約承認の際の衆議院における審議に際しての政府答弁や外務省自らのＨＰでの逐条解説の内容と真っ向から矛盾するなど、「昭和47年政府見解の読み替え」と同様に本来の意味を勝手に読み替えて法規範を捏造する暴挙であることはいうまでもありません。日米安保第3条は、上記のNATO条約との比較にあるように条約の全体をとおしてあらゆる点で集団的自衛権行使を排除する作りとなっており、1960年の衆議院での承認決議はそうした国会としての第3条の解釈及びその前提にある集団的自衛権行使は違憲とする憲法9条解釈に基づいたものなのです（当時、衆議院の優越により参議院では採決はありませんでした）。

なお、昨年の7.1閣議決定以降、上記の外務省ＨＰの解説文においては、「集団的自衛権の行使を禁じている」という文言を削除して、「憲法の範囲内のものに限られることを明確にするために、「憲法上の規定に従うことを条件」としている。」という表現に変えてしまっています。「限定的な集団的自衛権行使」は解禁しているのではないのかと思わず嫌みを言いたくもなりますが、そんな軽々しい話ではなく、これは、空前絶後の暴挙なのです。

【参考】実は、この日米安保条約第3条の問題は、「昭和47年政府見解の読み替え」を否定する強力な論拠の一つとなります。つまり、第一章でご説明した昭和29年参院本会議決議と同様にこれは国会における集団的自衛権行使を

違憲とする憲法解釈が結晶化したものであるのです。とすれば、安保条約改定の昭和35年の後の昭和47年に吉國内閣法制局長官等が、この条約第3条と矛盾する「限定的な集団的自衛権行使」を容認する政府見解を作成し、国会に提出する訳がないのです。しかも、第一章で同様にご説明したように、日米安保条約及び日米同盟を根幹からひっくり返すような憲法規範の大変更を、何の政治的、行政的な、更には米国との調整も無しに行う訳などあり得ないのです。

7. 日米安全保障条約第6条に基づく在日米軍基地の本質
── 米国が超大国たるための絶対条件

このように、日米安保条約第3条の存在だけで、安倍総理の日米同盟が壊れるなどという主張は全くのでまかせであることが明らかになりました。さらに、そうしたことが、主権国家間の条約に拠るのみならず、日米両国が日米同盟から得ている国益の観点などからも、本来の政策論とはまったくかけ離れた国民を欺く暴論であることをご説明します。

それは、今でも、そして将来においても、日米同盟は、米国にとってもどこの国の同盟関係にもあり得ないほどに死活的に最重要の同盟関係であるということです。つまり、米国は、日米同盟をいささかも軽んじたり、ましてや破棄したりすることは絶対できないし、また、それが故にいざという時には米国は日本防衛の義務（安保条約第5条）を果たさない訳にはいかないという意味で、日米同盟の抑止力は今も強固であり、将来においても強固であり続けるということです。

その理由は、日米安保条約第6条に基づき、日本が米国に提供している日本国内の在日米軍基地の米国の世界戦略における、他に代替不可能な、圧倒的な価値によります。

この政府の図に、日本国内の在日米軍基地の概要が記されています。以下、在日米軍のＨＰなどの公式資料と防衛省の調査報告をもとにその役割等をご説明します。

まず、米海軍ですが、横須賀に世界で唯一の米国以外にある空母の母港を有しています。そして、この横須賀基地を母港とする空母機動艦隊である第7艦隊は、米海軍最大の前方展開艦隊であり、80隻の水上艦及び潜水艦、

140機の航空機並びに約4万人の将兵で構成され、その責任地域は、東西が日付変更線（ハワイ周辺）から印パ国境線の通る東経68度まで、南北が千島列島から南極までの総計1億2400万平方キロに及び、そこには、38の海洋国家と中国、ロシア、インド、北朝鮮及び韓国の5つの陸軍大国が含まれるとともに米国が相互防衛条約を結んでいるフィリピン、豪州、ニュージーランド、韓国、タイ及び日本の国々が含まれており、世界人口の約半数が暮らしている、とされています。分かりやすくいうと、東シナ海、南シナ海からインド洋まで、その担当範囲が及ぶことになります。なお、アラビア海とペルシャ湾を担当する第5艦隊は中身のない艦隊であり、第7艦隊はその補完艦隊の役割も担っています。そして、この第7艦隊は、インドアジア太平洋地域において前方プレゼンスを行い、年間に約100回の二国間又は多国間演習及び約200回の寄港を行って、地域の安全と安定に寄与している、としています。なお、米海軍は、厚木にある海軍航空基地に、第7艦隊の原子力空母に搭載する航空機を保有しており、この第5空母航空団は、米海軍で唯一の前方展開空母攻撃群とされています。

　いかがでしょうか。この第7艦隊は、米国にとって、世界で一番重要な海と地域における軍事的プレゼンスを実効的に保持するために絶対的に必要不

可欠な軍事力であり、その基盤を提供しているのが日米安保条約に基づく横須賀海軍基地なのです。つまり、**米国は日米同盟なくして、中東からアジア太平洋地域に至るまで軍事的なプレゼンスを実効的に保持できない、さらに、別の言い方をすれば、米国は日米同盟なくして一秒たりとも超大国たり得ない**のです。（また、米海軍は、佐世保にも海軍基地を保有し、揚陸艦、機雷掃海艦などを保有しています。）

　次に、米空軍を見てみましょう。横田基地に在日米軍司令部を有する米空軍は、沖縄の嘉手納に、米国空軍最大の戦闘航空団である第18航空団が所在する太平洋最大の空軍施設である嘉手納基地を有しています。この第18航空団の任務は、「嘉手納空軍基地のホスト部隊として、アジア・太平洋地域の平和と安定を促進し、私たちの同盟国の共同防衛を確かなものとし、並ぶもののない米国のグローバルに関与する能力を強化する主要な選択肢を提供するための、無類の戦闘航空戦力と前方展開の基礎を提供すること」とされています。そして、米空軍は青森三沢にも、第35戦闘航空団が所在する三沢基地を有しています。
　この嘉手納基地、三沢基地は、北朝鮮と対峙している韓国内の基地を除いて、米軍が中東からアジア太平洋地域に有する米国以外の唯一の空軍基地になります。このことからは、やはり日米同盟無くして、米国がアジア太平洋地域に軍事的プレゼンスを実効的に保持することができないことが容易に理解できます。特に、その嘉手納基地の米軍における軍事的重要性については、マイケルアマコスト元米駐日大使は「米空軍にとっては王冠の宝石のような存在」（朝日新聞2015年6月23日朝刊）と形容しています。

　さらに、米海兵隊を見てみましょう。米軍の海兵隊は三つの「海兵機動展開部隊」という大きな部隊単位から構成されているのですが、そのうちの二つの機動展開部隊は米国本土の西海岸と東海岸に所在し、唯一海外に所在するのが沖縄の第3海兵機動展開部隊なのです。そして、この機動展開部隊には、海兵隊で、唯一常時前方展開している即応部隊であり、アジア太平洋地域での有事の際には最初に選ばれる初期対応組織とされる第31海兵遠征部隊や、普天間基地に所在する第36海兵航空群などが所属しています。また、海兵隊は、山口県岩国に第12海兵航空群の航空基地を有しています。

この沖縄の海兵隊については、例えば、アマコスト元駐日大使は同じ紙面上で、沖縄所在の軍事的意義に疑問を呈するなどしていますが、米国政府と日本政府は公式に第3海兵機動展開部隊が、アジア太平洋地域の安定に欠かすことのできない大きな寄与をしているとしています。

　なお、中東からアジア太平洋地域で、主な米軍基地としては、米国領土であるハワイ、グアムと北朝鮮に対峙する韓国以外では、オーストラリア（海軍の通信施設等。なお、海兵隊のローテーション展開を2012年より開始）、中東バーレーン（第5艦隊の司令部、総員3,369人）、インド洋のディエゴガルシア（海軍航空基地）、アラブ首長国連邦（ジュベル・アリ基地）などしかありません。また、このうちバーレーン基地以外は、全て数百人規模であり、総数54,529人（海軍19,041人、空軍12,403人、海兵隊20,766人、陸軍2,319人、2013年時点）の在日米軍基地とは圧倒的な規模等の違いがあります。
　このように、沖縄県民の皆様を始めとする各地域が多大な負担を払って下さっている在日米軍基地は、実は、アジア太平洋地域はもとより中東までに及ぶ米軍の軍事プレゼンスの基盤を他に代替の余地のない圧倒的な役割と死活的な重要性をもって提供しているのであり、米国は、在日米軍基地なしではこれらの地域を巡る超大国としての地位とその国益を保持できないのです。
　しかも、①日本ほど社会的に安定し——解釈改憲が強行され違憲立法の安保法制も衆議院で強行採決されていますが、戦後において、軍事クーデターや自衛隊の治安出動は起きていません——、②社会的に反米でなく親米で——もちろん、これも特に沖縄県民の皆様の思いなどを共有し尊重しなければなりませんが——、さらには、③技術力や人的資源があり（「横須賀基地の有する日米の優秀な労働者は、ハワイからペルシア湾に至る米海軍部隊の任務遂行にとって死活的な重要性を持っている」と米海軍資料は指摘しています）、そして、④年間1,850億円余りの思いやり予算まで付けてあげている。
　こんな国を、米国は世界中のどこを探しても見付けることができないのです。しかも、米国自身が認めている、世界で最も重要なアジア太平洋地域において、これほどまでの規模、役割の米軍基地を保有できる国などどこにもないのです。もし、米国が、在日米軍基地と同等のものをアジアのどこかで手に入れようと思ったら、それは、安倍総理流に言えば、何千、何万人の若いアメリカ兵の血を流しても手に入れることができないものでしょう。

日本は歴代政府が国会答弁してきたように自衛隊の自衛力で「盾」の役割を確保し、確かに日米安保条約によって、いざという時は米国の軍事力が「矛」の役割を行うことになっている。しかし、同時に、米国も日米安保条約によって計り知れない国益を得て、また、米国自身の防衛戦略を成り立たせている。私は、こうした日米同盟の本当の価値を、まるっきり売り渡してしまったのが、4月29日の安倍総理の米国議会演説だと考えています。実は、米国政府は、これまで一度も正式に日本政府に対して憲法規範を変えて集団的自衛権行使をして欲しいと要請してきたことはありません。このことは私が、岸田外務大臣より「集団的自衛権と憲法の関係につきましては我が国自身が判断する問題であり、米国政府から集団的自衛権行使容認を求められたことはございません。」と国会答弁（参決算委員会　平成26年5月12日）で確認しています。なぜなら、日米安保は米国が超大国であり続けるための、米国にとっても死活的に重要な同盟関係であり、その米国の最大国益は在日米軍基地の安定的な利用確保だからです。

　この点、「自衛隊が集団的自衛権行使によりホルムズ海峡の機雷掃海をするべき」などと提言した有名な2012年のアミテージ・ナイレポートには、こうした在日米軍基地の安定利用の確保という米国にとって最大の国益についての観点からの分析がまったくありません。

　重要なことは、現在の日米安保条約は、第5条において日本防衛の義務を米国が負い、第6条において日本は米国に基地提供を行うことで、お互いに釣り合いの取れた双務条約であると日本政府はずっと国会答弁してきました。しかし、安保法制によって、日本だけが米国防衛義務と基地提供義務の両方を負うことになると、日米安保条約が実体として片務条約、すなわち、不平等条約になってしまいます。そして、こうした状態において、日本が米国のために集団的自衛権を行使し、その結果、自衛隊員や日本国民が戦死するなどすれば、この不平等条約に対する批判的な国内世論が生じる可能性があります。特に、イラク戦争のような米国内においてもその正当性を疑うような戦争に日本が集団的自衛権行使を発動してしまい被害が生じた時の影響は計り知れないものがあります。それは、**在日米軍基地の存在の正当性や安定性に直結する、米国にとって非常に重大極まりない問題となります**。しかし、天下に名高いこのアミテージ・ナイレポートにおいては、――そもそも、全部で20ページしかなく、そのうち安全保障は9ページしかない程度のものな

のですが——、こうした日本が集団的自衛権を行使することに伴う米国の最大国益への影響分析などが全く存在せず、霞ヶ関で政策立案業務を経験し、また、国会議員としても医療や障がい者福祉の基盤制度の構築、「日本再生戦略」（2012年7月閣議決定）などの成長戦略の立案、東日本大震災復興特区法の立案などの立法活動を行ってきた私の感覚からは、端的に言えば、およそ政策分析レポートの名に値しないレベルものであると考えます。（逆に、一種のポジションペーパーの類いのものはどの政策分野にもあるものであり、そういう位置付けのものであれば、特段のコメントはありません）

　いずれにしても、在日米軍基地が米国にとっても死活的に重要な意義を有することは私が政策議論をした防衛省、外務省の官僚の皆さんの誰も否定するものではなく、また、これだけの恩恵を受けている日米安保条約に反して米国が日本防衛の義務を拒否するようなことがあれば、それは米国と同盟条約を結んでいる他国との関係を含め、米国が国際社会において超大国としての信用を一気に失う（どの国も米国との条約関係をただの「紙切れ」として信用しない）ことになることも、容易に同意が得られるところでした。

　よって、それでも、日本が米国のために集団的自衛権を行使しなければ日米同盟が崩壊し、日米同盟の抑止力が現在でも将来においても保持できないとするのであれば、安倍総理は、その理由をきちんと国民と国会に説明する必要があります。そして、それは、米国に対し、4月の米国議会演説のように、一方的に何の見返りもなく国益を売り渡すような外交の名にも値しない行為を強行するのではなく、主権国家として堂々とお互いの国益を主張し、同時に同盟国としてその共存共栄を確保しうるものでなければなりません。

　最後に、日米安保条約に関して安倍総理のもう一つの国民を欺く言説について、批判を加えます。それは、「平和安全法制の整備により、米国の戦争に巻き込まれるなどというのは、全く的外れな議論です。アメリカの戦争に巻き込まれるようなことは絶対にありません。安保条約を改定したときにも、戦争に巻き込まれるといった批判が噴出しましたが、そうした批判が全く的外れなものであったことは、既に歴史が、皆さん、証明しています。」（衆本会議　平成27年5月26日）との主張です。ご説明したように、例えば、朝鮮半島有事が起きた際に、在日米軍基地は米軍の北朝鮮攻略の最大かつ（韓国以外）唯一の海外軍事拠点となります。従って、北朝鮮においてそれが軍事的に可能であれば、在日米軍基地を攻撃してくることは十分にあり得ることのはず

です。つまり、日米安保条約によって日本が米国の戦争に巻き込まれる可能性は常にあると考えるのが、正しい日米同盟の評価の在り方と考えます。

そして、それが、いみじくもそれが安倍総理自らによる事例設定となっているのが、米国と交戦中の北朝鮮が日本に武力攻撃をする可能性を前提としている「米軍イージス艦防護事例」です。以上の日米安保条約・日米同盟関係の議論を踏まえて、この事例の「立法事実」の検証を進めましょう。

なお、この事例については、憲法解釈変更の立法事実たり得るためには、かつての霞ヶ関官僚の経験から、「本来は、内閣法制局でこうした論点について審査を受ける必要があった」ということを感じて頂ける程度の分析を試みました。詳細にわたるものですが、ぜひお目通しを頂きたいと思います。結論は「立法事実」足り得ず違憲です。

もちろん、安倍内閣は一切、紙切れ一枚の審査も行わずに 7.1 閣議決定を強行しています。

【参考】中東の国際問題やテロの問題は軍事力の行使では根本的な解決が出来ないことは米国自身の経験からも明らかになっていますが、中国の南シナ海での港湾や空港建設の問題などに対しても、ASEAN諸国と連携したかねてから協議中の自由航行確保の国際ルールの設定、フィリピンやベトナム等の当事国の海上警察機能などの強化への支援、国際社会における世論形成などで対処していくべき問題であり、日本が米国等のために集団的自衛権行使や武力行使の後方支援などで対処するべき問題ではないと考えます。特に、南シナ海への自衛隊の活動展開は、新たにガス田開発問題なども生じている東シナ海の自衛隊の警戒活動等との両立を困難とすることになります。

なお、2014年で日本にとって中国は最大の貿易相手国（総額3,092億ドル。輸出第2位、輸入第1位）、中国にとって日本は米国に次ぐ2番目の貿易相手国となっています。すなわち、日米中のいずれの国も南シナ海、東シナ海で武力衝突はできないのです（甚大な経済・金融問題を生じる）。また、仮に中国が南シナ海のシーレーン妨害を強行すればそこを航行する日本、韓国商船等への影響は日本、韓国経済（中国の最大輸入相手国）等に依存し共存する中国経済を直撃し（他方、中国は経済格差、急激な高齢化、民族問題等の重大国内課題を抱える）、同時に米中経済にも重大な影響を与えることになります。要するに、中国問題はお互いに軍事的手段で対処し得るものではなく、

従って、日本の取るべき対中政策の在り方としては、尖閣諸島問題などについて不測事態の発生を防止するための日中海空連絡メカニズムの構築等を行いつつ、日米同盟を基軸として多国間の地域的枠組みの形成等によって、中国をいかに地域の平和と安定に責任を持つ大国として位置付けていくかの追求であるべきと考えます。

8．米軍イージス艦防護の事例の分析

我が国周辺有事における米軍イージス艦防護の事例については、なぜ、それが新三要件発動の「存立危機事態」に該当しうるか、また、その前提としてなぜ自衛隊が米艦防護を行う必要があるのかについて、以下のように政府から答弁されています。

> ・我が国近隣において、我が国と密接な関係にある他国、例えば米国に対する**武力攻撃が発生した**。その時点では、まだ我が国に対する武力攻撃が発生したとは認定されないものの、攻撃国は、我が国をも射程に捉える相当数の弾道ミサイルを保有しており、その言動などから、我が国に対する武力攻撃の発生が差し迫っている状況にある。他国の弾道ミサイル攻撃から我が国を守り、これに反撃する能力を持つ同盟国である米国の艦艇への武力攻撃を早急にとめずに、我が国に対する武力攻撃の発生を待って対処するのでは、弾道ミサイルによる第一撃によって取り返しのつかない甚大な被害をこうむることになる明らかな危険がある、このような場合は「存立危機事態」に該当し得る。（安倍総理 衆本会議 平成 27 年 5 月 26 日）
> ・定期整備、訓練などのために横須賀（注：米海軍基地）に配備されている米軍の艦艇全てが稼働しているとは限らず、また、その時々の情勢によって**同時に複数のミサイルが発射される可能性**もあり、これに対処するために**艦船を幅広く展開する必要がある可能性**もあることなどから、**米軍の艦船の防衛が手薄になる可能性**はあり、こうした場合には、弾道ミサイルへの共同対処の実効性を損なうおそれがあり、自衛隊がこれを排除する必要が生じることはあり得る（中谷国務大臣 衆平和安全特別委員会 平成 27 年 7 月 08 日）

さらに、衆議院平和安全特別委員会での 6 月 26 日、7 月 3 日、同 10 日の安倍総理の答弁によって、この内容は、以下のような具体例として明らかになっています。

【事態の状況と新三要件成立の理由】
・北朝鮮から米国に対する武力攻撃が発生している
・北朝鮮が「東京を火の海にする」と既に公言している、そして、日本に直接攻撃を加えようとしている態勢がある程度さまざまな状況から情報として入っている
・これは「切迫事態」に該当し、自衛隊が「防衛出動」をしている（なお、着手事態ではないから、武力行使はまだできない）。
・こうした状況で、ミサイルの発射を警戒している米軍の艦艇に対して、北朝鮮の艦対艦ミサイルが発射された、あるいは、発射される明白な危険がある。
・艦対艦ミサイルを我が国のイージス艦は能力上撃墜する能力がある
・米国の艦船がミサイル防衛において重要な役割を果たしており、「我が国に対する攻撃のための攻撃となる可能性」があり、「一緒に行動する米軍の力をあらかじめそいでおく、あるいはまたイージス機能を落としておく、そういう作戦上の可能性」があり、「今までの態様、進展ぶり、彼らの発言等からすれば、これを撃沈した後に攻撃がこちらに向いてくる、そしていわば日本のミサイル防衛の能力の一角を崩そうとしているという可能性」がある。
・ここで、他国の弾道ミサイル攻撃から我が国を守り、これに反撃する能力を持つ同盟国である米国の艦艇への武力攻撃を早急にとめずに、我が国に対する武力攻撃の発生を待って対処するのでは、弾道ミサイルによる第一撃によって取り返しのつかない甚大な被害をこうむることになる明らかな危険がある
・米国と日本の共同対処的なミサイル防衛の一翼を担ってもらうかもしれない米艦に対する攻撃は、攻撃をした後、まさに我が国に災いが及んでくる、あるいは戦渦が及んでくると考える、推測し得る。それで、三要件は成り立つ。

【個別的自衛権行使の否定の理由等】
・北朝鮮が、<u>米国の艦を攻撃して、次に日本を攻撃するということを公然と言っている</u>、あるいは、<u>彼らがそういう決断をしたという詳細について完全に把握をしていれば、それは個別的自衛権の着手となり得る。</u>しかし、公言したりすることはあり得ないから、そういう状況にはなり得ない。
・<u>東京を火の海にするとは公言しているから、明確性は欠くが、推測し得る。十分に推測し得るから、新三要件に当てはまる。</u>
・この推測の段階では、国際社会によって、先制攻撃ととられる可能性は排除できない。
・つまり、個別的自衛権での対応に限界があるため、新三要件を満たす場合は、国際法上も問題のない形で、武力を行使して米国の艦艇を守る必要がある。

■衆 安全保障委員会 平成15年05月16日
○秋山政府特別補佐人 我が国を防衛するために出動して公海上にある米国の軍艦に対する攻撃が、状況によっては、我が国に対する武力攻撃の端緒といいますか、着手といいますか、そういう状況として判断されることがあり得る。

【解説】北朝鮮が米軍イージス艦を攻撃する際に、その公海上にある米艦が日本防衛のために出動しているものであれば、日本の防衛力の要素そのもの、すなわち、我が国そのものへの武力攻撃の着手と判断されることが法理としてあり得るとの憲法解釈である。例えば、北朝鮮が日本侵攻の意図を明確にしそれに向けた組織的かつ計画的な武力行使を発動する際に、その最初の手段として日本防衛のために出動している米艦を攻撃するなどの状況である。

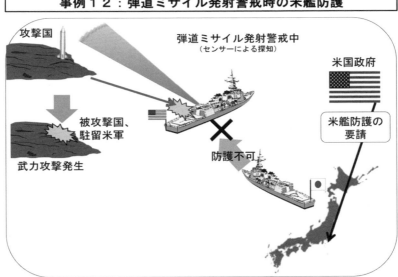

（A）どのように説明を積み重ねても平和主義・立憲主義に反し違憲である

　最初に本質的な点を指摘します。それは、この事例は、集団的自衛権行使を禁じた憲法9条に違反（昭和47政府見解の読み替え）するとともに、憲法前文の平和主義の法理とも違反する（前文の規律を受ける憲法9条に違反する）ということです。
　この米軍イージス艦事例のポイントは、「我が国に武力攻撃が発生した着手

の見極めができない段階で、集団的自衛権を行使して米艦を防護することが、そもそも憲法上許されるのか」ということです。安倍総理は、日本へのミサイル攻撃の準備などを行っている北朝鮮が「米艦攻撃を手段としてその後に日本を攻撃する」と公言すれば「日本への武力攻撃の着手」と評価できるとしつつ、「東京を火の海にする」との公言のみであれば「武力攻撃を推測し得る」段階にとどまるとしています。

　ようするに、これは、内閣と国会（集団的自衛権行使の承認権を有します）が、「我が国に武力攻撃が発生するかどうか見極めがつかないけれども、米艦を防護することにより、北朝鮮との間の開戦の決断をし実行する」ことを意味します。この開戦の判断が、その後に、実は確実に生じることになっていた北朝鮮の日本へのミサイル攻撃を効果的に阻止し、さらに、引き続き自衛隊が北朝鮮の米軍への武力攻撃を阻止して、その過程で自衛隊員を含む日本国民の犠牲を最小限に止め、早期に戦争を終結させることができるのかもしれません。一方で、この決断により、見極めを誤って、実は日本に武力攻撃をする意図がなかった北朝鮮との間で不要の戦争を生じさせ、怒りに駆られるなどした北朝鮮から自衛隊の艦船への反撃や、東京にミサイルを撃ち込まれる、日本本土への特殊部隊による侵攻などの攻撃を受け、相当期間の大規模な戦争に日本が巻き込まれ、多数の自衛隊員や国民が戦死することが生じるかもしれません。また、フセイン大統領の体制が維持されたかつての湾岸戦争の時のように、米軍と韓国軍と自衛隊は北朝鮮の体制転覆まで遂げることは出来ず休戦となり、その後、日本は北朝鮮からのテロや再度の開戦の脅威に直面することになるかもしれません。

　つまり、国家権力（内閣と国会）の判断によって集団的自衛権行使という開戦をした場合に、それが国民にとって悲惨な惨禍をもたらすことがあり得るのです。戦死するのは自衛隊員や一般市民の皆さんであって安倍総理でも国会議員でもありません。とすると、こんな恐ろしく重大な国家権力の発動を解禁するかどうかを7.1閣議決定や安保法制の法律だけで決めることは許されません。

　また、一旦、集団的自衛権行使が解禁されれば、それが時の国家権力によって濫用される危険も生じることになります。既に米国と戦争している北朝鮮には、常識的に考えて、新たに日本を相手に戦線を拡大する余裕はないはずです（あり得るとすれば、米軍の北朝鮮攻略の最大の基盤となる在日米軍

基地への攻撃等です）。そうすると、この集団的自衛権行使は無限定で歯止めのない新三要件のもと、米国と北朝鮮の戦争に、米国からの要請を断り切れずに日本が不要に介入させられる道具として使われ、本来ならば失われるはずもなかった自衛隊員や日本国民の生命が文字どおり奪われてしまうことにもなりかねません。

　しかし、かつての悲惨な戦争の反省と教訓の上に制定された日本国憲法には、こうした国家権力が戦争や武力行使を起こすことをはっきりと禁止しているのです。それが、「**日本国民は、政府の行為によつて再び戦争の惨禍が起ることのないやうにすることを決意し、ここに主権が国民に存することを宣言し、この憲法を確定する**」という憲法前文の平和主義の規定です。この内容は第二章で解説しましたが、国家権力が戦争や武力行使を起こすことを許さず、国民にこうした戦争の惨禍をもたらすことを許さないことを決意して定めた国民主権だとしているのです。そうである以上、仮に、北朝鮮の脅威から国民を守るためにどうしても「着手」の見極めが付かない、見切り発車の局面で米艦防護を実行しなければならないのであれば、内閣と国会がそうした新しい権限を有することが必要不可欠であることを立証する「立法事実」を明確に国民に示した上で、国会で憲法改正の発議を行い、国民投票を行って憲法改正をする必要があるのです。戦争について、特に、開戦について国家権力の判断が誤ることがあるのは歴史が証明しています。さらに、この米艦防護の事例は国会の事前承認を得る時間的な余裕がないことが基本であると解されますので、開戦の決断を内閣だけで行うことになります。つまり、内閣総理大臣と十数人ばかりの閣僚に国民の命運を預けることになるのです（事実上は、数名の閣僚に預けることになります）。であるならば、彼等において、そうした権限を主権者である国民から負託される必要があります。なお、私は、日本国憲法をこのように理解しておりますし、また、一国会議員として、一人の人間として、国民投票なく、集団的自衛権の武力行使によって自衛隊員や国民を戦死させることは、到底受け入れることができません。

　以上にご説明したことは、実は、**この米艦防護事例は立憲主義に違反する**ということでもあります。立憲主義とは、憲法によって国家権力を制限し国民の生命や自由を保障するものです。日本国憲法の前文の平和主義や第9条は国家権力が戦争や武力行使を起こすことを禁止しています。にもかかわらず、憲法改正をすることなく、集団的自衛権行使という新しい武力行使を可

能にすることは、立憲主義に反するのです。

　最後に、安倍総理はこの米軍のイージス艦防護事例について、憲法前文の「日本国民の平和的生存権」についてのみ主張をしていますが、北朝鮮の国民の平和的生存権についても考える必要があります。北朝鮮という「国家」を信じるべきと言っているのではありません（一議員として現状では信じるに値しない国家と考えています）。北朝鮮に日本に対して武力攻撃をする意志がなかった場合は、自衛隊の参戦によって北朝鮮の「国民」を殺傷することになります。これは、全世界の国民が有することを確認した平和的生存権の法理に反します。よって、内閣や国会による武力行使で「他国民の平和的生存権」を侵害し脅かす実体とそのリスクも認識した上で、また、そうした国民、国家になるという覚悟と決意も含めて、憲法改正の国民投票を行って頂く必要があるのです。

　以上のように、この米艦防護の事例は解釈変更及び安保法制の立法で可能とできるものではなく（それは憲法違反である）、安倍内閣がどうしてもこの米艦防護を可能にしたいのであれば、現在安保国会で行っているような事例説明よりも遥かに精緻で誠実な政策的な必要性・合理性に関する説明を文書にまとめ、国会に提出し、憲法改正の発議を求める必要があります。そもそも、こうした文書こそ、仮に、憲法改正ではなく解釈変更で行おうとする際に、その閣議決定の事前に国会に提出し徹底的な審議を受ける必要がある「解釈変更の立法事実」そのものなのです。安倍内閣は、こうした事前審議を義務付けた「参議院憲法審査会の附帯決議」（P.182参照）に真っ向から違反して7.1閣議決定を強行しています。

　そこで、以下には、本来立証する必要があると思われる立法事実の観点を中心に、この事例を巡る問題のポイントを整理します。大きく、（B）政策的観点における必要性・合理性が認められるか、（C）法制的に「武力攻撃の着手」として評価できないか、について検討します。特に、前者の整理に当たっては、私自身のかつての総務省等での政策立案・立法業務の経験を基に、防衛省の担当部署の官僚との議論を踏まえたものです。あくまで現時点での検討によるものですが、少なくともこの程度の論点整理をたたき台にして初めて憲法解釈変更の議論が許されるものであり、そして、それは、安倍総理のいたずらに脅威を煽るだけの答弁などでは全く足りず、かつ、大法典であ

る安保法制の限られた国会審議の時間ではこのようなものですら到底十分な検討を行うには足りないものであることをご理解頂きたいと思います。

【解説】米軍・韓国軍は北朝鮮軍に対し軍事的優位にあるが、一方で、韓国は全人口の約四分の一が集中する首都ソウルが DMZ（非武装地帯）からの至近距離にあるという防衛上の弱点を抱え、それに対し、北朝鮮は DMZ 沿いに長射程火砲を大量に配備しているとされる（端的に言えば、大砲でソウルに壊滅的な攻撃を行うことができる）。つまり、米国・韓国と北朝鮮は、大規模紛争はできないというのが支配的な軍事的見解であって、米軍イージス艦への攻撃という本格的な軍事衝突を前提とする安倍政権の事例は、ある意味で「朝鮮半島が火の海となる」という究極の事態の想定である。なお、北朝鮮は慢性的な経済不振、エネルギー、食糧不足（継続的に海外援助に依存）にも直面しており、米国との全面戦争の実行及び遂行の合理性が疑われる。（以上、防衛白書平成 26 年版参照）

（B）米艦防護の政策的な必要性・合理性の検証

■結論のポイント

・我が国に対する武力攻撃の「着手」の見極めができない「見切り発車」による自衛隊の米艦防護は、北朝鮮との全面戦争の端緒となり我が国として受け入れ難い政策であるとともに、米国においても死活的に重要な在日米軍基地の安定した利用確保等の日米安保体制全体の国益の見地に立った時には軍事的観点及び政策的観点の双方において合理性を欠く絶対に避けるべき選択肢である。

・なお、日本は米軍の北朝鮮攻略の最大拠点であり基盤となる在日米軍基地を提供し、かつ、自衛隊が主体的に在日米軍基地の防衛の任務を遂行する。

・他方、米軍の太平洋軍所属の 46 隻のイージス艦戦力等によって米軍自らが自国の BMD 対応イージス艦の防護を「手薄」なく確保することは可能であると解される。また、現時点で自衛隊は北朝鮮の弾道ミサイル攻撃から日本防衛を確保するだけの基本的な機能及び実力を備えており、日米共同の日本防衛作戦計画のもと、BMD 対応イージス艦の更なる新設等、真に不可欠な日本防衛の自衛力の増強の有無を検討し、必要に応じて実行すればよく、また、それは財政的にも可能である。

> ・従って、政策の必要性及び合理性の観点の双方において、憲法の解釈変更における立法事実は認められない。

■我が国の弾道ミサイル防衛（BMD）システム等の事実関係

- 弾道ミサイルとは、宇宙空間に突き抜け物理法則で定まる軌道を一直線に放物線を描きながら飛翔してくるミサイル。トマホーク巡航ミサイルのような飛翔中の方向制御による精密な攻撃機能はない。
- この弾道ミサイル防衛BMDとして、我が国は、①海上自衛隊BMD対応イージス艦SM-3ミサイルによる宇宙空間での迎撃、②航空自衛隊ペイトリオットPAC-3による大気圏内での迎撃からなる「二段構えの多層防衛」を基本としている。
- BMD対応イージス艦は、全てSM-3ミサイルだけを充填する訳ではないが垂直発射装置を一隻90個装備し、その性能上、現状は2隻または3隻で日本列島全体を防衛することが可能（3隻なら東京など特定地域を二重に防衛できる）。ペイトリオットPAC-3は半径数十キロの範囲を防護可能。
- 現在、イージス艦を計6隻保有し、うちBMD対応は4隻、残り2隻を平成30年頃までにBMD対応に改修予定であり、これらとは別に新しく2隻を平成32年頃までに建造する予定であり、その際はBMD対応が合計8隻となる。
- ペイトリオットPAC-3部隊は各基地に全部で17隊あり、事態に応じて全国各地域に機動的に配備される。
- 北朝鮮の保有ミサイルで日本を射程とするのはノドン型（日本の一部）とテポドン型（日本の全域）など。ノドン型は、発射基地型を200〜300発保有し、運搬車両型（TEL型）を最大で50基保有している（米国防省調査等による）。ノドンよりも射程距離が長く日本全域が範囲となるテポドンは現在開発中とされる（米国防省調査）。
- 北朝鮮がミサイルを発射した際は、北朝鮮に向けた全国4箇所の探知・識別レーダーがミサイルの方角・速度等を割出し、続いて、その情報を受け取った全国7箇所の追尾レーダーがイージス艦SM-3ミサイル、ペイトリオットPAC-3それぞれが装備する追尾レーダーを誘導し、迎撃させる。
- **我が国の弾道ミサイル防衛システムは、機能的には自衛隊の装備だけで完**

結し、かつ、我が国を防衛するために必要な基本的能力を有している。そして、それを現行の中期防衛力整備計画に基づき平成32年頃までにBMD対応イージス艦8隻体制の整備等、更に充実強化することとしている。
・なお、自衛隊と米軍は弾道ミサイル防衛のための運用情報を常時リアルタイムに交換しており、自衛隊の弾道ミサイル防衛システムは米軍の早期警戒衛星、TPY-2レーダー、イージス艦と情報共有を行っている。
・米軍は、発射直後の熱探知機能がある早期警戒衛星を所有し自衛隊に情報提供するが、この衛星システムは発射後に「地球の丸みの影」から飛び出したミサイルが自衛隊のレーダーに捕捉されるまでの間の「第一報」としての初期補足がメリットであるところ、しかし、同システムには弾道ミサイルの方角、速度等の高度の解析能力は無く、迎撃に必要な高度の探知・識別・追尾は自衛隊のレーダーが行う。一方で、例えば、米軍イージス艦に対して自衛隊のレーダーからの情報提供もなされる。
・米軍は、地上での迎撃システムとして、ペイトリオットPAC-3の更に上層で迎撃が可能な高高度防衛ミサイルTHAAD（サード）システムを保有しているが、我が国にはその捕捉能力に優れた対応レーダーであるTPY-2レーダーのみを米軍の青森県車力基地と京都府経ヶ岬基地に配備している。

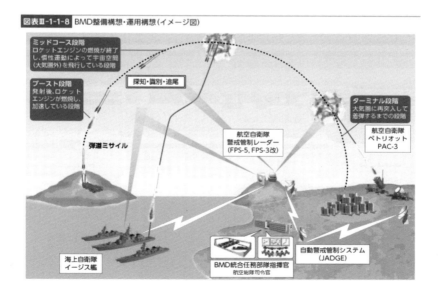

図表Ⅲ-1-1-8 BMD整備構想・運用構想（イメージ図）

(仮に、自衛隊がTHAADシステムのフルセットを導入できれば「三段構え」の多層防衛となる。ただし、THAADは1,000〜2,000億円の費用が掛かる（推定）。なお、在韓米軍に導入を検討との報道等あり。）

■自衛隊及び米軍による日本防衛のあり方の法制面等の事実関係

・自衛隊が集団的自衛権を行使して米軍イージス艦を防護することは憲法上禁止され、それ故に、**日米安保条約第3条によって自衛隊が米軍イージス艦を防護する法的義務がないことが主権国家間の条約として明文で締結されている**。一方、米国においては日本に対する武力行使に対処して日本防衛を行う義務があり（第5条）、また、日本はそのための基地提供の義務がある（第6条）。

・在日米軍基地は日本の領域であるからそれへの攻撃は日本への武力攻撃であり（確立した政府解釈）、自衛隊には日本全土の防衛とともにその一部である在日米軍基地防衛の任務がある。一方、米軍は自らの在日米軍基地を守る個別的自衛権行使と、東京等を含めた日本全土を防衛する集団的自衛権行使で日本防衛の義務（安保条約第5条）を果たすことになる。

・なお、弾道ミサイル攻撃に対するこれらの自衛隊と米軍による日本防衛（在日米軍基地を含む）のあり方については、安保法制に先立つ**新日米防衛協力ガイドライン**（2015年4月27日改定）においても、「自衛隊は、日本を防衛するため、弾道ミサイル防衛作戦を主体的に実施する。米軍は、自衛隊の作戦を支援し及び補完するための作戦を実施する。」と明記されている。

・つまり、日米の軍事作戦上の北朝鮮の弾道ミサイル攻撃の日本防衛の主体（主役）はあくまで自衛隊である。また、これは政治的にも当然要請されることである（基本的な対処能力がある弾道ミサイル攻撃から日本防衛ができなくて何のための自衛隊か）。

■安倍政権による弾道ミサイル攻撃事態の検討

・米国と北朝鮮が交戦状態となり、北朝鮮が、戦争当事国でない日本に対し決意を持って弾道ミサイル攻撃をしてくる場合は、①軍事的な観点から、米軍の北朝鮮への武力行使の最重要拠点（韓国以外の唯一の海外基地）となる**在日米軍基地を攻撃**すること、②日本、米国への政治的影響等を狙っ

た観点から、**東京や原発地帯などを攻撃**してくることが考えられる。
・これらの北朝鮮からの弾道ミサイル攻撃に対し、自衛隊の弾道ミサイル防衛システムは基本的に日本防衛の対処能力を有している。
・**一方で、自衛隊と共同して日本防衛を遂行している米軍BMD対応イージス艦を自衛隊が防護することが、北朝鮮が我が国に対して同時に多数のミサイル攻撃を企図するなどのケースにおける「対処能力の実効性、確実性の確保」の観点から必要不可欠であるか**が問題となる。（以下に検討する）
・なお、米軍イージス艦を攻撃する兵器として、政府は「艦対艦ミサイル」と答弁しているが、北朝鮮の軍事力の実態等を踏まえ地上からの対艦ミサイルも含め、これらによって米軍イージス艦を破壊し、その後に、**弾道ミサイルで在日米軍基地や東京等の攻撃をする北朝鮮の軍事作戦の「可能性」を前提とすることになる**。

■政府事例から導かれる検討すべき課題

(1) 米艦防護という手段の日米相互のメリット・デメリットの総合評価
(2) 自衛隊による米艦防護以外の手段で、米艦防護を確保することができるか
(3) 米艦防護以外の手段で、日本防衛を確保することができるか

(1) 米艦防護という手段の日米相互のメリット・デメリットの総合評価

・弾道ミサイル攻撃や10万人規模とされる特殊部隊など北朝鮮の軍事力の脅威は隣国である日本の方が遥かに大きいものがある。北朝鮮との全面的な交戦状態に至ることになる「**武力攻撃の着手の見極めに至らない段階での見切り発車の米艦防護**」は、それ自体のみに着目すれば、日本として、国家政策として許容し得るものではない。端的に言えば、米国の被害・リスクはイージス艦1隻とそれの破壊による在日米軍基地における米国国益への攻撃の脅威であるが、日本は、在日米軍基地における日本人の生命等の国益のみならず東京や原発地帯など国土全域が脅威にさらされることになる。ようするに、「**見切り発車によって、米国の戦争へ巻き込まれる**」実体がある。
・一方、米艦防護の後の日本と北朝鮮との全面的な交戦を想定すれば、自衛隊は直ちに（むしろ事前に）大都市圏や原発地帯などを始めとする地域の弾道ミサイル防衛を強化せざるを得ず、その結果、自衛隊において在日米

軍基地の防衛との両立が困難となり、その分、米軍における在日米軍基地防衛の軍事的負担が増大することになる。場合によっては、新日米防衛協力ガイドラインにおける在日米軍基地の防衛の役割が、「米軍が主体的、自衛隊がその作戦を支援し及び補完する」と逆転することも想定される。（例えば、東京や大阪の自衛隊の防衛力を犠牲にして嘉手納基地（空軍飛行場）や岩国基地（海兵隊飛行場）の防衛力を維持することは日本において政治的に困難である）

・これは、米軍が有する在日米軍基地の防衛力の実体から見ても合理性がある。すなわち、防衛省の調査によれば、米軍の太平洋軍全体でペイトリオットPAC-3システムは、国内では嘉手納空軍基地のみに部隊が存在し、その他は韓国の二箇所にしか存在しない。つまり、米軍は、即応体制として嘉手納空軍基地以外の在日米軍基地の防衛力は自衛隊のPAC-3部隊に頼らざるを得ないものと解される。（なお、在日米軍基地の防衛は、自衛隊の国土防衛の本来任務である）

・さらに、米国が自衛隊に米軍イージス艦防護を要請することは、端的に言えば、イージス艦１隻等の代わりに日本全土の脅威を受け入れるべきとの要請を米国が日本国民に行う側面があるものであり、その結果、日本に攻撃被害が生じた場合には日本の国内世論の反発等による在日米軍基地を基盤とした北朝鮮攻略戦の遂行及び将来にわたるその使用の確保に重大な問題を引き起こすことになる（特に、「イラクの大量破壊兵器」のように実は北朝鮮に日本攻撃の可能性がなかった場合は、在日米軍基地の使用に致命的な問題を抱えることになる）。

・以上の結論として、日本において米軍より米艦防護を要請される事態は受け入れ難いものであり、また、一方でそれは、米国においても日米安保体制全体の見地に立った時には軍事的かつ政策的な観点から不合理な手段となる。

・よって、自衛隊が米艦防護をしなくとも、米艦防護が可能であり（上記(2)）、かつ、日本防衛が可能であれば（上記(3)）、「自衛隊イージス艦が米軍イージス艦を防護する」ことは日米双方にとって絶対に避けるべき政策と結論付けられる。

（2）自衛隊による米艦防護以外の手段で、米艦防護を確保することができるか

- 米軍は全世界で84隻のイージス艦を保有し（うちBMD対応艦は33隻）、その中で米軍の太平洋軍は46隻のイージス艦を保有し（うちBMD対応艦は16隻で、そのうち5隻が横須賀海軍基地に配置され、2017年には7隻に増加予定）しており、さらに、これに他の海軍力や圧倒的な優位性を有する空軍力の展開を考えると、「全部で8隻しかない自衛隊BMDイージス艦の防護に頼らない」作戦の立案・遂行は十分に可能であると考えられる。端的に言えば、太平洋軍のBMD対応でないイージス艦30隻などの効果的な運用により、米軍BMD対応イージス艦の防護を確保できるものと思われる。
- なお、米軍においてどうしても米軍イージス艦防護に不安があるのであれば、自ら必要な防衛力を増強すればよい。（1）で述べた、北朝鮮攻略戦の遂行と将来の在日米軍基地の使用の確保を考えれば、十分な政策合理性を有する。（ちなみに、思いやり予算は1,850億円であり、自衛隊のBMD対応型イージス艦は一隻1,680億円である。）
- 従って、日本に対する弾道ミサイル攻撃についての日米共同作戦計画において（日米は当然に策定する）、憲法及び日米安保条約の定めに則り、かつ、（1）で論じた政策的見地も踏まえ、米軍イージス艦の防護については米軍によって遂行することで問題はないものと考えられる。なお、我が国に対する北朝鮮の弾道ミサイル攻撃等が発生し、日本有事となった場合は、必要に応じて自衛隊が米軍イージス艦を防護することは当然にあり得る。

（3）米艦防護以外の手段で、日本防衛を確保することができるか

- 中期防衛力整備計画や新日米ガイドラインからは、朝鮮半島有事を含めて、日本防衛のための自衛隊の弾道ミサイル防衛システムの整備は計画的な措置が図られているものと解される。同時の多数のミサイル攻撃に対処する新型のSM-3ミサイルの日米共同開発等も行われているところである。
- 米軍と北朝鮮が交戦状態になり、日本への武力攻撃の切迫事態が認められる状況で、日本への弾道ミサイル攻撃に対する防衛は、自衛隊の有する8隻のBMD対応イージス艦と米軍太平洋軍の所有する最大16隻のBMD対応イージス艦が担うことになる（米軍が世界で保有する計33隻BMD対応

艦の来援も当然あり得ると考えられる）。
- そして、米軍 BMD 対応イージス艦は日本防衛だけでなく北朝鮮攻略に従事するから、これら日米の有する資源でどのように日本防衛を確保するかが問題となる。その際には、北朝鮮が一度に多数の弾道ミサイルを日本に対して発射してくるなどの事態にあっても、確実性と実効性のある日本防衛対処が確保されなければならない。
- ここで、政府の事例は、日本防衛の観点のみを端的に指摘すれば、米軍が自らの BMD 対応イージス艦を想定外の作戦ミス等のために守り切れなかった場合に、それが破壊されることによって生じる日本防衛のマイナスを補うだけの自衛隊の防衛力があらかじめ整備しておけば対処可能な問題である。（なお、日本に向けて発射された弾道ミサイルを追尾等している米軍イージス艦への攻撃は日本に対する武力攻撃の着手と認定して、自衛隊のイージス艦が米艦を防護することが出来、日米は相互にリアルタイムの情報共有をしているから軍事技術的にも対応可能である。）
- つまり、仮に、自衛隊の 8 隻の BMD 対応イージス艦で上記の多数発射の事態等への対処に不安があるのであれば、我が国として、BMD 対応イージス艦を増設し（一隻 1,680 億円）、PAC-3 システムを増設する（1 セット

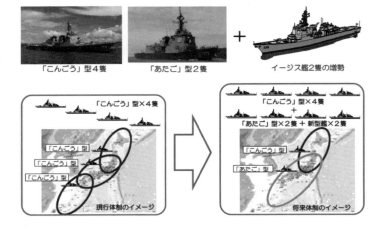

イージス艦の能力向上及び増勢

「あたご」型イージス艦のBMD艦化改修を引き続き実施するとともに、新たにイージス艦2隻の建造に着手し、継続的に対処できる能力を強化。

400億円）等の防衛力増強の措置を講じればよい。

- 具体的には、現在3隻のイージス艦で日本全体を防衛され、予定の改修・新設タイプなら2隻で可能とされるから、これを三重の体制（6隻）まで増強することを検討することができる（東京等は六重の防衛となる）。既に2隻の新設により合計8隻は決まっているのだから、あと2隻（3,360億円）の新設で合計10隻が整備でき、有事の際の三重（6隻）体制が可能となると考えられる（艦艇は、任務、検査、訓練のサイクルがあり保有艦全てが常に実戦配置できる訳ではない。なお、12隻なら四重（8隻）体制も可能ではないかと思われる）。BMD対応イージス艦には垂直発射装置が1隻90個存在するから（うち一定の割合は対空、対潜水艦ミサイルに割り当てる必要）、三重（6隻）体制の下の調整で各担当エリア100〜200発程度の対弾道ミサイル防衛網（東京はその倍の防衛力となる）を構築することは可能であると考えられる。ようするに、防衛省資料の図における日本を囲む「防衛力の輪」を必要なだけ重層させていけばよい。
- また、それに応じて、PAC-3システムも増強し、更に必要ならば、THAADシステムを導入し「三段構えの多層防衛」を確保するべく米国と調整すればよい。
- このように、新日米ガイドラインにおいても弾道ミサイル攻撃に対する日本防衛は自衛隊が「主体的に実施」となっているのだから、朝鮮半島有事の際の自国防衛は自衛隊自らが対処できるだけの体制を整備すればよい。また、それは、財政的にも不可能なものではない。なお、もちろん、これは安保条約5条における米軍BMD対応イージス艦（横須賀海軍基地に7隻配備のもの等）による日本防衛義務を免責するものではない。
- こうした方針のもと、憲法及び日米安保条約の定めに則り、日本に対する弾道ミサイル攻撃についての日米共同作戦計画において、日米それぞれのBMD対応型イージス艦の役割等を調整の上定め、その中で、自衛隊のBMD対応イージス艦はあくまで在日米軍基地を含めた日本防衛のためのみに対処することを確認する。（この際、米軍において、弾道ミサイル攻撃に対する在日米軍基地防衛の自らの努力として、<u>米軍の装備として現在、嘉手納空軍基地にしか配備していないPAC-3システムの各在日米軍基地への配備</u>（防衛省調査によれば、太平洋軍全体で嘉手納と韓国二箇所にしか配置されていない）、将来的には三段構えとなるTHAADシステムの配備

を検討すべきことなどもあり得ると考えられる（これらは地元の基地負担増が発生する）。
- 結論として、米軍イージス艦を防護して（1）で述べた北朝鮮と全面戦争に陥るリスクを負い、また、憲法改正により集団的自衛権行使をする国として北朝鮮から常時敵国として扱われ、同時に「攻撃しにくい国」としての国際的な平和国家ブランドを捨てることを考えると、日本防衛のための個別的自衛権の増強コストの財政負担は、それが真に必要なものであるならば、十分に政策合理性を有するものと考える。

(4) 評価・結論
- 「見切り発車」による自衛隊の米艦防護は北朝鮮との全面戦争の端緒となり我が国として受け入れ難い政策であると同時に、日米安保体制全体の見地に立った時には軍事的観点及び政策的観点の双方で米国においても合理性を欠くものである。（日本は米軍の北朝鮮攻略の最大拠点であり基盤となる在日米軍基地を提供し、かつ、自衛隊は在日米軍基地の防衛の任務を遂行する。）
- 他方、米軍のイージス艦戦力等によって米軍自らが自国のBMD対応イージス艦の防護を確保することは可能であると解される。さらに、北朝鮮が実戦配備するノドン型弾道ミサイルのうち発射基地型のものは米軍の空軍力等によって相当に対処が可能であると考えられ、車両型弾道ミサイルは最大50基とされていることなどからも、上記の自衛隊及び米軍の対応で、日本防衛のために考え得る限り最大の対処が可能であると考えられる。
- 従って、政策の必要性及び合理性の観点の双方において、<u>安倍政権による米艦防護を可能にするための憲法の解釈変更における立法事実は認められない</u>。（なお、現段階の私見としては、米軍自らの防護が可能であると解されること等から、自衛隊イージス艦の10隻体制までは不要であると考える。）

(C)「武力攻撃の着手」評価による個別的自衛権での対処の可能性
　政府の事例が、我が国に対する「武力攻撃の着手」と評価されるのであれば、個別的自衛権行使で対処可能となり、集団的自衛権行使は不要となります（解釈変更は違憲となります）。従来の国会答弁では「東京を火の海にす

る」との公言とそのための一定の準備の実行は「着手」と評価されてきました。従って、政府の事例においても、個別的自衛権行使で評価されるものは存在し得るものと解されます。例えば、弾道ミサイルはその飛翔方向・着弾位置等がレーダーで解析可能であり、解析上我が国に向かう弾道ミサイルを追尾等している米軍イージス艦への攻撃は我が国への武力攻撃の着手と認定ができるものと考えられます。

　しかし、安倍総理の安保国会での答弁は、従来の国会答弁では「着手」と評価されていた「東京を火の海にする」との事態を「推測に止まる」が故に「切迫事態」としつつ、着手以前に適用される新三要件により集団的自衛権行使を行うとし、一方で「日本を攻撃する手段として米艦を攻撃する」旨の公言は「明確性」があるので着手となるとしています。こうした見解の根拠については、明らかになっていません。

　また、過去に政府として「着手」としていた「東京を火の海にしてやる」事態を、「切迫事態」等に後退させれば、先制攻撃を解禁・実行した証拠そのものになるのではないか、そもそも、「先制攻撃と取られるから集団的自衛権を解禁する」（政府答弁）というのは国際法の脱法行為ではないかと解されます。

- 東京を火の海にしてやる、灰じんに帰してやる、そういうことの表明があって、それを実現せんがために燃料を注入し始め、まさしく屹立したような場合は着手と言えるのではないか（平成15年1月24日　衆予算委　石破国務大臣）
- 相手が日本を攻撃するぞという明示があり、攻撃のためのミサイルに燃料を注入するとかその他の準備を始めるとかいうことであれば、それは日本に対する武力攻撃への着手と考えてよいのではないか（平成14年5月20日　衆武力攻撃事態対処特委　福田国務大臣）

（D）その他解釈変更に際し検討が必要な事項

　政府の事例以前の問題として、集団的自衛権行使を解禁すること自体、我が国の安全保障環境を根本から変えてしまうリスクがあることを認識しておく必要があります。すなわち、日本がより他国から攻撃を受けやすい国になるというリスクです。この点、安倍総理は、「平和安全法制の整備により、米

国の戦争に巻き込まれるなどというのは、全く的外れな議論です。アメリカの戦争に巻き込まれるようなことは絶対にありません。」（衆本会議 平成27年5月26日）と述べていますが（この「絶対」という言葉は自ら虚偽を露呈しています）、この米軍イージス艦防護事例の場合においても、米国と交戦状態にある北朝鮮は（それが軍事的な可能であるならば）北朝鮮攻略の基盤である在日米軍基地の攻撃行ってくる可能性は十分に想定されうるものと考えられます。とすると、米国のために日本が集団的自衛権行使を発動することが可能な国になっていれば、北朝鮮からすれば、日本は平和国家でも専守防衛の国でもなく、米国と共に戦う常時の敵国として、積極的に日本に攻撃を実行してくることも想定されます。例えば、集団的自衛権行使ができる国になった場合は、自衛隊のイージス艦の出動が、日本防衛のための出動なのかそれとも米軍防衛のための出動なのか北朝鮮からはそのどちらとも考え得ることも生じます。

　いずれにしても、我が国は不用意に米国と北朝鮮の戦争に巻き込まれることを回避し、専守防衛に徹することが北朝鮮という困難な隣国に対する最大に合理的かつ有効な防衛政策であると考えます。

第四章　解釈改憲の構造
——三つのからくりとその他の憲法違反

　以上、第一章から第三章までご説明した「昭和47年政府見解の読み替え」、「憲法前文の平和主義の法理の切り捨て」、「立法事実のでっち上げ（不存在）」が、憲法9条の条文を変えない限りできないはずの集団的自衛権行使を可能にした解釈改憲の三つの「からくり」です。そして、これらは全て、**解釈改憲が違憲であることを立証する「違憲論点」**なのです。過去の政府見解を都合のいいように読み替え、憲法9条解釈を拘束する平和主義の法理を切り捨て、憲法9条解釈の変更の必要性と合理性の根拠である立法事実をでっち上げる、こんな暴挙を積み重ねたのが、7.1閣議決定の解釈改憲であり、安保法制なのです。

　これらを、図でまとめると以下のようになります。詳細は、巻末の資料

【解釈改憲の構図】

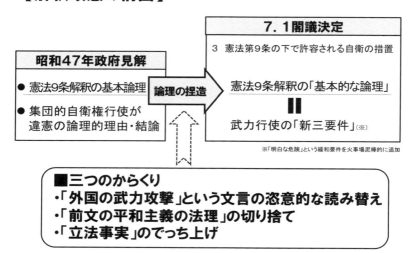

「(4) 解釈改憲の構図の解説」でご説明していますが、要するに7.1閣議決定においては、本来の正しい憲法9条解釈の基本論理をねじ曲げ、偽物の論理を捏造し、その捏造の論理である「基本的な論理」に基づいて集団的自衛権行使を解禁しているのです。そして、その捏造の手口が三つの「からくり」なのです。

　なお、本来の憲法9条解釈の基本論理を捏造した7.1閣議決定の「基本的な論理」は、そもそもの憲法9条の基本論理を構成していた9条の条文そのものから読み取れる解釈との関係でも違憲問題を生じています。具体的には、9条1項の「国際紛争を解決する手段としての武力の行使の放棄」との矛盾、9条2項の「戦力の不保持」及び「交戦権の否認」との矛盾です。
　集団的自衛権行使は、同盟国と第三国の間の国際紛争を解決する手段そのものですので（同盟国からの「解決して欲しい」との要請に基づき自衛隊は出動します）、第1項に違反します。
　また、日本に対する武力攻撃を阻止する個別的自衛権行使においては、専守防衛の自衛隊はその実力の行使の手段として「他国に侵略的脅威や攻撃的脅威を与える兵器を保有することはできない」とされてきました。これを超える装備は持った瞬間に9条2項の「戦力の不保持」に該当し憲法違反になります（なお、特に、性能上専ら相手国国土の壊滅的な破壊のためにのみ用いられる兵器とされている、大陸間弾道ミサイル、長距離戦略爆撃機、攻撃型空母は明らかに「戦力」に該当するとされてきました）。しかし、自衛隊が同盟国を防衛するために先制的に第三国に武力行使を行い、かつ、相手の反撃などによってその武力行使の「必要最小限度」が論理的に画せない集団的自衛権行使は、本来の専守防衛では必要のない「実際は、侵略的で攻撃的な兵器」を保有せざるを得ないものと考えられ、第2項の「戦力の不保持」に違反するのです。
　また、交戦権とは、国際法上（「国家同士が戦いを交える権利」ではなく）「交戦国が国際法上有する種々の権利の総称であって、相手国兵力の殺傷と破壊、相手国の領土の占領などの権能を含むもの」とされているのですが、日本に武力攻撃を行ってきた外国の軍隊を排除するために必要最小限の武力を行使し、その過程で相手国の兵士を殺傷してしまうことは、外見上は同じ殺傷行為であっても交戦権の行使とは別の観念のもの（分かりやすく言えば、

やむを得ない正当防衛の行為そのもの）であるのに、同盟国への武力攻撃を阻止するための武力行使である集団的自衛権行使はどのように考えてみてもこの「国の交戦権はこれを認めない」という第２項の明文規定と違反するのです。

さらに、「限定的な集団的自衛権」は国際法の禁止する先制攻撃に該当し国際法遵守義務の第98条に違反するなど、7.1閣議決定の「基本的な論理」とそれから作られた集団的自衛権行使の新三要件は、違憲のオンパレードなのです。（以上については、第五章で詳しくご説明します）

なお、従来の憲法９条の解釈においては、「戦力の不保持」の規定により戦力に満たない「自衛力」しか持てない自衛隊は攻撃型空母などは保有できない、「交戦権の否認」の規定により相手国の領土の攻め込み空爆や首都の占領などはできないとされてきました。つまり、９条２項のこれらの規定は、確固たる法規範として機能してきていたのです。

【参考】維新の党「対案」について

維新の党は、７月８日に衆院特別委員会に安倍内閣の安保法制の集団的自衛権行使の部分についての通称「対案」を提出しました。維新の党の政策責任者の公式会見や７月３日の特別委員会の法案提案者などの質疑内容によれば当初は「合憲であり、個別的自衛権の枠内で整理をしたもの」との主張がなされていましたが、一方、７月10日の法案提案者の答弁では、「我々は、

維新の党「対案」抜粋　（改正）自衛隊法第76条

（防衛出動）
第七十六条　内閣総理大臣は、<u>次に掲げる</u>事態に際して、我が国を防衛するため必要があると認める場合には、自衛隊の全部又は一部の出動を命ずることができる。（略）
<u>一　我が国に対する外部からの武力攻撃（以下「武力攻撃」という。）が発生した事態又は武力攻撃が発生する明白な危険が切迫していると認められるに至った事態（次号に掲げるものを除く。）</u>
<u>二　条約に基づき我が国周辺の地域において我が国の防衛のために活動している外国の軍隊に対する武力攻撃（我が国に対する外部からの武力攻撃を除く。）が発生し、これにより我が国に対する外部からの武力攻撃が発生する明白な危険があると認められるに至った事態</u>

国際法上は集団的自衛権の行使であるという評価を受け得ることを否定するものではない」旨述べ、その法的性格が問われています。

以下、論点となると思われるポイント等を整理します。

(1) 条文を巡る論点

- 第2号で「(我が国に対する外部からの武力攻撃を除く。)」とされており、「米軍に対して武力攻撃が発生し、しかし、あくまでも我が国には武力攻撃が発生していない状況で、これにより我が国に対する外部からの武力攻撃が発生する明白な危険があると認められるに至った事態」という意味となり、我が国への武力攻撃の着手に至っていない状況として集団的自衛権の局面であると思われる。
- また、第1号には「(次号に掲げるものを除く。)」という規定があり、第1号は現行法の個別的自衛権の局面での防衛出動を規定した条文であるので、その防衛出動が許される「事態」が第2号で新設した「武力攻撃危機事態」と重なることがないようにするために、「第2号に掲げる事態を除く」としている。つまり、第1号の「我が国に対する外部からの武力攻撃(以下「武力攻撃」という。)が発生した事態」という「着手事態」と第2号の「武力攻撃危機事態」とは概念として明確に切り分けられており、この点からも、武力攻撃危機事態は個別的自衛権ではあり得ない。とすると、国際法上は集団的自衛権しかあり得ないこととなる(国連憲章第51条)。
- つまり、条文上は第1号と第2号で、お互いに丁寧に個別的自衛権の概念を排除し合っているものであり法的には「集団的自衛権」と解され、特別委員会での審議においてもそのような指摘がなされていた。上記のとおり、提案者の一部もそれを認めており、あくまでも個別的自衛権とする場合は、党としてそれを立証する必要がある。
- この「対案」で規定された自衛権は、維新の党関係者の国会質疑等での説明によれば、ホルムズ海峡事例を違憲とし、米軍イージス艦防護事例を合憲とするものとされている。つまり、この「対案」は政府の新三要件の集団的自衛権行使のうちの一つの類型を合憲として条文化したものということになる。
- なお、この米軍イージス艦防護事例、すなわち、我が国の防衛のための活動している米軍の軍艦等を我が国への武力攻撃の着手以前に武力行使によ

り防護することは、(イージス艦が登場するはるか前より)これまで数十年にわたり国会で違憲とされてきた事例である。(P.233「衆予算委員会　昭和58年2月8日」のソ連侵攻に際しての米艦防護が違憲とされた答弁参照)

(2) その他法案に求められる事項等

・維新の党においては、この条文上は集団的自衛権の武力行使と解される自衛権を「合憲」と主張する前提として、①なぜ、この自衛権であれば、憲法9条との関係で合憲となるのかその論理的根拠を示した文書を公表すること、②その際には、維新の党として我が国の憲法秩序の下の法的安定性の観点からこれまでの国会での議論の積み重ねについてどのように考えているのかを明らかにする必要がある。

・**つまり、安倍内閣の7.1閣議決定に相当する解釈変更の論拠の文書を公表等しなければ、「ただ、集団的自衛権の内容(違憲)を条文に書いてみた」ことになってしまうため、安倍政権が7.1閣議決定という論拠を示したように(しかし、それは、本書で立証したように捏造の論理であり解釈改憲であった)、維新の党も論拠を文書で公表等する必要がある。**

・その文書においては、「我が国は国際関係において、あらゆる実力の行使を行うことを一切禁じているように見える」(7.1閣議決定を含めた歴代政府解釈)との文理としての解釈を維持しているのか、維持しているのであればそれをいかなる論理でこれを乗り越えて合憲としたのか、憲法前文の平和主義の法理との整合性(ホルムズ海峡事例は「違憲」で、米軍イージス艦防護事例は「合憲」という見解は、実は、「明白な危険」の見極めの誤りによる国民への不要な戦争の惨禍等を考えた時には立憲主義の観点において問題はないのか等)、立法事実の存在、9条2項の戦力の不保持、交戦権の否認の規定との整合性などを明らかにする必要がある。

・上記②については、仮に、合憲の論理的立証と国会が確立してきた憲法9条解釈との法的安定性及び論理的整合性の立証がなければ、立法府が法的な論理に基づくことなく、時の多数派で自分達が是とする憲法解釈を「合憲」としてそれを制度化する法律を審議し制定することを許すことにもなりかねず、我が国の法の支配と立憲主義が形骸化する危険がある。ようするに、安倍内閣を支える与党と同質のことを行ってしまうことになるのではないか(7.1閣議決定も安保法制も事前の与党協議を経ている)。

・仮に、維新の党において上記①及び②が立証できないのであれば、衆議院の「対案」を取り下げ、また参議院では「対案」の提出を見送り、公党として、違憲の 7.1 閣議決定の「昭和 47 年政府見解の読み替え」等の暴挙を追及し、それを事前の国会審議もなく強行した安倍内閣の法的及び政治責任を追及し、かつ、違憲の安保法制を撤回させる必要があるのではないか（各議員の第 99 条憲法遵守擁護義務）。
・その他、国連憲章第 51 条では武力行使を行った際に、安全保障理事会への報告義務があるが、第 2 号の自衛権についてどのように報告されるのか。「対案」策定の前提とした「集団的自衛権」の定義について歴代政府のものと同じかどうか明らかにすること。
・我が国が、憲法上集団的自衛権行使が禁止されているとの憲法解釈を承認し、我が国による米国のための集団的自衛権行使の義務を免責している日米安全保障条約第 3 条との関係をどのように考えているのか明らかにすること（条約は法律に優先し、条約違反の法律は無効となる）。

第五章　集団的自衛権行使の新三要件
―― 歯止め無き無限定の武力行使

■はじめに
――「歯止め論」以前の「成立論」として絶対的に違憲の新三要件

　集団的自衛権行使の解釈改憲・安保法制に対し、憲法99条で主権者である国民の皆さまのために憲法擁護義務を負う国会議員（立法府）が対処すべきことは、前章までに論じた違憲論点の追及です。それは、集団的自衛権行使の要件である新三要件（7.1閣議決定）の「歯止め論」ではなく、そもそも、憲法9条との関係で集団的自衛権行使の解禁が許されるのかという「新三要件の成立論」です。

　新三要件の解釈をどのように絞り込んでみても、「昭和47年政府見解の読み替え」は違憲無効であり、そして、読み替えが生み出した限定的な集団的自衛権行使を容認する「基本的な論理」が「昭和47年政府見解に明確に示されている」と明記してある7.1閣議決定は違憲無効にならざるを得ません。

　さらに、「日本国民及び他国民の平和的生存権」「国家権力に戦争を許さない決意の国民主権」などの平和主義、憲法9条の「国際紛争を解決する手段としての武力の行使の放棄」「戦力の不保持」「交戦権の否認」の法理も含めた憲法9条の総合的な論理解釈からは、どのようにしても、新三要件は絶対的に違憲となります。つまり、憲法9条においては、「我が国に対する武力攻撃の着手」がない限り、絶対に我が国は武力行使ができないのです（つまり、個別的自衛権行使しかできない）。また、立法事実が証明できない以上、一見して全面的な禁止規範である憲法9条の文理としての解釈を乗り越えることができず、絶対に違憲となります。また、新三要件は、第一要件、第二要件が立法事実そのものですから当然に違憲となります。

　にもかかわらず、仮に、新三要件の解釈の一部でも「合憲」とするようなことがあれば、論理則や立法事実の存在にとらわれず憲法の他の条文も全て如何様にも解釈改憲が出来ることになり、それは法治国家としての自殺行為

を意味します。

　従って、本来は「歯止め論」の追及は優先事項としては二次的なものと解されますが（それも、歯止めが無いことが違憲となる論点を追及する）、解釈改憲・安保法制の実態をご理解いただくために以下そのポイントを概説いたします（元になる分析資料は大部のものですが、紙面の都合上、私のＨＰでの公表を予定しています）。

> ■武力行使の「新三要件」
> ①我が国に対する武力攻撃が発生したこと、又は我が国と密接な関係にある他国に対する武力攻撃が発生し、これにより我が国の存立が脅かされ、国民の生命、自由及び幸福追求の権利が根底から覆される明白な危険があること
> ②これを排除し、我が国の存立を全うし、国民を守るために他に適当な手段がないこと
> ③必要最小限度の実力行使にとどまるべきこと

（１）意味不明かつ定義拒否の第一要件

（a）「生命、自由及び幸福追求の権利が根底から覆される」の答弁・説明拒否

・新三要件の第一要件にある「国民の生命、自由及び幸福追求の権利が根底から覆される」の意味について、①「国民の生命、自由及び幸福追求の権利」と「及び」で繋がれているのだから文理として三つ全てが覆されるはずであること、②そして、そうすると、この表現の意味としては他の二つが成り立つ前提である「生命」が覆される事態だけを考えれば足りる、としか理解できないはずだが（つまり、自由などが覆っても生命が覆るとは限らないが、生命が覆れば他の二つは必ず覆るから、結局、三つ全てが覆る事態とは、生命が覆る事態だけを意味すると考えられることになる）、しかし、安倍内閣は、この第一要件の意味について、このようには絶対に説明せず、説明拒否を繰り広げている。

・それは、この意味を生命が覆される、すなわち、「国民の生死そのものに関わる事態」などと定義すると、集団的自衛権行使の要件が一気に狭まってしまうからであり（なお、それでも違憲である）、一方で、逆に、幸福追求の権利が覆るだけでも第一要件が成立するとなると、例えば一定の社会的

混乱でも武力行使可能になるなど、無限定に要件が広がってしまうことになり、安倍内閣としてはこれを狙っているのである。
・このことは、私の質問主意書に対する答弁書（「集団的自衛権行使の第一要件の成立に関する質問に対する答弁書（平成 27 年 6 月 11 日答弁 154 号）」）において答弁拒否を行い、その後の国家安全保障局の担当官僚からの聴取において、「「生命、自由及び幸福追求の権利に対する国民の権利」を一体として考えている」という政府文書を提出してきたものの、**「生命まで根底から覆ることが必須であると考えているのか」**との確認に対し、「高度の政治マターであり、役所としては、これ以上、何かを回答することはできない」という対応となっている（7/31 日現在）。
・つまり、政府として、国会議員に対し安保法制の最重要の核心条文の解釈を説明できないということである。なお、7/31 現在で、大臣まで上げて解釈を提出するよう要求しているが、昨年の 7.1 閣議決定以降、こうした説明拒否や質問主意書の答弁拒否など議会政治を否定する暴挙が常態化している。
・以上より、「国民に、我が国が武力攻撃を受けた場合と同様な深刻、重大な被害が及ぶこと」（政府答弁)としか定義されていない新三要件の第一要件は、**「誰から見ても一つの意味に定まるものでなければならない論理的な法解釈の世界ではなく、時の権力者の政治的判断によってその内容が変容される法規範の名に値しない鵺のような代物」**である。

(b) 平成 16 年政府答弁書「生命や身体が危険にさらされる」との違いの答弁拒否

・昭和 47 年政府見解における、「国民の生命、自由及び幸福追求の権利が根底からくつがえされる」との文言は、平成 16 年政府答弁書によって「国民の生命や身体が危険にさらされる」という意味に再定義されており、これらは日本語としては全く同じ意味である旨、横畠内閣法制局長官も国会答弁している（平成 26 年 5 月 22 日）。
・とすると、「昭和 47 年政府見解の読み替え」とは、「外国の武力攻撃によって国民の生命、自由及び幸福追求の権利が根底からくつがえされる」という文章を「我が国に対する」場合に加えて「同盟国等に対する」場合もあるとするものであり、元々は同じ一つの文章から生まれている以上、それぞれの場合において「国民の生命、自由及び幸福追求の権利が根底からく

つがえされる」という文言の意味は同じでないと日本語の文章としておかしいことになる。そして、「我が国に対する」場合で昭和47年政府見解の文言と平成16年政府答弁書の文言が意味として同一ならば、「同盟国等に対する」場合について昭和47年政府見解の文言を基にした7.1閣議決定の文言は平成16年政府答弁書の文言と日本語として同じ意味にならないとおかしいことになる。

・しかし、これについても安倍内閣は7.1閣議決定の文言を「国民の生命や身体が危険にさらされる」という意味に定義してしまうと、集団的自衛権行使が出来る条件が狭くなってしまうために（(a)の「国民の生死そのものに関わる事態」と同義になる）、徹底した答弁拒否などを行っている。例えば、2014年11月6日の参院外交防衛委員会の私の質疑において、横畠内閣法制局長官は10回連続答弁拒否を強行した。実は、横畠長官は議場の外では私に対し、この二つの文言に日本語としての意味の違いはないと説明するのだが、委員会質疑の場ではそのように答えない。こうした論点について質問主意書を提出しても、徹底した拒否を繰り返している。

・なお、(a)の論点を含め、この新三要件の第一要件の本当の意味については、衆議院の安保法制の特別委員会でも全く明らかになっていない。つまり、集団的自衛権行使の核心要件が不明のまま強行採決しているのである。

第一要件の『意味』不明

＜昭和４７年見解＞
国民の生命、自由及び幸福追求の権利が根底からくつがえされる

＝ 同じ意味（H26.5.22答弁）

＜平成１６年答弁書＞
国民の生命や身体が危険にさらされる

？ ＝ → **10回連続答弁拒否！**
（平成26年11月6日参外防委）

＜7．1閣議決定「新3要件」＞
国民の生命、自由及び幸福追求の権利が根底から覆される

【重要解説】「読み替え」による「武力作用起因の法理」「生命の危険の法理」の切り捨て

- 7.1 閣議決定の「国民の生命、自由及び幸福追求の権利が根底から覆される」という文言は、昭和47年政府見解における「外国の武力攻撃」の読み替えによって、①国民の生命等が根底から覆される起因は直接的な武力作用（戦火）によるものであるという「武力作用起因の法理」と、②覆されるのは幸福追求の権利等の前提である戦火によって当然に危険にさらされることになる「生命」の価値そのものであるという「生命の危険の法理」の二つが切り捨てられ、武力作用（戦火）を原因としない「戦禍」であっても許容され、かつ、生命そのものが覆されなくても自由や幸福追求の権利が覆されることでも許容されるものとなっている。
- なお、「武力作用起因の法理」と「生命の危険の法理」の二つの法理は、前文の平和主義の法理の制限からの当然の論理的帰結であり、例えば、全世界の国民の平和的生存権を確認している以上、武力行使ができるのは我が国に対する武力攻撃に対処する場合に論理必然的に限定される。そして、憲法9条で許容される武力の行使については、憲法前文の平和主義の法理の制限に服するから、ホルムズ海峡事例などの立法事実の検討においてこの二つの法理を切り捨てた7.1 閣議決定は違憲無効となる。

【重要解説】 安倍総理のホルムズ海峡事例の答弁の変遷

- 「生命、自由及び幸福追求の権利が根底から覆される」の意味を曖昧にし、かつ、そこから「武力作用起因の法理」と「生命の危険の法理」を切り捨てた第一要件の下では、歯止めのない無限定な集団的自衛権の行使が可能になる。
- その証拠として、ホルムズ海峡事例の安倍総理の答弁の変遷を見ると、当初は、「世界の経済状況」、「倒産」や「失業問題」でも武力行使を可能とし（2014年7月14日衆議院予算委員会）、それでは持たないと考え、経済の被害状況の中で「命にかかわってくる問題」という意味不明の要件を述べ（2014年10月3日衆議院予算委員会）、続いて「国民生活に死活的な影響」とこれまた相当に幅の広い概念を述べ（2015年2月16日衆議院本会議）、衆議院の特別委員会では、「国民生活に死活的な影響、すなわち、国民の生死にかかわるような深刻、重大な影響」という要件を示している（2015年

5月26日衆議院本会議)。
・しかし、依然として、生命が根底から覆される事態である「国民の生死そのものに関わる事態」といった要件とは大きな差異があり、恣意的な運用の余地がある(「死活的な影響」、「生死にかかわるような深刻、重大な影響」と言われても何を持ってそう判断するのか意味不明である)。
・この安倍総理の答弁の著しい変遷からは、①第一要件が、如何様にも時の権力者の意のままになる無限定で歯止めのない要件であるということ、②あくまでホルムズ海峡事例という個別の事例に際しての答弁であり、実際の運用における他の事例においては、全くゼロから無限定な基準により集団的自衛権行使が可能になってしまうこと(例えば、「日米同盟の揺らぎだけでは行使できない」という答弁は、7.1閣議決定から3ヶ月後の10月16日の小西質疑)、③安倍総理が不誠実極まりなく全く信用できない政治家であるということが確認できる。

【重要解説】誰でもなれる「我が国と密接な関係にある他国」
・日本が集団的自衛権行使をして防衛する相手国たる「我が国と密接な関係にある他国」の定義について、安倍内閣は「**外部からの武力攻撃に対し、共通の危険として対処しようという共通の関心を持ち、我が国と共同して対処しようとする意思を表明する国**」としている。
・しかし、集団的自衛権行使は武力攻撃を受けている国からの防衛要請を受けて行うものであるから、この定義だと、日本が「共通の危険として対処しよう」という意思を積極的に持てば、残りの要件は自動的に成立してしまうことになる(要請国が、現に受けている武力攻撃に対し、日本と共通の危険の関心と共同対処の意思を有するのは当たり前)。つまり、何の実質的な基準もルールもないその時の日本政府の判断次第で、容易に該当国とすることができる。政府答弁においても「**ホルムズ海峡事例の当事国であるはずのイランを含め、北朝鮮以外のあらゆる国が対象となり得る**」としている。

【重要解説】特定秘密保護法と国会承認との関係
・集団的自衛権行使の発動の国会承認に際しては、特定秘密保護法制との関係で、国会は実質的な情報提出命令権等を付与されていないため、十分な監督機能を発揮することはできないものと考えられる。ようするに、無限

定な基準を時の内閣の意のままに運用できる事態とならざるを得ない。

【重要解説】安倍総理の「手の内を明かせない」という主張の問題

- 安倍総理は、第一要件の適用事例について、「手の内を明かす訳にはいかない」ので、「詳細な説明はできない」、「他の事例は話せない」といった答弁を繰り返してるが、第一要件の見極めは、「本当に守るべき日本国民の生命の危険が存在するのか」という、集団的自衛権行使の戦闘で戦死を強いられる自衛隊員とその相手国からの反撃で戦死を強いられる日本国民の生命の喪失が真にやむを得ないものであるか否かを判断するために不可欠の事項であり（もちろん、憲法改正なくして、内閣や国会にこのような「判断」権限を付与すること自体が、立憲主義及び平和主義に違反する違憲立法となる）、それを曖昧なままでやむを得ないという主張は、自衛隊員の生命も国民の生命も、国家権力が決めて構わないのだという主張と同じことになる。すなわち、立憲主義、平和主義に反する見解である。
- なお、国防の観点から「手の内を明かせない」情報があるのは当然であるが、しかし、安保国会で議論すべき新三要件の適用事例などはこうした国防秘密に属するようなものではなく（なぜなら、「国民の生命等が根底から覆される明白な危険があり、他に手段がない」という隠しようもなく誤魔化しようもない事態だから）、むしろ、安倍内閣の主張によれば新三要件は自国防衛のための武力行使であるのであり、安倍総理の主張する抑止力強化のための集団的自衛権行使の容認という観点からも（抑止力の実効のためには、お互いがそれぞれの自衛力を適正に認識することが重要）、これを国会で議論することは特段の問題はないものと考える。
- ようするに、安倍総理は、違憲立法を強行採決するために、日本国民と国会に対して「違憲立法たる手の内を明かさない」ようにしているだけである。

（2）恣意的な運用にならざるを得ない第二要件

- 新三要件の第二要件は、立法事実論における「手段としての合理性」、すなわち、生命等が根底から覆される日本国民を守るのに集団的自衛権行使以外に手段がないことを求めるものであるが、しかし、そもそも、第一要件が無限定で歯止めのないものとなっており、恣意的に運用することが可能なのであるから、その第一要件の判断を踏まえた第二要件の運用も自ずと恣意的な

ものにならざるを得ない。つまり、「守るべきものが何かが不明なまま恣意的な運用が行われてしまう以上、いざという時に、それを守る方法が本当に集団的自衛権行使以外に他に手段がないのかは不明とならざるを得ない」と考えられる。なお、このような要件は、「我が国として国際関係において実力の行使を行うことを一切禁じているように見える」という憲法9条の文理としての解釈に違反するものとして当然に違憲となる。

・また、そもそも、「日本の同盟国等に対する外国の武力攻撃を自衛隊が武力行使により阻止することが、なぜ、日本国民を守ることになるのか」が不明である。集団的自衛権行使は日本に向かってくる武力攻撃を阻止するものではなく、同盟国等に向かう武力攻撃を阻止するものであり、それは実体として同盟国を守るための他国防衛に他ならず、本来的に、日本を守る自国防衛ではあり得ない。従って、このロジックを成立させるためには、例えば、「外国が日本侵略を企図し、その手段として日本の同盟国を武力攻撃し、それを放置すれば同盟国が有する日本防衛のために不可欠な機能が失われ、その後に生じる日本に対する外国の武力攻撃を効果的に阻止できなくなるため、同盟国への武力攻撃を集団的自衛権行使により阻止する必要が認められる場合」などに第二要件の適用条件を限定する必要があるが、これだとホルムズ海峡事例などは対象外となる（なお、このケースは、同盟国への攻撃自体が日本への武力攻撃の「着手」となり、個別的自衛権の世界となり得る）。

・しかし、意図的に、第二要件は、「国民を守る」という極めて抽象的な表現にされており、これが「国民を、外国からの武力攻撃によりその生命や身体が危険にさらされることから守る」なら限定の余地もあるかもしれないが（もちろん、どのように限定しても本章の冒頭で述べたように違憲である）、単に「国民を守る」だとある意味何でも読めてしまうことになる。

・以上、無限定かつ歯止めのない第一要件とセットで、「国民を守る」という第二要件も恣意的な運用を行うことが可能になっていると解される。

・なお、この「国民を守る」の意味（何から、国民の何を、どのように守るのか）については、衆議院の特別委員会では真相が解明されていない。

（3）歯止めのない武力行使（海外派兵）を解禁する第三要件

・第三要件にある「必要最小限度の実力行使」とは、「我が国の存立が脅かされ、国民の生命、自由及び幸福追求の権利が根底から覆される明白な危険

をつくり出している我が国と緊密な関係にある他国に対する武力攻撃を排除し、そして、我が国の存立を全うし、国民を守るための必要最小限度の実力行使」を意味するとされている（岸田外務大臣　衆本会議　平成27年5月26日）。

・こうした定義からは、その論理的追及の結果として、以下の違憲問題が指摘できる。**ポイントは、我が国の領域に侵攻する敵を排除する個別的自衛権行使の三要件の「必要最小限度」とは異なり、集団的自衛権行使における武力行使は、その態様やエリアなど、全て相手との相対関係で際限なくその「必要最小限度」が変容してしまい、かつ、それを制限する法理は新三要件の中には何ら存在しないと言うことである。**

① 同盟国等に対する外国の武力攻撃を阻止し、国民の生命等が根底から覆される明白な危険の原因となっている武力攻撃を排除するために必要な最小限度の武力行使は全て合憲となるのだから、外国の武力攻撃が如何に強大・広範囲で長期にわたるものであっても、それにより「明白な危険」が存在する限りは「国の存立を全うし、国民を守るための必要最小限度」の武力行使として、論理的には全て合憲となる。

　従って、その許容される武力行使には、エリアや態様についての法理としての制限は何ら存在しないこととなり（地球の裏側での空爆や地上戦などが可能）、これは「必要最小限度」の趣旨を自ら没却し、「我が国として国際関係において実力の行使を行うことを一切禁じているように見える」という憲法9条の文理としての解釈を空文化させてしまうことになる（よって、違憲となる）。

② 我が国に対する武力攻撃を排除する個別的自衛権の行使と異なり、我が国に武力攻撃を行っていない外国への集団的自衛権行使は、その結果としての、自衛隊の武力行使に対する外国の個別的自衛権行使（※）のみならず、外国の同盟国による集団的自衛権行使（※）をも招き、我が国と外国等の間による武力紛争を生じさせることが想定される（※当事国はそのように主張し自らの武力行使を正当化するであろう）。

　そして、その武力紛争においては、我が国にとって当初の「明白な危険」を排除するために「何が必要最小限度の武力行使であるか」を論理的に画することはもはや困難であり、武力行使の範囲が限定できない以上、憲法9

条の文理としての解釈との関係で憲法 9 条違反とならざるを得ない。
③　急迫不正の侵略を排除する自国防衛のための「自衛力」においてはその保有する兵力について「他国に侵略的脅威や攻撃的脅威を与える兵器を保有することはできない」という定性的な条件を画することができ、それによって「陸海空軍その他の戦力は、これを保持しない」（専守防衛の実力しか保有できない）という憲法 9 条 2 項の明文規定との整合を図ることができたが、集団的自衛権行使においては、外国の武力攻撃の態様等に相対的というよりはいわば従属的に対応し（①）、かつ、その後の必要な武力の限度を画せない（②）から、「どのようなものであれば戦力とならないか」を論理的に画することは困難である。

従って、上記の①、②で示した集団的自衛権行使を遂行するために我が国として保有することができる実力の範囲を画することが困難となることから、憲法 9 条 2 項の「戦力の不保持」との関係で違憲となるものと解される。

④　憲法 9 条 2 項には「国の交戦権はこれを認めない」と規定され、「交戦権」とは「相手国兵力の殺傷及び破壊、相手国の領土の占領、そこにおける占領行政、中立国船舶の臨検、敵性船舶の拿捕などを行うこと」とされているところ、例えば、日本を侵略する外国軍隊を排除するために必要最小限の武力を行使し、その過程で相手国の兵士を殺傷してしまうことは外見上は同じ殺傷行為であっても交戦権の行使とは別の観念のもの（分かりやすく言えば、やむを得ない正当防衛の行為そのもの）とされてきたところである。

他方、外国の領域における他国防衛の実質を有する武力行使たる集団的自衛権の行使において（もし、他国防衛の実質が一切無い自国防衛のための武力行使を行えばそれは国際法違反の先制攻撃そのものである）、こうした「交戦権の行使とは別の観念のもの」を見出し、かつ、交戦権の行使の実質を一切排除することは著しく困難であると解される。従って、憲法 9 条 2 項の交戦権の否認との関係で違憲とならざるを得ないものと解される。

■衆　平和安全特別委員会　平成 27 年 6 月 22 日
○阪田参考人　実は、交戦権がないということを明確に書いてあるわけですね。交戦権がない結果として、従来、我が国は、外国が攻めてきたときも、まさに必要最小限度の実力行使しかできないんだ。それは何のための必要最小限度で

あったかというと、その外国の侵略行為を排除するために必要最小限度なので、敵が撃ち方をやめているのに、ずっと追っかけていって外国の領土、領海に入る、そして敵をせん滅するというようなことは許されないと述べてきたわけですね。

今回、もし集団的自衛権が、限定的であるとしても行使するとした場合に、そもそもそれは外国に行って戦うということを意味するわけですから、この交戦権との関係で、必要最小限度というのは一体何なんだろうと。

武力攻撃事態法を見ますと、いわゆる存立危機事態ですか、政府は速やかに終結させなければならないというようなことになっているわけです。これを速やかに終結させるということは、つまりは戦争に勝っちゃうということでしかないわけで、そのためには最大限の実力行使を恐らくしなければならないんじゃないかと思いますので、今回の自衛の措置の発動要件の第三要件にも必要最小限度と書かれているんですけれども、それは一体何のための必要最小限度なんだろうなんというようなところで首をかしげるところもあります。

【解説】元内閣法制局長官の弁護士阪田雅裕先生の参考人質疑における答弁である。

【重要解説】「海外派兵は一般に禁止」という見解の欺瞞(ぎまん)
——エリアも態様も無制限の海外派兵の解禁

・安倍総理は、新三要件の下でも、「**武力行使の目的を持って武装した部隊を他国の領域へ派遣する**」いわゆる「**海外派兵**」は、「**一般に違憲となる**」としている。具体的には、イラク戦争、湾岸戦争、アフガン戦争のような戦闘への海外派兵は新三要件の第三要件である「必要最小限度の実力行使」を超え、違憲となり、これに対し、機雷掃海(国際法上の武力行使であり、海外派兵となる)については、これは空爆や砲撃などと異なり「受動的かつ限定的な武力行使」であるので、例外として、新三要件を満たす場合は合憲となり、行うことができるとしている。

・しかし、**新三要件における第三要件「必要最小限度の実力行使」は、自衛隊の集団的自衛権行使について、①そのエリアについても、また、②武力行使の態様についても、何ら論理的な法的制限を課すものではない**。これに対し、個別的自衛権行使の(旧)三要件の場合は、その第三要件「必要最小限度の武力行使」が、日本侵略の排除のためのものであるため、エリアも(相手国の軍隊を領域外に追い出せば足りる)、態様も(相手国の武力攻撃を排撃できるもので足りる)、その両方において、はっきりと論理的な制限

が画せるものである。
・つまり、新三要件の集団的自衛権行使は、同盟国に対する他国の武力攻撃を阻止するための武力行使であって、常識で考えて、エリアは一般的に他国の領域か、同盟国の領域となり（エリアは旧三要件と原則がひっくり反る）、また、態様は日本侵略排除と違って何をどこまでやれば「日本国民の生命等が根底から覆される明白な危険」を排除できるものであるか何の論理的基準もない。特に、態様については、旧三要件とは全く異なり、当初の見込みが外れて「泥沼の戦争となった」というベトナム戦争、イラク戦争などの海外派兵の幾多の史実が示すとおり、相手の武力攻撃の態様に引き摺られ際限なく拡大・深化し得る、均衡的・相対的というよりは実質的にはむしろ「従属的な概念」となる。
・よって、新三要件の第三要件は、法的には、「海外派兵を原則とする、どこのエリアでもどんな戦いでもできる」という鵺のような無限定の歯止め無き代物となる。つまり、法理としては、「必要最小限度の実力行使」とさえ評価されれば、外国の領域で空爆も地上戦でも何でもできることになる。
・この点、安倍政権は、「海外派兵は一般に違憲となる」という見解を示しているが、むしろ、政府の答弁からは、第三要件の法理として「国民の生命等が根底から覆される明白な危険の原因となっている同盟国等に対する外国の武力攻撃を排除するための必要最小限度の措置にとどまる武力行使を構成する手段、態様、程度なら全て合憲」という趣旨しか示せておらず、その結果、明白な危険が存在する限りは、エリアや態様を問わず、あらゆる海外派兵が法理上は可能となっている。
・すなわち、この根本趣旨さえ安倍内閣が維持しておけば、幾ら安保国会で他国領域における空爆や砲撃等の海外派兵は違憲と答弁していても、その後の内閣において、①第三要件の根本趣旨には空爆等を許容する法理があることは、2015年の安保国会当時は明確に答弁されていなかった、あるいは、②2015年の法案審議の当時は根本趣旨に機雷掃海しか当てはめができていなかったが、この度、空爆等の新しい当てはめをしたとして、「昭和47年政府見解の読み替え」と同質の主張を展開することによって、海外派兵一般を合憲とすることはできてしまうのである。（なお、法案審議の際の政府答弁と後の運用解釈の当てはめが変わった例として、2013年12月の南スーダンPKOにおける国連を経由しての韓国軍への弾薬提供の例がある）

・なお、安保法制においては、第三要件について、自衛隊法第 88 条「事態に応じ合理的に必要と判断される限度をこえてはならない」の規定をそのまま維持して適用するとしている。文字どおり、明白な危険の原因となっている外国の武力攻撃を排除するために「合理的に必要と判断される限度」であれば、外国領域における空爆等を行うことを何ら法的に制限していない（制限できていない）。

【重要解説】政府の各事例に見る「海外派兵一般は違憲」の矛盾

・安保法制は、他国防衛を実質とし外国領域での武力行使を基本とする集団的自衛権行使について、個別的自衛権行使の海外派兵一般的禁止の法理を、何の論理的な根拠もなく適用（こじつけ）したために、そもそもの、安倍総理による安保法制の必要性の主張と実際の事例における制度適用について論理破綻を起こしている。以下に、各事例における安倍総理の主張と法案説明との矛盾を示す。

■各事例と武力行使（海外派兵を含む）の関係			
	海域と武力行使の可否	理由・内容	安倍総理の主張と自らの法案説明との矛盾
ホルムズ海峡事例	外国領海〇	機雷掃海は「受動的かつ限定的」故に海外派兵の例外として可	機雷掃海のために必要な制海権、制空権確保のための空爆等は不可となる
	公海〇	（機雷掃海も空爆等も可能と推定）	
米国軍艦による邦人避難事例	外国領海×	海外派兵となり不可	領海では邦人を「見殺し」にすることになる
	公海〇	戦闘機やイージス艦からのミサイル発射も可能	
米軍イージス艦防護事例	外国領海×	海外派兵となり不可	領海では米艦を「見捨てる」ことになり、日米同盟が毀損し、または、続く日本へのミサイル攻撃に対処できなくなる
	公海〇	イージス艦からのミサイル発射等も可能	

- これらについては、法案審議では誤魔化したまま、後に運用で拡大変更するつもりと推察される。
- 「我が国を防衛するための必要最小限度の実力行使」である第三要件の下で、なぜ、公海上は可能で、領海上は不可能になるのか、論理的な根拠は不明。
- 個別的自衛権行使の場合は海外派兵が許される例外として相手国のミサイル基地の破壊が出来るのに、なぜ、同じ「国民の生命等が根底から覆される」事態に対処する新三要件の集団的自衛権行使においては、海外派兵は「受動的かつ限定的な武力行使」とする機雷掃海しかできなくなるのか不明。

（４）新三要件は国際法違反の先制攻撃・予防攻撃の実体がある

- 新三要件に基づけば、同盟国等に対して武力攻撃を行っている外国が日本に対しても武力攻撃を行ってくるなどの明白な危険があれば、その外国に対して集団的自衛権を行使できることになる。これは、その外国が未だ日本に武力攻撃を行ってきてもないのに、そうしたことなどを防ぐために日本が先制して行う武力行使になる。こうした、**相手国が武力攻撃の着手に至る以前に、自国防衛のために先制して武力行使を行うことは先制攻撃（予防攻撃）として国際法違反（国連憲章第 51 条等）の行為となる。**
- これに対して、安倍内閣は、日本は同盟国等から集団的自衛権行使の要請を受けてそれを発動しているのであり、あくまでも国際法上は集団的自衛権行使であって違法な先制攻撃ではないといった主張をしている。
- しかし、個別的自衛権行使においては、外国からの武力攻撃が発生する明白な危険が切迫している事態（「切迫事態」）ではまだそれを行使することはできず、「着手事態」に至って初めて行使できるとされている。そうすると、この切迫事態よりも以前の段階である「明白な危険」の段階で、自国防衛を目的として武力行使を可能にしている新三要件は、先制攻撃の実体を有すると言わざるを得ないものと考えられる。
- つまり、7.1 閣議決定においては、「国際法上は、**集団的自衛権が根拠となる**」としつつ、「**憲法上は、あくまでも我が国の存立を全うし、国民を守るため、すなわち、我が国を防衛するためのやむを得ない自衛の措置として初めて許容されるものである**」として、我が国への武力攻撃の着手に至っ

ていない状況にもかかわらず自国民、自国防衛のために武力行使することを正当化しており、これは、国際法上の先制攻撃に該当すると解される。
・しかも、安保法制においては、このことを法文上も「我が国を防衛するため」（自衛隊法改正案第76条「防衛出動」、同第88条「防衛出動時の武力行使」）と従前の個別的自衛権行使と同じ規定を維持しており、安保法制とは、「我が国を防衛するため」に同盟国等からの集団的自衛権を行使して欲しいとの要請を使う（その要請に名を借りる）自国防衛のための脱法行為たる違法な武力行使（先制攻撃）を立法してしまうことになる。（世界各国が「自国を防衛するための集団的自衛権行使を立法措置」すると国際法秩序がひっくり返ってしまう）
・要するに、国際社会向けには集団的自衛権行使で（国際法上に）「合法化」し、国内向けには自国防衛のための自衛の措置で「合憲化」しているのだが、この国内向けの立法及び主張は、その論理や実体が先制攻撃に該当するものとして、国際社会には通用しない国際法違反となる行為であり説明であると解される。新三要件に基づき集団的自衛権を行使した場合には国連憲章51条の安全保障理事会への報告義務があるが、特に武力行使の相手国からしてみればこのような「国内向け」の説明は「先制攻撃」そのものとならざるを得ない訳であり、内と外で説明の仕方を変えるダブルスタンダードになる。
・このように、新三要件の下の集団的自衛権行使が国際法違反（国連憲章違反）となるのであれば、国際法遵守主義を定めた憲法98条2項「日本国

> ■衆　平和安全特別委員会 平成27年6月22日
> ○宮﨑参考人　最近、政府当局者は、自国を守るための集団的自衛権とそれ以外の集団的自衛権を分け、後者をフルスペックの集団的自衛権と称し、前者は合憲、後者は違憲と言っています。しかし、自国防衛と称して、攻撃を受けていないのに武力行使をするのは、違法とされる先制攻撃そのものであります。
>
> 【解説】元内閣法制局長官の参考人意見である。また、同じく元内閣法制局長官であられた大森政輔弁護士も法律誌の対談誌面において、「これは、よくよく見ると先制攻撃なのです。」との見解を示されている（ジュリスト　有斐閣 2015年7月）。（なお、安倍内閣は限定的な集団的自衛権を含めたあらゆる集団的自衛権の母集団をフルスペック（フルセット）と呼称しているようである。）

が締結した条約及び確立された国際法規は、これを誠実に遵守することを必要とする。」に違反し、新三要件は違憲無効となる。

(5)「限定的な集団的自衛権行使」なるものの不存在（国際法違反かつ憲法違反）

・安倍内閣による自国防衛を目的とする「限定的な集団的自衛権行使」については、「我が国を防衛するためのやむを得ない自衛の措置に限られ、当該他国に対する武力攻撃の排除それ自体を目的とするものではない」（衆予算委員会 平成 26 年 07 月 14 日）、「我が国の存立を全うし、国民を守るためのやむを得ない自衛の措置としての必要最小限度のものに限られ、他国の防衛それ自体を目的とする集団的自衛権の行使を認めるものではない」（参予算委員会 平成 26 年 07 月 15 日）といった説明がなされていたが、これが、「自国防衛の目的と他国防衛の目的」の両方を有するものなのかについては、明確な答弁は不在であった。他法、安保法制の特別委員会になって、「新三要件のもとで行われる自衛の措置、すなわち、**他国の防衛を目的とするものではなく**、あくまでも我が国を防衛するための必要最小限度の措置にとどまるものでありますところの武力の行使」（衆平和安全特別委員会 5 月 27 日、7 月 3 日）との答弁が横畠長官よりなされ、「自国防衛のための限定的な集団的自衛権」とは「**自国防衛の目的・実質を有し、かつ、他国防衛の目的は有せず他国防衛の実質のみを有する集団的自衛権**」であることが明らかになった。

・ところで、「自国と密接な関係にある外国に対する武力攻撃を、自国が直接攻撃されていないにもかかわらず実力をもって阻止する権利」という定義及び「集団的自衛権を行使するためには、武力攻撃の直接の犠牲国による、武力攻撃を受けた事実の宣言及び他国への援助の要請が必要である」とする国際司法裁判所（ICJ）の判決からは、集団的自衛権行使とは他国防衛の「目的」と「実質」を有していなければ存在し得ないものであることが理解できる（以下の「C及びD」必須）。他方、7.1 閣議決定の記載からは、「限定的な集団的自衛権行使」とは自国防衛の「目的」と「実質」を有していなければいけないことが理解できる（以下の「A及びB」必須）。

・そして、こうした理解のもとに、安倍内閣の 7.1 閣議決定・安保法制の理解を踏まえた集団的自衛権行使の組み合わせの表を作ってみると、**結論と**

して、安保国会で明らかになった「限定的な集団的自衛権行使」たる「自国防衛の目的・実質を有し、かつ、他国防衛の目的は有せず他国防衛の実質のみを有する集団的自衛権」（以下の「ＡＢＤ」）なるものは、国際法違反により存在できないと解されることが理解できる。

・ようするに、他国防衛の目的と実質を有する武力行使を排除する憲法9条の規範に抵触することを回避しようとして、自国防衛を目的とする「限定的な集団的自衛権行使」なるものを捏造したものの、集団的自衛権行使の定義等からの要請である他国防衛の目的と実質の要件から逃げ切ることができず、**憲法9条規範と国際法規範の挟み撃ちにより自滅をしている構図であると解される。**

・つまり、直接の武力攻撃を受けた場合の自国防衛しか許容していない憲法9条は、その論理的帰結として当然にあらゆる他国防衛を禁止しており、この二つの法理を飛び越えて捏造された「限定的な集団的自衛権行使」は、同じく先制攻撃を違法とする国際法との関係も合わせて、**違憲・違法の法理**となっている。

・なお、仮に、「限定的な集団的自衛権行使」が「自国防衛の目的と他国防衛の目的の両方を有するもの」である場合は、以下の「ＡＢＣＤ」となり、これは、「他国防衛のためだけに自国民が血を流すことは世論的に持たない」など、現実の政治の中においては、むしろ通常の集団的自衛権行使の類型であり、特に、**自国防衛の目的の要素である第一要件を始めとする新三要件が前記の説明のように歯止め無き無限定なものである以上、「限定的な集団的自衛権行使」はその実体において、まったく通常の集団的自衛権と何ら差異はない代物となる。**

■集団的自衛権行使に伴う要素		
	目的	実質
自国防衛	A	B
他国防衛	C	D

※国際法上一般的な集団的自衛権には「C及びD」が必須
※限定的な集団的自衛権（新三要件）には「A及びB」が必須。「C」があってはならない。

■安倍内閣の理解を踏まえた集団的自衛権行使の組み合わせ分析

	法的評価	理由
AB	国際法違反、98条違憲	先制攻撃そのもの（他国防衛の目的・実質なし）
ABC	国際法違反、98条違憲	先制攻撃（他国防衛の名だけ借りて実質なし）
ABD	国際法違反、98条違憲	先制攻撃と解される（他国から要請を受けたが、他国防衛の目的がない脱法的な武力行使）
ABCD	国際法上合法、新三要件違反（違憲）	他国防衛の目的・実質があり、自国防衛の目的・実質がある
ACD	国際法上合法、新三要件違反（違憲）	他国防衛の目的があり、自国防衛の実質がない
BCD	国際法上合法、新三要件違反（違憲）	他国防衛の目的があり、自国防衛の目的がない
CD	国際法上合法、新三要件違反（違憲）	他国防衛の目的があり、自国防衛の目的も実質もない

※「外国に対する武力攻撃を、…実力をもって阻止する権利」という定義からは、「阻止」という物理作用たる他国防衛の実質（D）がない集団的自衛権行使は存在し得ないと解されるため、少なくとも、限定的な集団的自衛権行使の可能性としては、「ABD」、「ABCD」と解される。しかし、「ABD」は他国防衛ではなく自国防衛のみの武力行使となるため、結局、他国防衛の目的「C」を欠く集団的自衛権行使なるものが国際司法裁判所の判決法理も含めて存在し得るのかは極めて疑わしいと解される。

※なお、「ACD」、「BCD」は自国の国民の理解・説得が困難であり、さらに「CD」は尚更難しく、これは政治的に見た時に現実性がないものと解される。

※仮に、「限定的な集団的自衛権行使」が「ABCD」であれば、現実の政治において通常の集団的自衛権行使の一類型ということになる。

■衆平和安全特別委員会速記録　平成27年6月22日
○宮﨑参考人　自国の利益とかかわりのない、あるいは希薄な集団的自衛権などというものが、かつて主張されたことがあったでしょうか。どこの国も、自国の死活的な利益にかかわると称して集団的自衛権行使の軍を出しているのであります。

　かようなものだけをフルセット集団的自衛権と定義するなどは虚構であり……。

【解説】元内閣法制局長官の参考人意見である。私のこの場の立論と文脈が整合

するものか定かではないが、卓見としてここでご紹介をさせて頂く。(なお、宮崎先生はここでは「限定的な集団的自衛権以外の集団的自衛権」のことを「フルセット集団的自衛権」と呼称されているものと解されるが、安倍内閣は限定的な集団的自衛権を含めたあらゆる集団的自衛権の母集団をフルスペック(フルセット)と呼称しているようである。)

(6) 新三要件の存立危機事態と個別的自衛権の切迫事態等との関係

・新三要件における「国民の生命等が根底から覆される明白な危険」の直接の起因が外国の武力攻撃が我が国に及んでくることであれば、個別的自衛権の局面と重なり合う事態が存在し得る問題となる。

・個別的自衛権行使においては、我が国に対する外国の武力攻撃の着手がなければ、我が国はそれを行使することができない。着手以前は先制攻撃となる。そして、武力攻撃事態対処法においては、我が国に対する武力攻撃が迫ってくる事態の推移(緊迫度)に応じて、「武力攻撃事態」、「武力攻撃予測事態」という概念を設定している。前者は「着手事態」と「切迫事態」という二つの概念から整理されており、両方の事態に至れば自衛隊の防衛出動が可能になるが、着手に至らなければ個別的自衛権行使はできない。また、「武力攻撃予測事態」の段階では防衛出動がまだできない。なお、周辺事態法にも武力攻撃に着目した概念がある。

・安保法制においては、新三要件の下で集団的自衛権行使ができる事態を「存立危機事態」と呼称している。この存立危機事態は、上記の個別的自衛権の着手事態には絶対に至らないものである。他方、存立危機事態が、切迫事態、予測事態(あるいは、至るおそれ事態)のどれかの局面と重なる場合もあり、重ならない場合もあると安倍内閣は説明している(例えば、存立危機事態が予測事態などの以前のこともある)。普通に考えれば、緊迫度としては「明白な危険が切迫(切迫事態)」の方が「明白な危険(存立危機事態)」より高まっているものと考えられ、存立危機事態は切迫事態よりも以前の段階のようにも考えられるが、まさに立法事実が示されていないために、極めて観念的で理解困難な要件となっている。なお、例えば、ホルムズ海峡事例などは、そもそも、我が国向けた武力攻撃とは関係のない話のため、予測事態にすら至らない。

■**武力攻撃事態**： 武力攻撃が発生した事態（注：当事態のみが武力行使可）又は武力攻撃が発生する明白な危険が切迫していると認められるに至った事態（注：当事態では防衛出動はできても武力行使は不可）
■**武力攻撃予測事態**： 武力攻撃事態には至っていないが、事態が緊迫し、武力攻撃が予測されるに至った事態（注：当事態の段階では防衛出動はできない）
■**周辺事態**： そのまま放置すれば我が国に対する直接の武力攻撃に至るおそれのある事態等（注：事態によっては予測事態と重なることもある旨の政府答弁あり）

【解説】着手事態＞切迫事態＞予測事態＞至るおそれ事態（周辺事態法）
　（なお、安保法制において周辺事態法は「重要影響事態法案」と抜本改正されている）

【解説】
　「**武力攻撃**」とは、我が国の領土、領空、領海に対する組織的、計画的な武力の行使をいう。
　「**武力攻撃の発生**」とは、攻撃による現実の被害が発生することまで要するものではなく、「他国が我が国に対して武力攻撃に着手したとき」である。
　「**武力攻撃の着手**」は、そのときの国際情勢、相手国の明示された意図、攻撃の手段、態様等様々な事情を勘案して総合的に判断する（個別の状況における個別具体的な判断となる）。

・いずれにしても、ここで問題となるのは、少なくとも存立危機事態は着手事態以前であることは絶対に間違いないのだが、では、同じ我が国に対する武力攻撃が迫り発生するのではないかという局面であるにも関わらず、**着手事態に至らなければ個別的自衛権すら行使できないのに、なぜ、その以前の段階である存立危機事態で自国民、自国防衛のためと称して集団的自衛権を行使することが許されるのか**、あるいは、なぜその必要があるのか、ということである。
・こうした集団的自衛権の行使を可能としなければならない政策的な必要性・合理性の立証たる「立法事実」は具体的にどのようなものか、それが明確に示されていない時点で、**新三要件は憲法 9 条違反であり、違憲無効という評価を受けざるを得ない。**（なお、前記の国際法違反の先制攻撃としての違憲問題もある）

第六章　解釈改憲・安保法制による法の支配と民主主義の蹂躙

　最後に、7.1閣議決定と安保法制が、憲法9条・前文の平和主義を破壊しているという暴挙のほかに、憲法の定める国民の皆さまの民主主義をいかに蹂躙しているかについてご説明します。

（1）内閣法制局は7.1閣議決定に際して一切の憲法審査をしていない

　実は、安倍内閣は、昨年の7.1閣議決定を強行する際には、憲法9条から本当に集団的自衛権行使が可能なのか、また、前文の平和主義の法理と集団的自衛権行使が矛盾し違憲とならないのかなどについて、全く審査をしていません。政府が憲法違反の解釈をすることを防ぐために、「法の番人」と呼ばれてきた内閣法制局長官が率いる内閣法制局があるのですが、全く何の審査もしていないんですね。

　何をしたかというと、これは国会や政府答弁書で安倍内閣も白状していますが、なんと、7月1日の前日の6月30日に、7.1閣議決定の起案省庁である国家安全保障局から内閣法制局に閣議決定の最終案文、──裏表の紙4枚、全部でたった7ページのものなのですが──を提出して、翌日の7月1日の午前中に内閣法制局は「電話」で国家安全保障局に対し「（憲法問題含め、）何も意見はありません」とたった一言伝えているだけなんですね。だから、憲法9条の解釈を変更し、集団的自衛権行使を解禁することについて、この最終案文以外には紙切れ一枚も審査資料が政府の中には存在しないんですね。また、これは、地球の裏側の米軍の戦争支援（戦闘現場の「真横」での弾薬の提供など）を解禁した「武力行使の一体化」などの他の違憲論点でも同じです。

　これが、解釈改憲の実態なのです。つまり、中身がおかしいだけではなく、

そもそも、国民の皆さまの憲法を審査すらしていないのです。そして、これは、安保法制の法案作成でも同じなのです。

> ■小西洋之君提出　七・一閣議決定における内閣法制局設置法上の意見事務の実態等に関する質問に対する答弁書（平成 27 年 3 月 24 日答弁 83 号）
>
> 　内閣官房国家安全保障局は、平成二十六年六月三十日、内閣法制局に対し、御指摘の閣議決定の案文を送付して意見を求め、内閣法制局は、これに対し、所要の検討を行った上、同年七月一日、内閣法制局設置法（昭和二十七年法律第二百五十二号）の規定に基づき、口頭で、意見はない旨の回答をしたものである。

　私の官僚時代の経験からすると、もし、本当に集団的自衛権行使を解禁する解釈変更を追求するなら、床から天井まで積み上がって、なお部屋中にあふれかえるほどの審査資料が必要になります。昭和 47 年政府見解の作成者である吉國長官等の答弁と矛盾しないのか、60 年間以上の国会答弁、政府見解と一つも矛盾しないのか、参議院本会議決議等と矛盾しないのか、三つの平和主義との関係、立法事実の立証等々、この本に書いてあること全てが審査対象になるのです（なお、文量のため本書で割愛した他の重要論点もあります）。そして、その結果はもちろん「違憲ゆえに解釈変更はできない。憲法改正以外に手段がない。」となるはずでした。**なお、こうした不作為の行為は、内閣法制局長官に憲法問題の審査を義務付けた内閣法制局設置法違反となります。**

　なぜ、7.1 閣議決定当時の内閣法制局長官であった横畠長官は、以下のかつての偉大な先輩（高辻正巳 元内閣法制局長官）のような信念を持って闘うことができなかったのか、それは、横畠長官の前任者の小松一郎長官が内閣法制局の歴史上も異例の人事によって任命され、その下で解釈改憲の検討が進んでいたのですが──故小松長官は、私の質疑に対して「集団的自衛権行使は憲法改正以外に手段がない」という文言を答弁することを四回連続で拒否したことがありました（平成 24 年 11 月 25 日決算委員会）──、そうした状況や経緯の中で、我々国会議員や政党が、与党も含め党派を超えて、安倍政権から内閣法制局を守り支えることができなかったのが一番の問題ではないかと考えています。

> ■高辻正巳「内閣法制局のあらまし」『時の法令』793 号（1972 年 8 月 3 日）
> （筆者注：内閣法制局の行う）法律上の意見の開陳は、法律的良心により是なりと信ずるところに従ってすべきであって、時の内閣の政策的意図に盲従し、何が政府にとって好都合であるかという利害の見地に立ってその場をしのぐというような無節操な態度ですべきではない。

　しかし、「内閣法制局長官の役割は、政府における法の支配を、我々立法府が作った内閣法制局設置法によって守るためですよ。あなたを任命した内閣を三百代言を弄して守るのがあなたの使命ではない」（平成 27 年 4 月 7 日　参外交防衛委員会　小西洋之）のであって、実際上も、内閣法制局長官という日本最強の法律の専門家が確信犯で答弁拒否を連発するのであれば、我々国会議員の安保法制への追及も誠に困難なものとなります。安倍総理という権力者の下で、議会政治がこうした異常な事態にあることを国民の皆さまにご存じいただく必要があります。

（2）参議院憲法審査会附帯決議に違反して強行された 7.1 閣議決定

　さて、7.1 閣議決定に向かう政治状況の中で、その三週間前の 6 月 11 日には、参議院の憲法審査会において、憲法改正の手続き法である国民投票法の改正案を可決する際に、「**仮に、政府が憲法の解釈を変更する際には、事前に、国会に対してその解釈変更の最終案そのものを提出して、それが論理的整合性や法的安定性を有し過去の国会での議論と矛盾しないものであるのかなどを定めた「憲法解釈の原則」というルール（※後述します）に適合しているかについて、十分な審議を受けなければならない**」という内容の附帯決議が成立しています。（http://www.kenpoushinsa.sangiin.go.jp/）

　これは、目前に迫っていた解釈改憲を阻止するために、参院憲法審査会の幹事であった私自身が起草して、上司の野党筆頭幹事の白眞勲参議院議員とともに本来ならば賛成するはずのない与党の賛成も得て――白議員の熟達の技による巧みな駆け引きの力により――可決された、れっきとした国権の最高機関の決議なんですね。

　しかし、この附帯決議を完全に無視して、安倍内閣は、一度も解釈変更の最終案、ようするに 7.1 閣議決定の最終案文について国会で審議を受けることもなく、それどころか、国会が閉会した後に、内閣だけで解釈変更を強行

しました。

　もし、解釈変更の最終案そのものについて、事前に十分な国会審議を受けていれば、憲法学者の皆様に「違憲だ」言われなくとも、国会の力で解釈改憲を阻止できたんですね。昭和47年政府見解の読み替えも、平和主義の法理の切り捨ても、立法事実のでっちあげも、全部事前に国会で徹底的に追及して解釈改憲を阻止できたんです。国民の皆様の代表機関である国会の力で、国民の皆さんの憲法を守ることができたんです。

　日本は議院内閣制の国ですから、安倍総理よりも国会の方が偉いんです。国会の役割は、安倍内閣を、政府を監督することなんです。その監督のために、国会は60年以上、憲法9条について国会で何度も何度も審議を重ねてきていたのです。論理的な解釈を確立し、それを新しい内閣総理大臣がちゃんと守っているかどうか、それを確認するのが国会議員の国会質問の意義なのです。このことは、安倍内閣も、「**国会での審議の場における国会議員による内閣に対する質問は、憲法が採用している議院内閣制の下での国会による内閣監督の機能の表れであると考えている。**」と政府答弁書（平成26年11月28日）できちんと認めています。それなのに、その国会の監督からわざと逃

改正国民投票法附帯決議　第6項

■2014年6月11日　参議院憲法審査会採決

六、　本法律の施行に当たっては、憲法の最高法規性及び国民代表機関たる国会の国権の最高機関としての地位に鑑み、政府にあっては、憲法の解釈を変更しようとするときは、当該解釈の変更の案及び政府の憲法解釈の原則への適合性について、国会での審議を十分に踏まえること。

■参予算委員会　平成 27 年 3 月 20 日
○小西洋之君　安倍総理は、閣議決定だけで憲法解釈を変えるのは立憲主義の否定ではないかという質問に対して、いやいや、七月一日以前に七十名の国会議員から質問通告を受けましたというようなことを言っています。そんなものは議院内閣制の内閣に対する国会の監督にはならないんです。我々国会は、例えば法案を審議するときは、法律のイメージなんかでは審議しないんです。法律の条文、一言一句、すなわち、七月一日に安倍総理が強行したこの閣議決定の案文を事前に国会で審議して初めて国会の監督が成り立つんです。だから、私は、これを書いたのは私です、解釈変更の案、この七月一日の閣議決定の案そのものを国会に出して審議しろというふうに決議文で成立をさせたわけでございます。‥安倍総理が七月一日に強行した解釈改憲は、議院内閣制を否定し、ひいては、我々国民代表の背後にいらっしゃる、後ろに、我々を選んでくださっている主権者国民を否定するそうした暴挙、蛮行ではないですか。明確に答弁ください。
○内閣総理大臣（安倍晋三君）　当然、附帯決議は尊重させていただいていると思います。
○小西洋之君　どこが尊重しているんですか。事前に憲法解釈の変更の案、この閣議決定そのものについて国会で十分な審議を受けろ、その際には変更の適合性について、解釈の原則への適合性についてちゃんと審査を受けろと書いているのに、全く反対しているじゃないですか。矛盾しているじゃないですか。
もう一回聞きます。議院内閣制をじゅうりんし、国民を無視した、主権者国民を無視し、そして主権者国民のものである日本国憲法をじゅうりんしたと正面から認めたらどうですか。どうぞ。
○内閣総理大臣（安倍晋三君）　じゅうりんもいたしておりません。何回も申し上げておりますように、基本的な閣議決定の方向性については何回も国会で御審議をいただいているわけでございます。
○小西洋之君　委員長に申し上げます。国権の最高機関の委員会として、この附帯決議の違反について、しっかりと委員会で審議を行うこと、そしてその内容について国民にしっかりと説明をすることをお約束、検討いただきたいと思います。
○委員長（岸宏一君）　後刻理事会において協議いたします。

【解説】私の、安倍内閣の附帯決議違反の予算委員会審査要求は、与党多数派によって理事会で棚ざらしにされている（7 月 31 日現在）。

れて、しかも、必ず監督を受けなさいと命令した参議院の附帯決議も無視して解釈改憲を強行した。私は、かつて政府にいたのでよく理解していますが、その趣旨が一見にして明白な国会の附帯決議を内閣が真っ正面から破ったのは、戦後の議会政治でこれが初めての「事件」です。

（3）集団的自衛権行使及び解釈改憲を禁止した参議院本会議決議違反

　さらに、私は、その前の５月28日の参議院本会議において、第一章でご紹介した「自衛隊の海外出動たる、自衛隊の海外における武力行使、すなわち、集団的自衛権の行使を明確に禁止」した昭和29年参議院本会議決議の「憲法９条の自衛とは、我が国が不当に侵略された場合に行う正当防衛行為であって、それは我が国土を守るという具体的な場合に限るべきものであり、この憲法の明文が拡張解釈される危険を一掃する」という趣旨説明演説を６０年ぶりに参院本会議の演壇で読み上げました。

　そして、以下のように憲法解釈の変更案（7.1 閣議決定の最終案文）の事前の徹底的な国会審議を求めましたが、安倍内閣はこれも完全に無視をして、閣議決定だけで国会閉会中に解釈改憲を強行したのです。（なお、国是の非核三原則も法律ではなく、衆参の国会決議が根拠となっています。）

■参本会議　平成 26 年 5 月 28 日
〇小西洋之君　安倍内閣として、この自衛隊の海外における武力行使、すなわち、集団的自衛権の行使はこれを許さない、そして日本国民と日本の民主主義を守るために、そうした内閣による憲法九条の拡張解釈は断じてこれを許さないという参議院の確固たる本会議決議を前にして、それでもなお安倍内閣の閣議決定だけで憲法九条の解釈改憲を強行することが許されるとお考えですか。そのような蛮行は、国権の最高機関である参議院を否定し、議院内閣制を否定し、さらに、山崎正昭議長以下二百四十二名の全参議院議員と、それらを選出した主権者国民を否定する、断じて許されない行為との認識はございませんか。
　……憲法九条の解釈の変更案を、集団的自衛権行使の具体的かつ詳細な政策的必要性とともに、衆参の国会に提出して、その新たな解釈の論理的整合性や、これまでの国会論議との整合性について、憲法審査会や特別委員会などの場を含め、まずは徹底的に数百時間以上の審議を受けるべきではないでしょうか。それが自称闘う政治家である安倍内閣総理大臣の取るべき道であり、何よりも、それが国民のために立憲主義を守る内閣の責務であるとは考

えないのでしょうか。

【解説】このような本会議決議があるにもかかわらず、衆議院での三分の二の再可決をするなら、まさに参議院の否定そのものである。

（4）7.1閣議決定及び安倍総理の米国議会演説は内閣法第1条違反

　そして、その解釈改憲に基づいた安保法制を成立させるために、安倍総理は、今度は、アメリカに行って、米国議会で「夏までに、必ず実現します」などと約束をしてきている。国民の皆さんを代表する我々立法府を完全に無視して勝手に断言しています。

　内閣法第1条には、「内閣は、国民主権の理念にのっとり職権を行い、行政権の行使について全国民を代表する議員からなる国会に対し連帯して責任を負う」とはっきり書いてあります。しかも、これは、平成11年の内閣法改正で、「内閣の個々の職権の行使についても、これが国民主権の理念にのっとって行われるべきであるという、規範的意味を持たせようとするもの」、「「全国民を代表する議員からなる」という文言を新たに付した理由として、主権者である国民の行政に対するコントロールの趣旨をより強調するため」と説明されています（内閣法制局審査資料）。

　つまり、安倍総理が、連帯責任を有するのは米国議会ではなく、野党議員も含めた日本の国会なのです。そして、それは、内閣として、主権者である国民に対し国民主権の理念に則った仕事をするためなのです。日本の国会を無視し、国民を無視して、米国と安保法制の成立を約束した安倍総理の行為は、この内閣法第1条に丸っきり違反しています。法律違反なのです。

　なお、もちろん、解釈改憲の強行の時から、国民主権の理念にも、国会への連帯責任にも則っていない、つまり、7.1閣議決定は内閣法第1条違反であることは明々白々です（憲法違反と同時に法律違反でも無効となります）。

（5）まとめ――国民主権と議会制民主主義を否定するクーデター改憲

　つまり、解釈改憲とは、内容だけでなく、手続き的にも、国会を無視し、国民の皆さんを無視して強行したクーデター改憲というべき暴挙なんですね。

　このようなものを、このような前例をこのまま許したら、日本の議会政治

は完全に死んでしまうのです。安保法制を阻止し、7.1閣議決定を破棄させることは、国民の皆さまの憲法9条と平和主義を取り戻すことであるとともに、日本の民主主義、議会政治を取り戻す、本当に絶対に負けてはならない闘いなのです。

> ■参予算委員会　平成27年3月20日
> ○小西洋之君　安倍総理がやったことは、これはもう法令解釈なんかではないわけでございます。何なんでしょうか。日本の法秩序を根底から覆すクーデターです。機関銃は撃たれていない、戦車は走り回っていない。しかし、日本の最高法規である憲法がその中身から、根底から変わってしまって、絶対許されることのなかった、そして憲法の平和主義とどう考えても矛盾する、義務教育の子供たちにも説明ができない、その集団的自衛権が解禁されているんです。こんなことを許したら、もう我が国は法治国家として成り立たなくなります。憲法九条すらこんなに解釈変更ができるんであれば、憲法のほかの条文、いつでも時の内閣と多数を持つ国会で解釈の変更ができることになります。こんなことを絶対に許してはいけない。

【参考】安倍内閣退陣後の「法の支配再生・確保法」(仮称)等の必要性

　私は、安保法制を撤回等させ、安倍内閣を退陣させた後に、国会で「法の支配再生・確保法」(仮称)という法律を制定し、安倍政治の下で蹂躙された法制度を補強し、二度とこうした権力者に法の支配が蹂躙されることがないようにする必要があると考えています。例えば、解釈改憲禁止法の制定(※)、内閣法制局長官の恣意的な任命を阻止する内閣法制局設置法の改正、ＮＨＫ経営委員任命の適正を確保する放送法改正などです。また、衆参の国会に「安倍政治検証・阻止委員会」(仮称)を常設し、安倍政治の下の議会政治の蹂躙を検証し、安倍内閣の下の国会答弁や質問主意書などを精査し再提出させるとともに、将来の「安倍政治」の再来に際し、議会が党派を超えて迅速かつ効果的にそれに対処し阻止する仕組みを設けるべきであると考えています。

　(※実は、6月11日参議院本会議決議の内容「憲法解釈の原則(ルール)に基づく解釈変更案の事前の国会審議の義務付け」は行政権を拘束する法律にすることができます。当時、解釈改憲を阻止するためそうした法案提出を民主党内で根回ししましたが適わず、附帯決議で確保した経緯があります。)

【重要解説】解釈改憲の「憲法解釈の原則（ルール）」違反

第一章でご説明したように、安倍政権は結局、論理的に憲法9条から集団的自衛権行使を可能とすることができずに「昭和47年政府見解の読み替え」というとんでもない暴挙に及んでいたのですが、実は、時の権力者が自由に憲法を解釈変更できることになると法治国家でなくなってしまいますので、政府が守らなければならない「憲法解釈の原則（ルール）」を国会審議で確立しています。そして、これは今の安倍内閣も「遵守している」と繰り返し国家答弁しているものであり、先にご説明した本年6月11日の参議院憲法審査会附帯決議にも明記されているものです。

これを「昭和47年政府見解」に当てはめてみると、憲法9条の戦争の放棄、戦力の不保持などの文言や「憲法9条は前文の平和主義の理念が具体化したもの」などの趣旨等に即して、前文の平和主義にある国民の決意や過去の戦争の惨禍などの憲法制定の背景等を考慮して、「自衛の措置は、平和主義の制限に服さなければならない」旨を明記し、また、昭和47年政府見解の契機となった吉國長官の答弁の文言に忠実に作成され、かつ、その前後の

「憲法解釈の原則」

憲法を始めとする法令の解釈は、

① 当該法令の規定の文言、趣旨等に即しつつ、

② 立案者の意図や立案の背景となる社会情勢等を考慮し、

③ また、議論の積み重ねのあるものについては全体の整合性を保つことにも留意して**論理的に確定されるべきもの**（略）

仮に、政府において、**憲法解釈を便宜的、意図的に変更する**ようなことをするとすれば、政府の憲法解釈ひいては憲法規範そのものに対する**国民の信頼が損なわれかねない**と考えられる。

島聡君提出 政府の憲法解釈変更に関する質問に対する答弁書
（平成16年6月18日答弁第一一四号）

国会答弁や政府見解、参議院本会議決議などとの整合性も保たれ、まさに、「論理的に確定され」ており、「論理的な追求の結果」のものであると認めることができます。

ところが、「昭和47年政府見解の読み替え」とは、このような「論理的な追求の結果」として示された昭和47年政府見解を、「政府が自由に昭和47年政府見解に示された憲法9条の解釈を変更する―読み替える―ことができるという性質のものではない」のに、勝手に読み替えてしまったんですね。まさに、「仮に政府において、昭和47年政府見解に示された憲法解釈を―読み替えによって―便宜的、意図的に変更するようなことをするとすれば、政府の解釈ひいては憲法規範そのものに対する国民の信頼が損なわれかねない」事態が生じている訳です。

つまり、解釈改憲はまるっきり憲法解釈の原則（ルール）に違反しているのです。そして、7.1閣議決定は、国民の皆さまから到底信頼を受けることができず、かつ、国民の皆さまの日本国憲法全体への信頼が失われかねない、法治国家の存亡の危機が生じているのです。

■政府の憲法解釈の原則（ルール）（平成16年6月18日政府答弁書）
　憲法を始めとする法令の解釈は、当該法令の規定の文言、趣旨等に即しつつ、立案者の意図や立案の背景となる社会情勢等を考慮し、また、議論の積み重ねのあるものについては全体の整合性を保つことにも留意して論理的に確定されるべきものであり、政府による憲法の解釈は、このような考え方に基づき、それぞれ論理的な追求の結果として示されたものであって、諸情勢の変化とそれから生ずる新たな要請を考慮すべきことは当然であるとしても、なお、前記のような考え方を離れて政府が自由に当該解釈を変更することができるという性質のものではなく、仮に政府において、憲法解釈を便宜的、意図的に変更するようなことをするとすれば、政府の解釈ひいては憲法規範そのものに対する国民の信頼が損なわれかね（ない）。（以下、略）

【解説】「諸情勢の変化」、すなわち、「我が国を取り巻く安全保障環境の根本的な変容」があるにしても、それによって憲法の基本論理を変えてはならないのです。基本論理を変える必要があるのであれば、解釈変更（解釈改憲）ではなく、憲法改正を求めなければならないのです。

なお、私は本年3月20日の参議院予算委員会（NHK全国中継）で安倍総

理に対しこのフリップを使って、「平和主義の法理の切り捨て」を――「昭和47年政府見解の読み替え」を横畠長官から初めて聞いたのは後日3月23日でしたので――この憲法解釈の原則（ルール）に当てはめて解釈改憲の違憲を論理的に立証し、以下の文言を議事録に刻んでいます。

> ■参予算委員会 平成27年3月20日
> ○小西洋之君　安倍総理の行っている解釈改憲は、憲法の平和主義そのものを否定する行為でございます。七月一日の解釈改憲は違憲無効です。
> 　国民の代表の国会議員として、国民の皆さんの平和主義の憲法第九条は、昨年の七月一日以前と何ら変わらない法規範として存在し続けることを、この国権の最高機関の参議院の第一委員会の予算審議の場で、安倍総理と安倍内閣の皆さんに対して宣言をさせていただきます。

　これは、7.1閣議決定以降の国会における「違憲」の追及が十分に盛り上がらない中で、初めて7.1閣議決定の平和主義の法理違反を安倍総理に対して追及し、かつ、同じく初めてこの憲法解釈の原則（ルール）違反を真っ正面から追及し安倍政権を痛撃するとともに、安保法制が強行採決された後の、将来の最高裁による違憲訴訟に向けた取り組み――あくまでも、憲法解釈の最終的な判断は最高裁の専権事項ですが、最高裁としても、砂川判決でふんだんに用いられている前文の平和主義の法理を駆使して、全国中継の国会審議の場で国会議員が行った違憲の論証は無視し難いはず――という信念を持って行ったものでした。

【重要解説】国政選挙に勝利しても違憲の解釈は永久に違憲との政府答弁

> ■憲法解釈と国政選挙の関係に関する質問主意書に対する政府答弁書
> 　（小西洋之議員（参）提出 平成26年11月28日答弁103号）
>
> 【質問】安倍総理は平成二十六年二月十二日の衆議院予算委員会において、「先ほど来、法制局長官の答弁を求めていますが、最高の責任者は私です。私が責任者であって、政府の答弁に対しても私が責任を持って、その上において、私たちは選挙で国民から審判を受けるんですよ。審判を受けるのは、法制局長官ではないんです、私なんですよ。だからこそ、私は今こうやって答弁をしているわけであります。」と答弁を行っている。　……この安倍総理の答弁は、「時の総理大臣が恣意的かつ意図的な憲法解釈の変更を強行しても、後の国政選挙で正当化されうる」という立憲主義及び法の支配に反する見解ではないのか。

【答弁】法令の解釈は、論理的になされるべきものであり、論理を離れて、「国政選挙の結果」によって左右されるというものではない。

【解説】つまり、違憲の解釈変更とそれに基づく立法は何度国政選挙を重ねても違憲無効であるということである。

第七章　平和憲法「専守防衛」の改変
── 道理も日本語も崩壊する安保法制

　最後に、解釈改憲、安保法制の暴挙によって、憲法９条のもとの日本の安全保障のあり方がどのように変質してしまっているのか、分かりやすい例でご説明します。これは、「昭和47年政府見解の読み替え」と「平和主義の法理の切り捨て」の総合問題です。

　皆さん、専守防衛という言葉をお聞きになったことがあると思います。平和主義は小学校の教科書に載っていますが、専守防衛は中学校の教科書に載っています。

　解釈改憲というのは読み替えのオンパレードなんですね。実はこれも私が安保国会前に参議院で追及したんですけども「**専守防衛**」、これも日本語を読み替えているんですね。専守防衛は田中角栄さんですね、昭和４０年代から表現として確立した解釈、その言葉自体は安倍政権も変えていません。

　「**専守防衛とは、相手から武力攻撃を受けたときにはじめて防衛力を行使し、その態様も自衛のための必要最小限にとどめ、また、保持する防衛力も自衛のための必要最小限のものに限るなど、憲法の精神に則った受動的な防衛戦略の姿勢をいう。**」という風に書いていますね。

　これは読み替えの余地は何もないはずです。「**相手から武力攻撃を受けたときにはじめて防衛力を行使し**」、これは普通に読むと二人称の世界です。

　しかし、安倍政権はココを読み替えたんです。「いや、そう読んではいけない」と言い始めたんですね。これをどう読むのかというと、「**同盟国のアメリカが、イランから武力攻撃を受けた時に初めて日本が防衛力を行使し、**」と、三人称になったんです。

　相手というのはですね、二人称の世界で日本に攻めてこようとしている悪い国が相手ではなくて、日本の大切な同盟国に攻撃をしようとしているイランなどの外国である……相手ってそういう意味だと言うんです。その相手だって、イランと言ってますけど、どこの国でもあてはまります。

でもそれって、既に書かれている日本語を幾ら何でもそんな風に読み替えることはできないですよね。それは、日本語の文章として崩壊しています。

「昭和47年政府見解の読み替え」はここに「同盟国に対する」ってもう一個言葉を入れられるだろっ、そしたら、別の意味の文章ができあがるだろっていう言いがかりでしたが、ここの「専守防衛の」言いがかりは、最初の最初から、えっ、いくら何でもそうは読めないなんじゃないですか、日本語の意味としてどうにもこうにもおかしいじゃないですか、という、日本語の文章すら成立しない言いがかりですよね。

ところが、政府はそういう風に国会答弁したんです。

小西君「相手から武力攻撃を受けたとき初めて防衛力を行使する」というこの専守防衛の定義の冒頭の言葉は、先ほどの三者ですね、三か国の関係でいうと、イランからアメリカが武力攻撃を受けたとき初めて日本国が防衛力を行使する、こういう日本語として読めるというふうに理解されているということでよろしいですね。」

政府参考人（防衛省の官僚）

「…そういうふうに理解しています。」

「専守防衛」の改変

「専守防衛」の定義

「専守防衛」とは、**相手から武力攻撃を受けたときにはじめて防衛力を行使**し、その態様も自衛のための必要最小限にとどめ、また、保持する防衛力も自衛のための必要最小限のものに限るなど、**憲法の精神**に則った受動的な防衛戦略の姿勢をいう　（平成26年版防衛白書）。

平成27年5月12日答弁

○小西洋之君

「**相手から武力攻撃を受けたとき初めて防衛力を行使する**」というこの専守防衛の定義の冒頭の言葉は、**イラン**から**アメリカ**が武力攻撃を受けたとき初めて**日本国**が防衛力を行使する、こういう日本語として読めるというふうに理解されているということでよろしいですね。

○政府参考人（防衛省）

そういうふうに理解をしています。

あ然としますよね。これって、日本語の読み方じゃないじゃん、って思いますよね。

　残念ながら、国民の皆さんの憲法が蹂躙され、衆議院で違憲立法が強行採決されていますから、日本は既に法治国家でなくなっています。と同時に、実は、日本語を使う国でもなくなっているんです。

　解釈改憲、安保法制とはそういう恐ろしいものなのです。全ての道理が滅んでしまう。権力者の都合のいいことだけが黒を白と言ってまかり通ることになってします。

　日本はこんな国では無かったはずです。たった一年前に戻ればいいだけです。そのリセットは簡単にできます。

　どうか、私たち国会議員とともに、国民の皆様が声をあげて下さったなら。

　と、本当はここで終わるところなのですが、解釈改憲、安保法制のおそろしさは、こんなものではないのです。

　実は、専守防衛の読み替えは、二人称から三人称の世界に止まりません。日本社会で一番大切な価値観、私たちの、そして、子ども達が教科書で習っている平和主義も読み替えてしまっているのです。

専守防衛の「憲法の精神」と平和主義

〇昭和60年4月8日　栗山外務省北米局長答弁
　・・・憲法のもとでの日本国としての基本的な**平和主義の精神**、それからそこから出てきております・・・**専守防衛**ということを基本といたしました防衛政策・・・。

〇昭和57年5月13日　鈴木善幸内閣総理大臣答弁
　わが国は、**平和憲法のもとに平和主義**、民主主義、基本的人権の尊重という基本理念の上に立ちまして、**平和国家の建設**に向かって今日まで努力をいたしてまいったところでございます。**そのような精神の上に立ちまして、専守防衛に徹する**、・・・このように考えております。

専守防衛の定義の中の「憲法の精神に則った受動的な防衛戦略の姿勢」の「憲法の精神」とはなんでしょう。
　私たちの日本国憲法で、しかも防衛政策の文脈で憲法の精神と言えば、もちろん、平和主義です。

　しかし、違うんです。実は、安倍政権は、この「憲法の精神」を裸の「外国の武力攻撃」を含んだ、集団的自衛権行使を含んだ武力行使ができることだと読み替えているのです。
　集団的自衛権行使を絶対に禁止し、それを封じる力のあった前文の平和主義を切り捨てて、真逆の意味にしてしまって武力行使ができるんだ、やれるんだ、という意味にしているのです。

　つまり、安倍総理は、専守防衛は変わらない、と何度も国会で、テレビや新聞で主張していますが、平和憲法のもと私たちの国是であった専守防衛は、頭のてっぺんからつま先まで、まるで、改造人間のようにまったく別の人格、別の存在になってしまっているのです。

「憲法の精神」の改変

■防衛省大臣答弁「(大臣用)27.3.24(火)参・外防委　小西 洋之君(民)」

「憲法の精神」とは、**憲法上、我が国が採ることのできる自衛の措置は、あくまで外国の武力攻撃によって国民の生命、自由及び幸福追求の権利が根底から覆されるという急迫、不正の事態に対処し、国民のこれらの権利を守るためのやむを得ない措置として初めて容認されるものであり、そのための「武力の行使」**も、必要最小限度に限られることをいうものです。

防衛省防衛政策局防衛政策課作成(情報公開請求により平成27年4月27日開示決定)

この「憲法の精神」の改変は、衆議院の特別委員会を含め、まだ、国会では一度も明らかになっていません。私も、情報公開請求でこの大臣答弁入手して初めて、安倍政権がこのようなとんでもないことを考えていることを知りました。

　きっと、もっとほかにも私たちの知らないところで、いろんなものが読み替えられ、改変されているのでしょう。

　私たちの憲法が、私たちの社会が、そして、私たち自身と私たちの子ども達が、誰も気付かない間に、知らない間に、そして、誰も自分で何も決めていないはずなのに、まったく別の世界で生きることになり、そして、まったく別の存在と人生になってしまう。

　それが、安倍総理の解釈改憲、安保法制なのです。

※追記
　この専守防衛の改変の問題については、7月30日の参議院特別委員会において、民主党の広田一議員が、安倍総理、閣僚を論破する追及を行っています。

第七章

終章　解釈改憲・安保法制の本質
　　　── 安倍総理と憲法 13 条

　国民の皆さまは、本書に目を通していただいて、「私たちの憲法を、読み替えのインチキで壊し、子ども達が教科書で習っている平和主義を切り捨て、自衛隊が命を懸ける先である立法事実をでっち上げ、国会を完全に無視して、集団的自衛権行使を解禁しようとしている安倍総理とはいったい何者であり、どのような政治家なのだろうか」と、大いなる疑問に、そして、大いなる不安にとらわれているものと思います。

　一昨年の参院予算委員会で、私は安倍総理に対し、以下の質疑を行いました。

> ■平成 25 年 3 月 29 日　参議院予算委員会
> ○小西洋之君　憲法において包括的な人権規定と言われる条文は何条ですか。
> ○内閣総理大臣（安倍晋三君）　今そういうクイズのような質問をされても……余り生産性はないんじゃないですか。
> ○小西洋之君　憲法において個人の尊厳の尊重を包括的に定めた条文は何条ですか。
> ○内閣総理大臣（安倍晋三君）　それをいきなり聞かれても、今お答えできません。
> ○小西洋之君　幸福追求権を定めた条文は憲法第何条ですか。
> ○内閣総理大臣（安倍晋三君）　それ、こういうやり取りは、私、何の意味があるか分かりませんよ。……これ、やるんだったら大学の憲法学の講義でやってくださいよ。
> ○小西洋之君　芦部信喜さんという憲法学者、御存じですか。
> ○内閣総理大臣（安倍晋三君）
> 　私は存じ上げておりません。

私が、安倍総理に問うたのは、日本国憲法で最重要の条文である憲法13条に対する基本的な理解です。憲法13条は、日本国憲法の目的である「個人の尊厳の尊重」と、それを実現し確保するための「幸福追求権」を定め、そして、個々人の幸福追求権の調整の原理である「公共の福祉」の原理を定めた条文です。つまり、なぜ、戦争を放棄するのか、なぜ、平和でなければならないのか、これら憲法9条や前文の平和主義の規定の究極の目的も、すべては、人間の命と尊厳を最も不条理に無残に破壊する戦争を絶対に禁止し、恒久平和を維持するためですから、憲法13条は、他の憲法のすべての条文が究極的にはこの「個人の尊厳の尊重」の価値を実現するためだけに存在している——それは内閣総理大臣や国会議員が存在する究極の理由でもあります−という、憲法の本当の核心条文なのです。

> 第十三条　すべて国民は、個人として尊重される。生命、自由及び幸福追求に対する国民の権利については、公共の福祉に反しない限り、立法その他の国政の上で、最大の尊重を必要とする。

　ところが、自民党憲法草案の改正13条は、この「個人」を没個性の「人」と変更し、この「公共の福祉」を「公益及び公の秩序」へと変更し、その結果、私たち一人一人がかけがえのない尊厳と人格的な価値をもった個人ではなく、人という集合体でのみ尊重をされ、かつ、国民の尊厳や自由・権利よりも公の価値が優先する「人権保障機能として大日本国憲法と同質の憲法」に改変してしまっています。これはまさに、立憲主義の破壊そのものです。
　そして、この私の質疑に先立つ2013年2月26日の参院予算委員会において、安倍総理は、民主党の藤末健三議員よりこの「公益及び公の秩序」への改正の趣旨について「13条についても、長年の議論がある」など本質的な論点について厳しく追及されたのに対し、「長年の議論等々というのは私も意味がよく分からないんですが、我々は、憲法についてはもう一度更にして、まあ言わば清らかな水のように、最初から、何が大切か、あらかじめ頭にインプットされたものではなくて、何が我が国のために大切か、日本の伝統と文化の中に根差したものについても思いをはせながら自由民主党の草案を考えたわけであります。」と、まるで意味不明の答弁をしました。憲法13条の「公共の福祉」が幸福追求権の調整の原理としての趣旨を有することは最高裁

の判例でも政府の解釈でも積み重ねられてきたものですが、そうした「長年の議論」を無視し、「憲法をもう一度更にして」、つまり、個人の尊厳の尊重という最重要の価値にとらわれず、個人の自由や権利よりも「国家のために大切」なことは何か、しかも、「伝統と文化に根ざしたもの」について思いをはせながら、自民党草案を作ったと述べているかのような答弁です。（なお、価値中立とはいかない伝統文化を尊重し保護するのは憲法の下の法律の役割です）

　このやりとりを、当時予算委員会の議場で直接目の当たりにした私は、「安倍総理は、憲法の最重要の条文を何も理解していないのではないか」との疑念から、翌3月29日の参院予算委において、周到な準備の上、事前に質問通告を行った上で、「安倍総理が憲法13条を理解しているか」、「そもそも安倍総理は憲法が何たるか理解し、また、そのための努力、勉強をしているのか」について追及しました。

　その結果は私の予想を超える驚愕のものであり、安倍総理は、憲法13条の個人の尊厳の尊重も、幸福追求権（＝包括的人権）も何も理解せず、さらに、その後に憲法13条の条文を示してその趣旨の説明を求めても何ら答えられず、また、本書の第三章でご説明した立法事実論を体系立てるなど、戦後の憲法学界の第一人者であった故芦部信喜先生の御名前すら知らずにいたことが明らかになりました。

　つまり、1993年の初当選来20年あまりの間、国会議員として働き、しかも、集団的自衛権の行使を含む憲法改正を主導してきた安倍総理が、実は、憲法の存在目的そのものの条文を何も知らず理解もしておらず、また、憲法についても自ら何も学んでいないことが白日の下に明らかになりました。（芦部先生の御名前を知らなかったことは、「日銀総裁がケインズを知らないようなもの」、「医者が医学を学ばずに手術をするようなもの」などの大きな社会的批判が起きました。）

　私の質疑の目的は、安倍総理という政治家が、単に条文の番号を知っているかどうかではなく、国民一人一人の尊厳の価値とは何か、また、それが尊重されなければならないということはどういうことか、という問題を肌感覚で、そして、思想として何らかのかたちで体得しているのか、そして、それを前提として、平和主義、国民主権、基本的人権の尊重を基本原則とする憲法に対して基本的な理解を有しているのか、ということを追及するものでし

た。(そのために、安倍総理と一対一の勝負に持ち込むために、かつての官僚時代の大臣答弁補佐の経験から、総理の後ろに居並ぶ総理秘書官(トップ官僚)を気迫で制圧し、「総理、憲法13条です!」というカンニング発言を封じるために、戦略を持って、いわゆる「指さし」行為を総理に対して行い、ご批判もいただきました。)

こうした私の質問に対し、安倍総理は終止、「クイズ」などとその意義を矮小する答弁を繰り返しましたが、この質疑は、安倍総理の実相を明らかにしたものとして、各報道で取り上げられ、憲法関係の書籍でも言及いただくなど、大きな反響を呼びました。

しかし、この質疑の当時、私も、そしておそらくは日本社会も、この安倍総理の答弁には、安倍総理のさらなる恐ろしい実相が隠されていたことを理解できていなかったのです。

実は、憲法13条は、憲法の目的条文であると同時に、憲法9条から個別的自衛権行使と自衛隊の合憲を導き、そして、その論理的理由から集団的自衛権行使の違憲を導く、たったひとつの根拠条文なのです。(前文の日本国民の平和的生存権も根拠とされていますが、本則の条文は第13条だけです)

つまり、私の質疑は、第一次安倍内閣の遙か以前より集団的自衛権行使を可能にするための憲法9条の解釈改憲を一貫して主張し、あるいは、それを可能にする憲法改正を「私の歴史的使命」(2013年8月13日 朝日新聞朝刊)と主張する安倍総理が、「実は、憲法9条について何も分かっていなかった」ことを暴露していたものだったのです。

そして、このように、個人の尊厳の尊重も幸福追求権も、個別的自衛権行使の合憲の論拠も、何も理解せず、学びもしていなかった安倍総理が、昨年7月1日に解釈改憲を強行した二週間後の初めて開かれた国会審議(参議院)で、国民の皆さんとその代表の議員に対し、以下のように述べているのです。

「国民の命と平和な暮らしを守り抜くため、そして十三条における国民の命や自由やそして幸福追求権という権利をしっかりと守る上においては、こうした切れ目のない対応をしていく法整備が必要であると、こう考えたところでございます」

> ■参予算委員会 平成 26 年 7 月 15 日
> ○内閣総理大臣（安倍晋三君）　我が国を取り巻く安全保障環境が根本的に変容している……このように大きな変化がある中においてはもはやどの国も一国のみで平和を守ることができないという中においては、国民の命と平和な暮らしを守り抜くため、まさに憲法の前文の平和生存権、そして<u>十三条における国民の命や自由やそして幸福追求権という権利をしっかりと守る上においては、こうした切れ目のない対応をしていく法整備が必要である</u>と、こう考えたところでございます。

　安倍総理は、7.1 閣議決定もその後の法整備たる安保法制も、つい、1 年 4 ヶ月前までは影も形も知らなかったし求められて説明もできなかった憲法 13 条、その憲法 13 条が定める国民の皆さまの命、自由、幸福追求権を守るためだと主張しているのです。
　この安倍総理の主張を、国民の皆さまは信頼することができるのでしょうか。

　むしろ、本書でご説明した憲法違反などのすべての事項に加えて、この安倍総理の主張は、解釈改憲・安保法制のまごうことなき本質を明らかにしているものと考えます。

　安倍総理の解釈改憲・安保法制は、国民皆さまの生命や尊厳への真摯かつ深い情感ある思いや、日本の国益への合理的かつ論理的な思考によりなされたものではなく、ただ一つ、日本国憲法をさげずむ安倍総理の歪んだ情念のみにより強行されているものです。

　どうか、国民の皆さま、懸命なるご判断をお願いいたします。そして、行動をお願いいたします。
　今を生きる私たちと、将来の子ども達のために。

【補足説明】
「昭和47年政府見解の読み替え」問題のより深い理解等のために

【追記】 平成27年8月3日の参議院平和安全法制特別委員会において、私は質疑に立ち、「昭和47年政府見解の読み替え」問題について、以下の極めて重要な追及を行っています。(関連資料を小西ＨＰに掲載)

(1) 昭和47年政府見解の作成契機となった同年9月14日参議院決算委員会の吉國長官答弁の中に、限定的な集団的自衛権行使の法理を含む憲法9条解釈の「基本的な論理」(7.1閣議決定)が存在すると横畠長官に答弁させた上で、その「基本的な論理」が具体的に書かれている国会議事録の箇所とその説明文書を特別委員会に提出するよう要求した(理事会協議事項)。**これは、限定的な集団的自衛権行使の存在を「議事録の該当箇所という物証」で証明する義務を政府に負わせたものであり、以下の(2)、(3)を含め、今後、特別委員会理事会に提出される内閣法制局の文書(直ちに小西ＨＰにて公表します)を日本社会で批判することで安保法制を阻止することができる。**

(2) 昭和47年9月14日吉國長官答弁「同盟国等に対する外国の武力攻撃によって日本国民の生命等が根底から覆ることはなく、自衛の措置は一切不可能」との法理に対し、なぜ、昭和47年政府見解に限定的な集団的自衛権行使を法理として読み取ることができるのかの論理的な説明文書を特別委員会に提出するよう要求した(理事会協議事項)。(第一章のご説明参照)

(3) 昭和47年政府見解の作成当時(9月14日審議を含む)の吉國長官等は「同盟国等に対する外国の武力攻撃によって日本国民の生命等が根底から覆ることはない」という事実認識であった(横畠長官答弁)にも関わらず、「その文言からすると、国際関係における武力の行使を一切禁じているように見える」(7.1閣議決定等)という憲法9条の文理としての解釈を乗り越えて、なぜ、同政府見解の作成に当たり限定的な集団的自衛権行使という新たな武力行使を法理として認めることができたのかについての説明文書を特別委員会に提出するよう要求した(理事会協議事項)。(第三章の「立法事実」のご説明参照)

（1）昭和 47 年政府見解（全文）

　国際法上、国家は、**いわゆる集団的自衛権**、すなわち、自国と密接な関係にある外国に対する**武力攻撃を、自国が直接攻撃されていないにかかわらず、実力をもって阻止することが正当化される**という地位を有しているものとされており、国際連合憲章第51条、日本国との平和条約第5条（C）、日本国とアメリカ合衆国との間の相互協力及び安全保障条約前文並びに日本国とソビエト社会主義共和国連邦との共同宣言3第2段の規定は、この国際法の原則を宣明したものと思われる。そして、わが国が国際法上右の集団的自衛権を有していることは、主権国家である以上、当然といわなければならない。

　ところで、政府は、従来から一貫して、わが国は国際法上**いわゆる集団的自衛権**を有しているとしても、国権の発動としてこれを**行使すること**は、憲法の容認する**自衛の措置**の限界をこえるものであって許されないとの立場にたっているが、これは次のような**考え方**に基づくものである。

　憲法は、第9条において、同条にいわゆる戦争を放棄し、いわゆる戦力の保持を禁止しているが、前文において「全世界の国民が……平和のうちに生存する権利を有する」ことを確認し、また、第13条において「生命、自由及び幸福追求に対する国民の権利については、……国政の上で、最大の尊重を必要とする」旨を定めていることからも、わが国がみずからの存立を全うし国民が平和のうちに生存することまでも放棄していないことは明らかであって、自国の平和と安全を維持しその存立を全うするために必要な**自衛の措置**をとることを禁じているとはとうてい解されない。**しかしながら、だからといって**、平和主義をその基本原則とする憲法が、右にいう**自衛のための措置**を無制限に認めているとは解されないのであって、それは、あくまで**外国の武力攻撃**によって国民の生命、自由及び幸福追求の権利が根底からくつがえされるという急迫、不正の事態に対処し、国民のこれらの権利を守るための止（や）むを得ない**措置**としてはじめて容認されるものであるから、その**措置**は、右の事態を排除するためとられるべき必要最小限度の範囲にとどまるべきものである。**そうだとすれば**、わが憲法の下で**武力行使を行うこと**が許されるのは、わが国に対する急迫、不正の侵害に対処する場合に限られるのであって、したがって、他国に加えられた武力攻撃を阻止することをその内容とする**いわゆる集団的自衛権**の行使は、憲法上許されないといわざるを得ない。

（2）安倍内閣の昭和47年政府見解（第三段落）「三つの構造分割」論の否定

安倍内閣は、「外国の武力攻撃」の読み替えとともに、昭和47年政府見解の第三段落部分を、**基本的な論理①**（「憲法は、第9条において」の部分）、**基本的な論理②**（「しかしながら、だからといって」の部分）、**帰結（あてはめ）**（「そうだとすれば」の部分）と勝手に三つに構造分割し、基本的な論理①、②の箇所で昭和47年政府見解が示す憲法9条解釈の「基本的な論理」は終わっていて、帰結（あてはめ）の部分はその「基本的な論理（具体的には②の部分）」に昭和47年当時の事実認識（「我が国に対する外国の武力攻撃」の局面しか国民の生命等が根底から覆ることはあり得ない）を「当てはめ」、その結果として、我が国に対する外国の武力攻撃に処する武力行使（個別的自衛権行使）は合憲であるが集団的自衛権行使は違憲であるとの結論が書かれていると説明している。そして、7.1閣議決定では、ホルムズ海峡事例など「同盟国等に対する外国の武力攻撃」の局面でも国民の生命等が根底から覆ることがあり得るという新しい事実認識を「基本的な論理（具体的には②の部分）」に「当てはめ」、同盟国等に対する外国の武力攻撃によって国民の生命等が根底から覆される事態に対処する「限定的な集団的自衛権行使」が新しい「帰結（あてはめ）」として得られた、新たな解釈の整理があったという意味で「解釈変更」である、としている。

しかし、このような第三段落を三つの意味に構造分割する主張は、以下のように、昭和47年政府見解の日本語の文章の読み方として、完全に非論理的かつ不合理なものとなり、「外国の武力攻撃」の読み替えを強行するための詭弁であることが理解できる。

> **(a)母集団全てを否定する目的の文書でその部分集合を許容していることになる非論理性：** 昭和47年政府見解は、冒頭で「いわゆる集団的自衛権」として、あらゆる集団的自衛権に共通する定義を述べた上で（これは安倍内閣も認めている）、そうした「いわゆる集団的自衛権」の行使が違憲であるという政府の「考え方」（第二段落）を論証するとして、その論証部分（第三段落）の結論として「いわゆる集団的自衛権」の行使は違憲であるとしている。ところが、「昭和47年政府見解の読み替え」とは、このような文書に対して、その論証部分（第三段落）の中で「限定的な集団的自衛権行使」を合憲とする法理が認められているとするものであるが、あらゆるものを否定する論拠を述べる箇所でその部分

集合のものが論理として残されているという考えは不合理極まりなく、かつ、同文書を一貫した論理則に基づいた法令解釈文書として扱うことを不能にしてしまう。すなわち、このように非論理的で意味不明の文書が、国会に提出する政府見解として内閣法制局の内部で決裁されるはずが無い。

(b) 母集団全てが違憲とされているのに部分集合には一切言及が無いと主張する詭弁性： 特に、「帰結（あてはめ）」の箇所で「いわゆる集団的自衛権」の行使は違憲であるとされていることについて、安倍内閣は、幾ら説明を求めても「この「帰結（あてはめ）」の部分では、（フルセット、または、フルスペックと呼称している）あらゆる集団的自衛権の行使は許されないと言っているだけであり、限定的な集団的自衛権行使については、何も言っていない。そもそも、昭和47年当時においては、ホルムズ海峡事例のようなことが現実に生じうるとの事実認識は持てていなかったので、**限定的な集団的自衛権とそれ以外の集団的自衛権を切り分けるという発想自体がなかった。**」という意味の論理破綻した説明しかできないが、部分集合について具体的な言及があろうが無かろうが母集団を指して違憲とされているのだから当然にその部分集合である「限定的な集団的自衛権行使」は違憲になるはずであること、また、そもそも、限定的な集団的自衛権行使という概念すら無かったのであれば、では、どうしてそういう法理を憲法9条解釈として昭和47年政府見解に書き込むことができたのか（偶然書いたらそうなっていた、というのは法令解釈ではなく、昭和47年の時点では単なる書き損じであり、現在の時点では単なる言いがかり・言葉遊びというものである）という根本的な矛盾が生じる。

(c) 「自衛の措置」から「武力行使」へと丁寧に論じている本来の論理構造との矛盾： 昭和47年政府見解は、その全体構造として、我が国の憲法で許容される「自衛の措置」から「武力の行使」について、一気通貫に論を運ぶ、極めて論理的に一貫した文書である。すなわち、第二段落において、「いわゆる集団的自衛権……を行使することは、憲法の容認する自衛の措置の限界をこえるものであって許されない」との「立場」に立っているとし、それが基づく「考え方」を以下の第三段落で論じる流れになっている。つまり、この第二段落で、「武力行使」と「自衛の措置」の二つの概念を示し、そして、第三段落の第一文章で砂川判決の法理である「自衛のための措置」で論を起こし、続いて第二文章の中で

前文の平和主義の法理の制限の下に許容され得る「自衛の措置」を論じ、それを踏まえて第三文章で当該「自衛の措置」として許容される「武力行使」（個別的自衛権行使）を示すとともに、同時に、同文書の目的である集団的自衛権行使が「許容されない武力行使」であることを示すというように段階を追って丁寧に論理的追求を進めている法令解釈文書と理解するのが論理的かつ合理的である。しかし、「構造分割」論は、こうした昭和47年政府見解の本来の論理構造を無視して、これを意図的かつ便宜的に破壊する主張である。なお、安倍内閣は、第三段落の第三文章において、冒頭で「そうだとすれば、」とあり、かつ、第二文章では裸の「外国の武力攻撃」とある一方でこの第三文章で初めて「わが国に対する」という文言が登場することを「構造分割」論の根拠としているが、上記に示した本政府見解の本来の論理構造の見地からすれば、いわゆる屁理屈の類いのものであり、かつ、(a)、(b)、(d)等の論理的矛盾を生じる詭弁である。

(d)あらゆる集団的自衛権行使の違憲の論証しか念頭に無い作成者の意思との矛盾： 昭和47年政府見解には「いわゆる集団的自衛権」という文言が三つあるが、起案の手書き修正箇所を見ると(小西ＨＰで原本を公開)、当初は冒頭の定義箇所のみ「いわゆる集団的自衛権」とされ、それ以外は単に「集団的自衛権」と（裸で）規定されていたものを、第二段落の「集団的自衛権」と第三段落で展開されている「考え方」の論証部分の最後の「集団的自衛権」をともに、「いわゆる集団的自衛権」と定義規定のそれと同一になるように文言調整されており、文書全体として、あくまで法理として「あらゆる集団的自衛権行使」の違憲の論証しか念頭にないことを示している。

その他、(e)第三段落の三つの文章は実は一つの段落として記載されており、当見解以降の７名以上の内閣法制局長官等が構造分割という理解に立つことなく当見解を用いてあらゆる集団的自衛権行使を否定し、さらには、限定的な集団的自衛権行使を明示で否定する答弁を行っていること、(f)急迫、不正の「事態」（第二文章）と「侵害」（第三文章）の文言の違いについては、それぞれ「自衛の措置」と「武力行使」の概念に応じたものであると思われるが、いずれにしても、作成者の角田第一部長（当時）など、この「事態」と「侵害」を同義に使用している昭和47年政府見解を用いた答弁例が多数あり、この差異に特段の意味が認めら

れないこと、(g)昭和47年政府見解以前の「外国の武力攻撃」文言の二件しかない答弁例はともに「我が国に対する外国の武力攻撃」という意味の用法であり、「同盟国等に対する外国の武力攻撃」文言の二件しかない答弁例はともに「我が国に対する外国の武力攻撃」という意味の用法であり、「同盟国等に対する外国の武力攻撃」という意味で「外国の武力攻撃」という文言を国会提出文書として、しかも、限定的な集団的自衛権行使の容認というこの上なく重要な決定を行うに際して用いたことになり、政府の法令解釈文書の用法として全く不合理であること、(h)文中に「自国と密接な関係にある外国に対する」、「わが国に対する」という文言（概念）があるのに「裸」で記述することは不合理であるが、しかし、仮に、この補充をして書き分けると、①第一文章の平和主義との関係が全く示されずに前者が法理として存在することになり、かつ、②第三文章で前者の事実認識について何も触れずにいきなり後者の場合の武力行使だけを結論付けるという、全体としてどうしようもなく非論理的な文章になってしまうこと、(i)同盟国等に対する外国の武力攻撃の事態で、何によって国民の生命等が覆されるか、つまり、将来我が国に及んでくる武力攻撃たる「戦火」のことを意味するのか、それとも石油不足等の戦火以外の「戦禍」も意味するのか、その意味が一義的に定まらず、これは「読み替え」によって、「我が国に対する外国の武力攻撃（「戦火」）」の場合とは全く文理構造の異なるもう一つの文章を創造していることになり、論理則に基づき作成されるべき法令解釈文書のあり方を逸脱したものと解せざるを得ないこと（しかも、米軍イージス艦防護事例などのように、一つの文章で二重の「戦火」の概念があることになる）、などからも、<u>昭和47年政府見解における「外国の武力攻撃」という文言は、（何ら深い考えはなく、鉛筆書きで）当然に「我が国に対する外国の武力攻撃」という意味のみの文言として書かれたものに過ぎない、と解するのが至当である。</u>

■**衆平和安全法制特別委員会　平成27年6月22日**
〇宮﨑参考人　……この「外国の武力攻撃」とは何を指すかであります。**外国とは相対的な概念でありますから、その後に「国民」とありますので、それとの関係において考えるしかありません。つまり、外国の我が国に対する武力攻撃によって我が国民のと読むしかないのであります。**
四十七年意見書と同趣旨を述べている平成十六年六月十八日答弁書とい

うのがありまして、そこには、「外部からの武力攻撃によって国民の生命や身体が」と言っています。これは同じことなんですが、これを見れば、外部から我が国に向けてなされる武力攻撃のことだけを指していることはより明白でありましょう。

ところが、現在の政府答弁は、四十七年意見書に我が国に対すると明白には書かれていないから、「外国の武力攻撃」とある表現には、我が国と密接な関係にある外国に対する武力攻撃も含むと読めると強弁して、いわゆる新三要件には四十七年見解との連続性があると主張しているわけですが、これは、いわば、黒を白と言いくるめる類いと言うしかありません。同年意見書における集団的自衛権違憲との結論は、その文章構成自体からも、論理の帰結として述べられているのであって、当時の状況のみに応じた、いわば臨時的な当てはめの結果などと解する余地は全くないと思います。

【解説】特別委員会における参考人質疑（6月22日）における、かつて内閣法制局長官であられた法政大学法科大学院教授宮﨑礼壹先生の御見解である。

（3）安倍内閣による解釈改憲の主張のポイント（まとめ）

- 昭和47政府見解には、もともと、我が国が憲法9条において許容される自衛の措置について、二つの法理（法的な論理）が書かれていた。一つは、「個別的自衛権」を許容する法理であり、もう一つは、「限定的な集団的自衛権」を許容する法理である。
- つまり、「外国の武力攻撃」という文言は、「我が国に対する外国の武力攻撃」という意味のみならず、「同盟国等に対する外国の武力攻撃」という意味でもあった。
- これら二つを法理として含むものが、憲法9条解釈の本来の「<u>基本的な論理</u>」である。
- なお、以上のことは全て、この度の7.1閣議決定の過程で初めて発見したものであり、<u>この昭和47年政府見解以前に、「限定的な集団的自衛権」が憲法上許容されることについて説明した国会答弁や政府見解等は一切存在しない</u>。

- いずれにしても、これまでの歴代政府は、実は憲法9条において「限

- 定的な集団的自衛権行使」ができるということに気付かずにいた。すなわち、昭和 47 年政府見解にそのような法理が含まれているとは気付かずにいた。

- しかし、歴代政府が昭和 47 年以降に一貫して国会答弁等してきたのは、あくまでも、この憲法 9 条解釈の「基本的な論理」なのであり、その答弁等における集団的自衛権行使が違憲との見解は、昭和 47 年政府見解の「帰結（あてはめ）」の部分の内容、すなわち、「あらゆる（フルセット or フルスペックの）集団的自衛権の行使については違憲である」という意味で答弁等していたものであるが、その中では「限定的な集団的自衛権行使の合憲・違憲については何も述べられていない」のである。（安倍内閣は、昭和 47 年政府見解以前の答弁等についても同様の見解を持ち、かつ、以前及び以降において上記の趣旨の答弁の他に、「他国防衛のみを目的とする「非限定的な集団的自衛権行使」のみを違憲としている答弁」もあるとの主張をしている）

- つまり、昭和 47 年当時は、「同盟国等に対する外国の武力攻撃によって、日本国民の生命等が根底から覆される事態」というものが社会的な事実として現実にあり得るものと認識しておらず、この事実認識を上記の「限定的な集団的自衛権の法理」に当てはめていなかったのである。

- そして、「我が国に対する外国の武力攻撃によって、日本国民の生命等が根底から覆される事態」という事実認識のみを上記の「個別的自衛権の法理」に当てはめた結果、『我が国が憲法 9 条のもとで許容される武力行使は、我が国に対する急迫、不正の侵害に対処する場合たる個別的自衛権の行使に限られ、あらゆる集団的自衛権行使は違憲である（ただし、「限定的な集団的自衛権の行使」の合憲・違憲については何も述べられていない）』との結論が昭和 47 年政府見解に書かれているのである。

- ところで、7.1 閣議決定に向かう検討の中で、現在の安全保障環境の情勢を踏まえれば、「同盟国等に対する外国の武力攻撃」によって「日本国民の生命等が根底から覆される事態」というものが社会的な事実として現実に生じ得るという事実認識に達した。

- そこで、この新しい事実認識を、昭和 47 年政府見解の「基本的な論理」に当てはめたところ、「限定的な集団的自衛権行使」はもともとそこに法理として含まれているのだから、当然に合憲として認められることが

- 確認できた。
- よって、昭和 47 年政府見解の中に発見した「基本的な論理」を 7.1 閣議決定の中で改めて明記し（注：この際に、憲法前文の平和主義の法理などを文面上も切り捨てている）、さらに、その「基本的な論理」の内容から抽出された武力行使の「新三要件」についても 7.1 閣議決定に明記をした（注：この際に、「明白な危険」という緩和要件を火事場泥棒的に追加している）。

- すなわち、「限定的な集団的自衛権行使」を許容する法理は昭和 47 年政府見解をルーツとする「基本的な論理」に元々含まれており、「新三要件」はその「基本的な論理」の内容から抽出されたものなのだから、「新三要件」とは「限定的な集団的自衛権行使」を容認し得る要件であり、よって、逆から説明すれば、「新三要件」を満たす全ての「限定的な集団的自衛権行使」は憲法 9 条において合憲となるのである。

- なお、7.1 閣議決定が「憲法解釈の変更」であるという意味は、以下の通りである。
- 従来の昭和 47 年政府見解に基づく憲法 9 条解釈の「基本的な論理」の運用（当てはめ）においては「我が国に対する外国の武力攻撃」のケースの事実認識しか当てはめていなかったため、その結果（帰結）として個別的自衛権の行使のみが合憲である（そして、「あらゆる集団的自衛権行使」は違憲である）という解釈しか得られていなかった。
- しかし、この度、昭和 47 年政府見解とそれを基に 7.1 閣議決定に明記した「基本的な論理」にホルムズ海峡事例などの「同盟国等に対する外国の武力攻撃」のケースの新しい事実認識をあてはめた帰結として、「限定的な集団的自衛権行使」も合憲であるという新しい解釈が追加されることになった（なお、「非限定的な集団的自衛権行使」は引き続き違憲である）。
- これは全体として見た時に、「基本的な論理」に基づく憲法 9 条解釈の再整理をしたという意味で「解釈変更」があったということである。

- つまり、昭和 47 年政府見解に当初から存在はしていたものの、これまで一度も使われることがなかった「限定的な集団的自衛権行使」を許容する法理を 7.1 閣議決定において初めて使用したものであり、これは、

憲法9条解釈の根幹の規範である「基本的な論理」の内容は変えること無く維持し、それへの新しい当てはめとその結論が増えたということである。
・　仮に、憲法9条の「基本的な論理」の枠をはみ出してしまう「非限定的な集団的自衛権行使」を可能にするためには、憲法改正が必要である。

（4）解釈改憲の構造の解説（第二章、第三章でのご説明内容を含む）

【解釈改憲の構図】

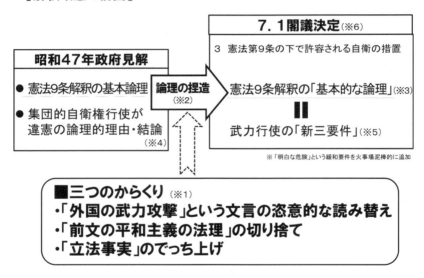

※1：　「読み替え」（解釈改憲の根底のからくり）の際に、それを法的に不可能とする二つの障壁に対して、(a)「憲法前文の平和主義の法理」の切り捨て(第二章)、(b)集団的自衛権行使の政策的必要性・合理性に係る「立法事実」のでっち上げたるその検証の放棄（第三章）という、法令解釈のルールを逸脱した手口を実行している。

※2：　個別的自衛権しか含まれていないはずの昭和47年政府見解にある基本論理に「限定的な集団的自衛権も含まれる」と意図的に読み直し、それから当該基本論理にある「憲法前文の平和主義の法理」等を法理上も文面上も切り捨て、憲法9条解釈の基本論理を捏造したのが7.1閣議決定の「基本的な論理」である。

※3： 従って、安倍内閣の主張によれば、「限定的な集団的自衛権行使」は、昭和47年政府見解にある基本論理たる「基本的な論理」にも当初から含まれ、それから捏造した7.1閣議決定の「基本的な論理」にも当然に含まれていることになる。そして、安倍内閣は、歴代政府が憲法9条解釈として一貫して国会答弁等してきたのは、この「基本的な論理」であったのだと主張している。

※4： 安倍内閣は、昭和47年政府見解の「第三段落」部分について、これが「基本的な論理①」「基本的な論理②」「帰結（あてはめ）」といった構造分割ができると勝手に主張している。そして、昭和47年政府見解における「いわゆる集団的自衛権行使は違憲である」という記載は、「あらゆる（フルセット or フルスペック）の集団的自衛権行使は違憲である」という結論を「日本国民の生命等が根底から覆されることがあるのは、我が国に武力攻撃が発生した場合のみである」というその当時の事実認識に基づき「帰結（あてはめ）」として述べているだけのもので、昭和47年政府見解がそもそも法理として許容している「限定的な集団的自衛権行使」についての合憲・違憲はこの「帰結（あてはめ）」の箇所では何ら述べていないと主張している。

つまり、これと同様に歴代の政府による「集団的自衛権行使は違憲である」という数多ある全ての国会答弁、政府見解は「あらゆる（フルセット or フルスペック）の集団的自衛権行使について違憲と述べているもの、あるいは、非限定的な集団的自衛権行使は違憲と述べているものであり、限定的な集団的自衛権行使の合憲・違憲は何ら述べていないものである」という驚愕の主張している。

※5：「新三要件」は「基本的な論理」に書かれている内容を分解して並べただけのものであるが、その際に、「明白な危険」という緩和要件を火事場泥棒的に追加している（7.1閣議決定に向かう与党協議の当初は「おそれ」だった旨報道）。

「限定的な集団的自衛権行使」は「基本的な論理」に元々含まれており、「新三要件」はその「基本的な論理」の内容に基づき導かれたものなのだから、「新三要件」とは「限定的な集団的自衛権行使」を容認する要件であり、よって、「新三要件」を満たす全ての集団的自衛権行使は憲法9条において合憲となる。（つまり、安倍内閣は、昭和47年政府見解には元々その内容として「新三要件」が法理として含まれていたのだと主張しているのである。）

※6： 安倍内閣は、7.1閣議決定の解釈変更とは、憲法9条の規範である「基本的な論理」は何も変えていないものであるとしている。すなわち、我

が国を取り巻く安全保障環境の変化から、ホルムズ海峡の事例や邦人親子避難の事例などが社会的事実として現実に起こり得るとの新しい事実認識を持ったので、昭和47年政府見解に基づく「基本的な論理」から「限定的な集団的自衛権行使」を含む「新三要件」を作り出し、この「新三要件」を満たすのであれば「限定的な集団的自衛権行使」ができるという憲法9条の解釈の再整理をしたという意味で「解釈変更」と言っているだけとしている。

　しかし、その実態は、「論理の捏造」により憲法9条の規範そのものを改変し、平和主義の法理の切り捨て、立法事実のでっち上げを強行し、歯止め無き・無限定の武力行使を解禁する「新三要件」を生み出している、解釈改憲そのものである。

(5)「読み替え」が可能となるための必須6条件とその全てへの矛盾

　7.1閣議決定の解釈変更が成り立つかどうかは、「昭和47年政府見解を、今になって、すなわち、昨年7月1日の時点で、「同盟国等に対する外国の武力攻撃」と都合良く読み替えることが許されるのか」ということに尽きます。

　読み替えが法的な論理として許されないのであれば、すなわち、このような読み替えが従来の政府の憲法解釈との関係で「論理的整合性と法的安定性」（7.1閣議決定の文言）などに欠けるものであり、つまりは、便宜的かつ意図的なものであると断定されれば、このような読み替えにより設定された7.1閣議決定の「基本的な論理」なるものは、本来の憲法9条解釈の基本論理とは異なる「捏造された論理」となり、そのような捏造論理に基づく憲法9条の解釈変更は違憲無効、すなわち、7.1閣議決定と安保法制は違憲無効になります。

　この「読み替え」が、論理的整合性と法的安定性を保持し、便宜的かつ意図的でないものとして認められるためには、以下に検討していく条件が、どれ一つとして掛けることなく全て満たされる必要がありますが、どの条件も満たすことができず、全滅となります。すなわち、「読み替え」を正当付ける根拠になるものは、あらゆる面において何一つ存在しない、どこから見ても真っ黒な「違憲」ということになります。

　従って、「昭和47年政府見解の読み替え」は、本来は法理としてはめ込むことができない「同盟国等に対する」という文言を、単なる「言いがかり」というべき「言葉遊び」のような暴挙によりはめ込んでいるものに過ぎず、そこに何らの法的正当性は存在せず、よって、7.1閣議決定は、本来の憲法9条解釈と論理的整合性等を欠くものであり違憲無効となります。

① 昭和47年政府見解を作成した当時の政府として、「憲法9条の解釈として、我が国は、限定的な集団的自衛権行使が可能である」との認識を有し、かつ、「その論拠となる具体的な法理」を文書等で有していたこと

【主な否定根拠】
・昭和47年政府見解は当時の吉國内閣法制局長官、真田次長、角田第一部長が作成したものだが、その彼等自身が、同見解作成の契機となった国会審議や作成後の国会審議などで、憲法9条においては集団的自衛権行使が、限定的な集団的自衛権行使を含め、違憲であることを明解に答弁している。
・昭和47年政府見解に至るまで、「憲法9条において、限定的な集団的自衛権行使が可能である」という法理を述べた国会答弁や政府見解等は一切存在しない（平成27年5月15日政府答弁書）。

② 「憲法9条の解釈として、我が国は、限定的な集団的自衛権行使が可能である」との認識及び論拠（法理）に基づき、昭和47年政府見解について、「この中に、限定的な集団的自衛権行使を許容しておく」という意図により、敢えて何の修飾もない「外国の武力攻撃」という表現ぶりとし、かつ、その第三段落を「構造分割」したと理解できること

【主な否定根拠】
「（2）」にご説明。

③ 昭和47年政府見解を作成し国会に提出するに際して、当時の政府として、従来の政府解釈を根本から変容する「憲法9条の解釈として、我が国は、限定的な集団的自衛権行使が可能である」という新しい政府解釈の決定（**実は、これこそ「憲法の解釈変更」そのものであり、過去に憲法解釈の変更は第66条2項文民条項と7.1閣議決定の二つしか存在しないとする安倍内閣の国会答弁等と矛盾することになる**）のプロセスとして、当然にあるべき措置が講じられていること。具体的には、防衛庁（当時）、外務省などの関係省庁との調整、閣議決定等のしかるべき行政手続き、さらには、政権与党であった自民党との政治的な調整、日米安保条約の締結国である米国との外交上の調整等がなされていること。

【主な否定論拠】
本文にてご説明。なお、昭和47年政府見解の起案には早坂参事官の筆跡で「(備考)外務省とは協議済みである。」との記載があるが、これは今でも普通に行っている政府において国際法解釈を所管する外務省との調整記録に過ぎない。なお、「読み替え」説だと、なんと参事官(課長クラス)が、限定的な集団的自衛権行使の解禁を調整したことになり、しかも、記載のない防衛庁には協議すらしていないというこの上なく非常識な理解となる。

④ 「昭和47年政府見解には、限定的な集団的自衛権行使が法理として含まれている」という理解が、昭和47年政府見解の前後における国会答弁等による政府の憲法9条解釈と何ら矛盾しないこと

【主な否定論拠】
(a) 5名の内閣法制局長官（後に長官となる幹部を含めると7名）が、昭和47年政府見解について、「我が国に対する外国の武力攻撃」の趣旨のみの理解の基に、かつ、「構造分割」などとは理解せずに、同見解を用いて集団的自衛権行使を否定する答弁をしている。「(9)」の角田長官答弁に具体例を記載、工藤内閣法制局長官・宮澤総理（平成4年5月22日）、浅野内閣法制局長官（平成13年10月26日）等。

(b) 昭和47年政府見解を用いながら、「限定的な集団的自衛権行使」そのものを否定している答弁が複数存在する。もし、昭和47年政府見解が「限定的な集団的自衛権行使」を含むものとされていたならば、このような用いられ方を答弁者がする訳がない。角田内閣法制局長官（昭和58年2月8日）、工藤内閣法制局長官（平成4年5月22日）、秋山内閣法制局長官（平成8年5月7日）等。

(c) 「集団的自衛権行使を可能にするためには憲法改正外に手段がない」とする同見解以降の国会答弁が複数ある。鈴木総理大臣（昭和57年3月12日）、角田内閣法制局長官、外務大臣、防衛庁長官（昭和58年2月22日）等。「憲法改正以外に手段がない」という答弁は、憲法9条の規範そのもの（根幹の法理そのもの）を変える唯一の手段である条文改正が必要だとするものであり、そのような答弁を行う者が、憲法9条において「限定的な集団的自衛権行使」が許容されているという認識にあるはずがない。また、政治的にも、これは政府が国会に対して行う答弁として究極の重みを有するものであり、こうした観点からも答弁者がそのよ

うな認識にある訳がない。
(d)「集団的自衛権について、自衛のための必要最小限度の範囲を超えるもの」という説明は、三要件の第一要件を満たしていないという趣旨であり、数量的な概念を述べているものではなく、「限定的な集団的自衛権の行使についても解釈変更の余地はない」と明言した昭和47年政府見解以降の内閣法制局長官答弁がある。秋山内閣法制局長官（平成16年1月26日）、平成16年政府答弁書（平成16年6月18日）等。
(e) 昭和47年政府見解の論の運びとは異なる立論によって集団的自衛権行使を否定する国会答弁（平成11年5月20日大森内閣法制局長官答弁等）や政府見解（平成16年6月18日政府答弁書等）が、同見解の以前（昭和29年代から）にも以降（7.1閣議決定以前まで）にも多数ある。（なお、昭和47年政府見解は、砂川判決を下敷きに「自衛の措置」から説き起こしつつ「平和主義の制限の法理の制限」を明示している、数ある政府見解の中でおそらく唯一の論理展開によるものである。）

⑤ 「昭和47年政府見解には、限定的な集団的自衛権行使が法理として含まれている」という理解が、議院内閣制のもと内閣の憲法解釈を監督する責任を有し、また、内閣が行政権の行使（憲法解釈も当然に含む）において連帯責任を有する衆議院及び参議院が機関として示している憲法9条解釈と何ら矛盾しないこと

【主な否定論拠】
(a) 1954年（昭和29年）に、参議院本会議において、「自衛とは、我が国が不当に侵略された場合に行う正当防衛行為である」として「憲法の明文が拡張解釈される危険を一掃する」ために、自衛隊の海外派兵（すなわち、集団的自衛権行使）を禁止する旨の決議がなされており、この決議は平成20年代を含めその後数十回にわたりその趣旨を尊重する旨を政府が答弁している。
(b) 1960年（昭和35年）に衆議院本会議において、日本が集団的自衛権行使が憲法上できないことを明文化した日米安保条約第3条が承認されている。（第三章の日米安保条約第3条で指摘）

⑥ ①〜④とは別の次元の憲法問題として、そもそも、「同盟国等に対する外国の武力攻撃」と読み替えて限定的な集団的自衛権行使を容認するこ

とが、昭和47年政府見解の第三段落にも明示されている「憲法前文の平和主義の法理」の制限や、全ての法規範の定立に必要不可欠である「立法事実」の存在を法理として満たすこと。

【主な否定論拠】
これは解釈改憲のからくり」の二つであり、第二章及び第三章で述べるが、むしろ読み替えを強行するために積極的に講じられた手口であり、当然に満たすことはない。

（6）「昭和47年政府見解の読み替え」の歴代の国会答弁等との矛盾イメージ

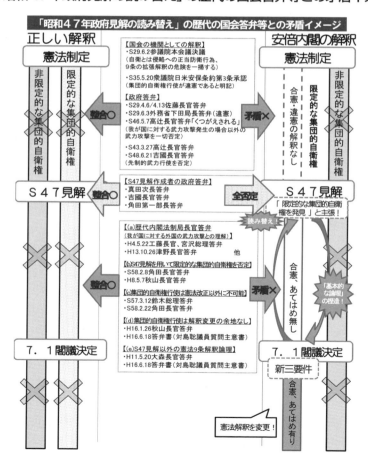

（7）安倍内閣の「昭和47年政府見解前後の国会答弁等との矛盾」の説明とその論破

（1）どんなに言葉を重ねても意味不明であり、最後は論理破綻する

　安倍内閣は、「④」の【主な否定論拠】(a)〜(e)で示した昭和47年政府見解の以前及び以降の集団的自衛権行使を違憲としている国会答弁や政府見解について、「その答弁や見解の中で否定されている集団的自衛権は、限定的な集団的自衛権を含む**一般的な集団的自衛権**、すなわち、**あらゆる集団的自衛権の行使**である。しかし、昭和47年当時を含めて、7.1閣議決定までは、限定的な集団的自衛権とそれ以外の集団的自衛権行使を切り分けるという発想はなく、よって、それらの否定答弁や否定見解の中においては、何ら、限定的な集団的自衛権の行使が明示に否定されているものではない。」という、意味不明な説明を行っています。要するに、「確かに否定されているのは、**限定的な集団的自衛権行使を含むあらゆる集団的自衛権の行使**なのだけれども、その否定答弁等を行っている政府の認識の中に、あらゆる集団的自衛権を限定的な集団的自衛権と非限定的な集団的自衛権に分けて考えるという発想がなかったので十把一絡げに違憲と言っているだけであって、**限定的な集団的自衛権行使のことは何にも言われてはいない**。」という主張なのですが、このように幾ら言葉を重ねても意味不明なままです。

　つまり、限定的・非限定的と分けることに気付いていようがいまいが、我が国に対する武力攻撃が発生していない局面の武力行使である、限定的な集団的自衛権行使を含むあらゆる集団的自衛権行使（フルセットorフルスペックの集団的自衛権行使）について違憲としている以上、当然に限定的な集団的自衛権行使も違憲とされているはずです。

　また、「この答弁においては、他国防衛のみを目的とする集団的自衛権行使を否定しているのだ」という趣旨の答弁をすることもありますが、昭和47年政府見解の前後には、明らかに、自国防衛（のみ）を目的とする集団的自衛権行使についてこれを違憲とした答弁や政府見解（④(d)）が多数あるように、安倍内閣は、昭和47年政府見解前後における、「限定的な集団的自衛権行使の容認も含め集団的自衛権の行使には憲法改正しか手段がない」、「限定的な集団的自衛権行使は解釈変更の余地がない」旨の答弁などを始めとして、上記(a)〜(e)で示した論点との矛盾を何ら説明できていません。要するに、「**昭和47年政府見解の読み替え**」行為が最初から憲法9条解釈の論理の世界を逸脱しているため、どうにもこうにも論理的な説明ができず、7.1閣議決定で自ら課した「**政府の憲法解釈に求められる法的安定性と論理的整合性**」を自ら否

定しているのです。

　さらに、何より、安倍内閣のこの説明は、「**そもそも、限定的・非限定的と概念分けができないのであれば、なぜ、昭和 47 年政府見解の作成時にそのような概念分けに基づく限定的な集団的自衛権行使を法理として認識し、「外国の武力攻撃」と記述することによって容認することができたのか、論理的な説明が立たない**」という根本的かつ致命的な矛盾を顕在化させるものであります。

（２）論路破綻の説明から、更なる重大な違憲論点が現れる

　さらに、安倍内閣は「昭和 47 年当時においては、限定的・非限定的と概念分けができなかった」理由として、「その当時は、同盟国等に対する外国の武力攻撃によって、国民の生命等が根底から覆される明白な危険が存在し得るという事実の認識がなかったから」としています。しかし、この説明は、昭和 47 年政府見解は「限定的な集団的自衛権の行使」を否定していないという安倍内閣の見解にとって「立法事実の不存在」という更なる重大な論点から違憲性を突きつけられることになるのです。

　すなわち、憲法 9 条の文理は「憲法第 9 条はその文言からすると、国際関係における「武力の行使」を一切禁じているように見える（7.1 閣議決定、平成 16 年政府答弁書等）」のであり、それは昭和 47 年当時から変わらない政府解釈です。とすると、この一見してあらゆる武力の行使が全否定されている世界から、集団的自衛権行使という新しい武力行使を可能とするためには、我が国に対する武力攻撃が発生せず同盟国等に対して発生しているという集団的自衛権の局面で、日本国民の生命等が根底から覆されることがあるという事実の認識、つまりは、立法事実の存在が、全ての前提として絶対に必要不可欠なのです。要するに、こうした事実認識なくして、昭和 47 年政府見解の作成者達は、一見して全否定の憲法 9 条の文理を超えて限定的な集団的自衛権行使を容認することは論理的に絶対にできないのです。もし、こうした**立法事実もなく、限定的な集団的自衛権行使を容認しているのであれば、それは法令解釈の名に値しないものであり、法理として認められない**のです。吉國長官等は、「法の番人」として正しい法規範たる従来の憲法 9 条解釈に向き合う誠意とそれを守り抜く信念がひしひしと伝わってくる作成契機となった 9 月 14 日の答弁からも明らかなように（「9」参照）、ただ単に従前の法理を基に「我が国に対する外国の武力攻撃」の意味で「外国の武力攻撃」としただけのことなのです。こうした「立法事実の検証を欠く解釈の変更」の点については、第三章で詳述します。

このように、7.1 閣議決定による解釈改憲は、完璧に論理一貫していた世界を何の理屈もなく破壊するものであるが故に、「どこを見ても論理破綻」「次から次へと論理破綻の連鎖反応」の世界であり、安倍内閣がどのような言い訳をしても、「前門の虎、後門の狼」で必ず仕留めることができるのです。しかし、安倍総理大臣ははじめとする関係閣僚や内閣法制局長官などの官僚に、国会や国民相手に論理的な説明をするつもりがない、あるいはそもそもそうした議論ができないという状況においては、「決めるときは決める」という安倍総理のままに強行採決された衆院の例からも明らかなように、時間がくれば数によって押し切るのです。これを止めるには、国民運動によって政治的に倒閣させるしか解決の方法はありません。

（8）安倍内閣が解釈改憲に昭和 47 年政府見解を利用した理由

　なぜ、戦後の数ある「憲法 9 条と集団的自衛権行使の関係」についての国会答弁や政府見解文書の中で（もちろん、これらの法的な意味・内容はすべて全く同じです）、安倍内閣は、昭和 47 年政府見解を解釈改憲に用いたのでしょうか。

　<u>それは、あらゆる国会答弁や政府見解の中で、この昭和 47 年政府見解のみが、以下の理由で唯一、解釈改憲の強行が可能な政府見解だったからです。</u>

（1）「外国の武力攻撃」と裸で書かれており、「同盟国等に対する外国の武力攻撃」とも読める、との言いがかりが強弁できると考えた。

　つまり、もし、「わが国に対する外国の武力攻撃」や「外国からの武力攻撃」と書かれていたら、解釈改憲は不可能だった。この点、「外国からの武力攻撃」とされている平成 16 年政府答弁書など他の政府見解等においては、ある意味、安倍内閣であっても付け入る余地のない表現となっている。

（2）最高裁砂川判決を下敷きにしている唯一の政府見解であるため、「自国の平和と安全を維持しその存立を全うするために必要な自衛の措置」として法的にはせいぜい個別的自衛権しかあり得ないものの表現上は単に「自衛の措置」とあるので、集団的自衛権行使もこの「自衛の措置」に含まれるとの言いがかりが強弁できる。

　つまり、例えば、平成 16 年政府答弁書においては「自衛の措置」などの概念は用いず、「武力行使」の概念しか用いておらず、本答弁書を用いるやり方では解釈改憲は不可能だった。

(3)「国民の生命、自由及び幸福追求の権利が根底からくつがえされるという急迫、不正の事態」という文言は憲法13条の規定を踏まえたものだが、特に、「我が国に対する武力攻撃が発生していない状況における、包括的人権規定といわれる国民の幸福追求権が根底から覆される事態」というのは基準としてその内容を画することは不可能なものであり(曖昧模糊そのもの)、だからこそ、集団的自衛権行使の要件とするのに好都合であった。なお、この結果、新三要件は基準として成り立ちえない歯止め無き・無限定なものとなっている。

例えば、平成16年政府答弁書においては「国民の生命や身体が危険にさらされる」という文言を用いているが、この文言だとホルムズ海峡の事例においては「石油不足により日本国民の生命や身体が危険にさらされる」ことを立証しなければならず、そうした事例への適用が事実上不可能になってしまうため、安倍内閣においては昭和47年政府見解の「国民の生命、自由及び幸福追求の権利が根底からくつがえされる」という文言を使う必要があった。

なお、この新三要件の「生命、自由及び幸福追求の権利が根底から覆される」という事態が具体的にどのようなものか、端的に言えば、自由や幸福追求権の前提である「生命が根底から覆される」、すなわち、「国民の生死そのものに関わる事態」であるか否かについて、安倍内閣は、徹底した答弁拒否、説明拒否を行っている。(第五章解説)

(9) 昭和47年政府見解の作成者の答弁とその解説

昭和47年政府見解を決裁し国会に提出した最高責任者である吉國内閣法制局長官は、同見解の作成の契機となった、わずか三週間余り前の水口議員からの質疑において、以下のように、憲法9条においては集団的自衛権行使が、「限定的な集団的自衛権行使」を含め、一切許容される余地が無いことを完膚無きまでに明確に答弁しています。

■吉國長官答弁抜粋(参決算委員会 昭和47年9月14日)
○わが国は憲法第九条の戦争放棄の規定によって、**他国の防衛までをやるということは、どうしても憲法九条をいかに読んでも読み切れない**……憲法九条は戦争放棄の規定ではございますけれども、その規定から言って、……わが国が侵略をされてわが**国民の生命、自由及び幸福追求の権**

利が侵されるというときに、この自国を防衛するために必要な措置をとるというのは、<u>憲法九条でかろうじて認められる自衛のための行動</u>

【解説】集団的自衛権行使の実質は他国防衛であり（少なくとも、その実質として他国防衛が必然であることは定義上明らかである）、それを「**憲法九条をいかに読んでも読み切れない**」と述べている以上、吉國長官が、昭和47年政府見解において「限定的な集団的自衛権行使」なるものを概念として含ませることを許容している訳がない。

また、後段で、「**憲法九条でかろうじて認められる自衛のための行動**」とも述べており、かろうじて個別的自衛権しか認められないとしているのに昭和47政府見解に限定的な集団的自衛権行使を概念として含ませることを許容するはずもない。また、その前にある「**国民の生命、自由及び幸福追求の権利が侵されるというときに**」との文言は、次の答弁の「ほかの国への侵略では、国民の生命等が侵されず、それらが根底から覆らない」という文意と合わせると、「同盟国等に対する外国の武力攻撃」との読み替えを直接禁止する解釈改憲を完膚無きまでに粉砕する強力な答弁例となる。

○<u>外国の侵略が……侵略が現実に起こった場合に……「生命、自由及び幸福追求に対する国民の権利」が根底からくつがえされるおそれがある。</u>その場合に、<u>自衛のため必要な措置をとることを憲法が禁じているものではない</u>、というのが憲法第九条に対する私どものいままでの<u>解釈の論理の根底</u>でございます。その論理から申しまして、集団的自衛の権利ということばを用いるまでもなく、他国が──<u>日本とは別なほかの国が侵略されているということは、まだわが国民が、わが国民のその幸福追求の権利なり生命なり自由なりが侵されている状態ではないということで、まだ日本が自衛の措置をとる段階ではない</u>。日本が侵略をされて、侵略行為が発生して、そこで初めてその自衛の措置が発動するのだ

【解説】安倍総理の解釈改憲を根底から覆す決定的な答弁であり、かつ、安保法制との闘いの中で国民の皆様にとって最重要の武器たる答弁である。『<u>生命、自由及び幸福追求に対する国民の権利」が根底からくつがえされる</u>』という文言はまさに昭和47年政府見解で用いられ、かつ、7.1閣議決定の集団的自衛権行使の新三要件の第一要件に用いられている表現である。実は、この表現が、この吉國長官答弁以前の戦後議会で使われたことは一度もな

く、昭和47年政府見解を起草した早坂参事官がこの吉國長官答弁を基に作成したことが理解できる。(なお、こうした最高責任者の国会答弁の文言を用いて政府見解を作成する方法は霞ヶ関の法制執務における定石である。)

そして、この『生命、自由及び幸福追求に対する国民の権利」が根底からくつがえされる』という文言は、「外国の侵略」、すなわち、「我が国に対する外国の武力攻撃」によって引き起こされる状況を指す文言として使われている。その上で、これに対処する「自衛のため必要な措置」が憲法上禁じられるものでないということが**憲法9条解釈の「論理の根底」である**との認識を示すことにより、これ以外の「自衛のため必要な措置」を正当化する論理が存在しない、すなわち、これに並び立つ論理が存在しないことを示している。

さらに、決定的なことは、「その論理から申しまして」として、その唯一の「論理」を持って、「ほかの国が侵略されているということは、まだわが国民の幸福追求の権利なり生命なり自由なりが侵されている状態ではない」とズバリ言い切っていること、つまり、「同盟国等に対する外国の武力攻撃によって日本国民の生命、自由及び幸福追求の権利が根底から覆されることはあり得ない」と明言かつ断言し、さらに、「まだ日本が自衛の措置をとる段階ではない」として、こうした状態の段階では自衛の措置たる集団的自衛権行使が許されないことをズバリ言い切り、最後に駄目押しとして「日本が侵略をされて、侵略行為が発生して、そこで初めてその自衛の措置が発動するのだ」と明言していることである。

つまり、「昭和47年政府見解の読み替え」とは、同見解中の「外国の武力攻撃によって国民の生命、自由及び幸福追求の権利が根底からくつがえされる」という文章に着目し、これを「同盟国等に対する外国の武力攻撃」と読み替えれば、「同盟国等に対する外国の武力攻撃によって国民の生命、自由及び幸福追求の権利が根底からくつがえされる」という一連の文章が論理として成立することを前提としている。しかし、この「国民の生命、自由及び幸福追求の権利が根底からくつがえされる」という文言の生みの親である吉國長官が、「同盟国等に対する外国の武力攻撃によって国民の生命、自由及び幸福追求の権利が根底からくつがえされることはあり得ない」「よって、自衛の措置たる集団的自衛権の行使はできない」と明言している以上、この文章を「同盟国等に対する外国の武力攻撃」と読み替えることは法的な論理として絶対に許されないことになる。

したがって、昭和47年政府見解において、「外国の武力攻撃」と「同盟

国等に対する外国の武力攻撃」と読み替えた上で「国民の生命等が根底から覆される」という論理が成立することを認め、さらにそれを根拠に限定的な集団的自衛権行使という新たな「自衛の措置」を法理として認めることは、同見解の決裁者・作成者である吉國長官が認識するところの憲法9条解釈に真っ向から違反し、そうした読み替えは完膚無きまでに否定されることになる。

　そして、この結果、こうした読み替えに基づく 7.1 閣議決定の「基本的な論理」は捏造の論理となり、また、それに基づく新三要件は違憲無効のものとなる。

【解説】この答弁の解説を踏まえると、先に紹介した「**わが国が侵略をされてわが国民の生命、自由及び幸福追求の権利が侵されるというときに、この自国を防衛するために必要な措置をとるというのは、憲法九条でかろうじて認められる自衛のための行動**」という答弁がその先にある「**他国の防衛までをやるということは、どうしても憲法九条をいかに読んでも読み切れない**」との見解を含めて、より決定的に、限定的な集団的自衛権行使を含めた一切の集団的自衛権行使を否定する答弁であることが理解できる。

○説明員（吉國一郎君）　**政策論**として申し上げているわけではなくて、第九条の解釈として自衛のため必要な措置をとり得るという説明のしかた——先ほど何回も申し上げましたが、**その論理では、わが国の国土が侵されて、その結果国民の生命、自由及び幸福追求に関する権利が侵されるということがないようにする**、そのないようにするというのは非常に手前の段階で、昔の自衛権なり生命線なんていう説明は、そういう説明でございましたけれども、**いまの憲法で考えられておりますような自衛というのは最小限度の問題でございまして**、いよいよ日本が侵されるという段階になって初めて自衛のための自衛権が発動できるという、自衛のための措置がとり得るということでございますので、**かりにわが国と緊密な関係にある国があったとして、その国が侵略をされたとしても、まだわが国に対する侵略は生じていない、わが国に対する侵略が発生して初めて自衛のための措置をとり得る**のだということからいたしまして、**集団的自衛のための行動はとれないと**、これは私ども**政治論**として申し上げているわけでなくて、**憲法第九条の法律的な憲法的な解釈として考えておるわけでございます。**

【解説】これも「限定的な集団的自衛権行使」を容認する「昭和47年政府見解の読み替え」を根底から突き崩す根拠となる答弁である。つまり、「国民の生命、自由及び幸福追求に関する権利が侵されるということがないようにする」ために憲法9条において許容されるのは、「非常に手前の段階で、昔の自衛権なり生命線」などの考えは許されず、「**わが国に対する侵略が発生して初めて自衛のための措置をとり得る**」としているが、まさに、「限定的な集団的自衛権行使」とは、この「国民の生命、自由及び幸福追求に関する権利が侵されるということがないようにする」ために、どれほど手前であるかは別として我が国に対する武力攻撃が発生する以前に武力を行使するものである。故に、「**わが国に対する侵略が発生して初めて自衛のための措置をとり得る**」として、一切の「手前」の概念が排除されているにも関わらず（ようするに我が国に対する武力攻撃の発生たる「着手」に至る必要がある）、「国民の生命、自由及び幸福追求に関する権利が覆されることがないようにする」ために「限定的な集団的自衛権行使」を可能にするべく「昭和47年政府見解の読み替え」ることは、吉國長官が認識する憲法9条解釈と真っ向から矛盾するのである。

さらに、こうした憲法9条解釈について、吉國長官は、「政策論」や「政治論」ではなく、法律論たる「**憲法第九条の法律的な憲法的な解釈**」として考えていると答弁している。つまり、「昭和47年政府見解の読み替え」とは、そもそも、憲法9条解釈においては個別的自衛権行使と限定的な集団的自衛権行使という二つの武力行使を許容する法理があるという理解に立っている。そして、その二つの法理のどちらを使うかという判断はまさに政策論や政治論であるが、吉國長官はあくまで法律論の次元であらゆる集団的自衛権行使は不可能であると答弁しているのである。なお、この解釈改憲との闘いの上では大変な意義のある「政策論」の観点は、水口議員が、「集団的自衛権とは、他国防衛権ではなく、自国を防衛するため正当防衛の自然権（＝自国の国民の生命、財産が脅かされる場合に、これを守るために行動を起こす権利）である」という独自の誤った主張を基に質疑を行っていることから生じているが、この点は後述する。

○……憲法九条でなぜ日本が<u>自衛権</u>を認められているか、また、その自衛権を行使して<u>自衛のために必要最小限度の行動</u>をとることを許されているかということの説明として、<u>これは前々から、私の三代前の佐藤長官時代から、佐藤、林、高辻と三代の長官時代ずうっと同じような説明を</u>

いたしておりますが、わが国の憲法第九条で、まさに国際紛争解決の手段として武力を行使することを放棄をいたしております。しかし、その規定があるということは、国家の固有の権利としての<u>自衛権を否定したものでない</u>（略）。その自衛権があるということから、<u>さらに進んで自衛のため必要な行動をとれるかどうか</u>ということになりますが、憲法の前文においてもそうでございますし、また、憲法の第十三条の規定を見ましても、<u>日本国が、この国土が他国に侵略をせられまして国民が非常な苦しみにおちいるということを放置するというところまで憲法が命じておるものではない</u>。第十二条（※）からいたしましても、生命、自由及び幸福追求に関する国民の権利は立法、行政、司法その他の国政の上で最大の尊重を必要とすると書いてございますので、いよいよぎりぎりの最後のところでは、この国土がじゅうりんをせられて国民が苦しむ状態を容認するものではない。したがって、この国土が他国の武力によって侵されて国民が塗炭の苦しみにあえがなければならない。<u>その直前の段階においては、自衛のため必要な行動はとれるんだというのが私どもの前々からの考え方でございます。その考え方から申しまして、**憲法が容認するものは、その国土を守るための最小限度の行為**だ。したがって、国土を守るというためには、集団的自衛の行動というふうなものは当然許しておるところではない。また、非常に緊密な関係にありましても、その他国が侵されている状態は、わが国の国民が苦しんでいるというところまではいかない</u>。その非常に緊密な関係に、かりにある国があるといたしましても、その国の侵略が行なわれて、さらにわが国が侵されようという段階になって、<u>侵略が発生いたしましたならば、やむを得ず自衛の行動をとるということが、憲法の容認するぎりぎりのところ</u>だという説明をいたしておるわけでございます。<u>そういう意味で、集団的自衛の固有の権利はございましても、これは憲法上行使することは許されない</u>ということに相なると思います。

【解説】海外派兵（集団的自衛権の行使）はなぜできないのか？　という質問に対し、主権国家として「自衛権」は有するが、憲法上許容される「自衛のための行動」は何かという論理の運びの中で、外国からの侵略たる武力攻撃が発生し国民が塗炭の苦しみにあえぐ「その直前の段階においては、自衛のため必要な行動はとれる」とし、よって、「**憲法が容認するものは、その国土を守るための最小限度の行為**」であるとし、その結論として、「国土を

守るというためには、集団的自衛の行動というふうなものは当然許しておるところではない」として、「自国防衛のための限定的な集団的自衛権行使」を法理として明確に否定し、一切の集団的自衛権の行使を否定している。

また、「非常に緊密な関係にありましても、その他国が侵されている状態は、わが国の国民が苦しんでいるというところまではいかない」として、「同盟国等に対する武力攻撃の状況では、国民の生命等が根底から覆されることはない」旨を述べつつ、「さらにわが国が侵されようという段階になって、侵略が発生いたしましたならば、やむを得ず自衛の行動をとるということが、**憲法の容認するぎりぎりのところ**」と述べ、限定的な集団的自衛権行使を含めた一切の集団的自衛権の行使を否定する法理を明確に述べている。(「ぎりぎり」であるから一切のものが入り込む余地はない)

すなわち、①前者においては、「国土を守るための最小限度の行為に集団的自衛権行使が許容されることはあり得ない」旨を明言し、②後者においては、「他国が武力攻撃を受けている状態では、国民の生命等は根底から覆ることはあり得ず、我が国に対する侵略たる武力攻撃に対処するのが憲法の容認するぎりぎりのところ」という旨を述べ、③これらの結論として、「**そういう意味で、集団的自衛の固有の権利はございましても、これは憲法上行使することは許されない**」として、いずれの法理においても、「限定された集団的自衛権」を含めた一切が否定される結論となっている。よって、「同盟国等に対する外国の武力攻撃」などと読み替えることは、吉國長官の認識する憲法9条解釈と真っ向から矛盾する。(※議事録上は第十二条となっているが「第十三条」の誤植と解される)

○……憲法前文なり、憲法第十二条(※)の規定から考えまして、日本は<u>自衛のため必要な最小限度の措置</u>をとることは許されている。その<u>最小限度の措置</u>と申しますのは、説明のしかたとしては、<u>わが国が他国の武力に侵されて、国民がその武力に圧倒されて苦しまなければならないというところまで命じておるものではない。国が、国土が侵略された場合には国土を守るため、国土、国民を防衛するために必要な措置をとることまでは認められるのだという説明のしかたをしております。</u>……仰せのとおり、<u>憲法第九条に自衛権があるとも、あるいは集団的自衛権がないとも書いてございませんけれども、憲法第九条のよって来たるゆえんのところを考えまして、そういう説明をいたしますと、おのずからこの論理の帰結として、いわゆる集団的自衛の権利は行使できないということに</u>

<u>なる</u>というのが私どもの考え方でございます。

【解説】安倍総理の解釈改憲とは、憲法９条のもとで許容される必要最小限度の「自衛の措置」とは何かという追求の結果、自国防衛を目的とする「限定的な集団的自衛権行使」も昭和47年政府見解に法理として含まれていることを発見したというものである。しかし、同見解の作成者（決裁者）である吉國長官の認識する憲法９条で許容される必要最小限度の自衛の措置とは、「わが国が他国の武力に侵されて、国土が侵略された場合に国民、国土を防衛するために必要な措置をとることまでは認められる」という認識に基づくもの、すなわち、個別的自衛権のみであり、安倍内閣が「自国防衛のための自衛の措置」であるとする「限定的な集団的自衛権行使」は「までは」に及ばないものとして明確に否定されている。そして、「憲法９条に集団的自衛権がないとも書いてはいない」と述べながら、しかし、「この論理の帰結」として、一切の集団的自衛権の行使を否定している。従って、限定的なものを含め、吉國長官において集団的自衛権行使が可能である余地を認識していたと解することは不可能である。（※議事録上は第十二条となっているが「第十三条」の誤植と解される）

【参考】昭和47年政府見解の作成要求
〇水口宏三君　……<u>あとで統一見解を伺いたいんでございますけれども、</u>（略）<u>何で憲法第九条というものが集団的自衛権の行使を</u>（略）<u>禁止しているのか、その点をもう少し文書で明確にしていただきたい</u>。いままでの論議では納得できないんです。いま申し上げたような五十一条における集団的自衛権というものの概念、それから憲法前文、九条、十三条、それから日米安保条約、これらを含めて、日本が集団的自衛権の行使を憲法上禁止されているということをもう少し国民にわかりやすく言っていただきたいんですね。（略）<u>明確にひとつ文書でもって御回答いただきたいんでございますけれども、</u>増原防衛庁長官いかがでしょうか。

【解説】昭和47政府見解の作成の契機となった資料要求である。従って、昭和47年政府見解はこの質疑における吉國長官答弁の趣旨を踏まえて作成されているはずである。この当日の吉國長官答弁は、ご紹介したもの以外にも歴代政府の憲法９条解釈の本旨を豊かにかつ詳細に述べており、ぜひ、直接に議事録をご覧頂きたい（小西HPに掲載）。

なお、実は、水口議員は全体を通して、「集団的自衛権とは、他国防衛権ではなく、自国を防衛するため正当防衛の自然権（＝自国の国民の生命、財産が脅かされる場合に、これを守るために行動を起こす権利）である」という独自の誤った主張を基に質疑を行っているが、これが結果として、7.1 閣議決定における、日本国民の生命等を守るための自国防衛の自衛の措置たる「限定的な集団的自衛権」の憲法 9 条適合性を含めた質疑となっており、それに対する吉國長官の答弁は「限定的な集団的自衛権行使」を否定する実質を有する答弁となっている。これは、次に紹介する水口議員への真田次長答弁でも同様である。（なお、集団的自衛権の実質は他国防衛権であり、「違法の武力攻撃から同盟国等を防衛するという意味において、正当防衛の武力行使であるということができるもの」と国際法上認識されている。）

■真田次長の答弁
　「昭和 47 年政府見解」を決裁した真田内閣法制局次長も、その約半年前（昭和 47 年 5 月 12 日）に同じ水口議員からの質疑において、「集団的自衛権の行使を、よもや憲法九条が許しているとは思えない」、「三要件においてのみ自衛の措置が許されるというのが、憲法のぎりぎりの解釈」、「三要件の第一要件の適用の結果、個別的自衛権しか武力行使ができないことは、明々白々」など、憲法 9 条においては集団的自衛権行使が、限定的な集団的自衛権の行使を含め、一切許容される余地が無いことを明言しています。（なお、この答弁の当時は第一部長の職）

■真田第一部長答弁抜粋（参内閣委員会 昭和 47 年 5 月 12 日）
・他国がわが国とかりに連帯的関係にあったからといって、わが国自身が侵害を受けたのでないにかかわらず、わが国が武力をもってこれに参加するということは、これはよもや憲法九条が許しているとは思えない
・憲法九条が許しているのは、いわゆる自衛権発動の三要件とか申されておりますけれども、そういうものに限って、そういう非常に限定された態様において、日本も武力の行使は許される
・国内的に、どういう場合に武力の行使が許されるか、あるいはまた禁止されるかということは、憲法がきめているところでございまして、三要件のもとにおいてのみ許されるというのが憲法のぎりぎりの解釈である
・自衛権の行使の手段として、三要件のもとにおいてのみ、非常に限定された形で、万やむを得ないという場合に限って、その限度の武力の行使

が許される
- 自衛権行使の三要件のもとにおいてのみ行使が許されると解釈しているわけでございまして、その解釈の結果、振り返ってみますと、**それはもう個別的自衛権しか該当しない**。つまり、わが国自身に対して外国から武力攻撃があった場合という第一要件の適用の結果、わが国が行使し得る自衛権の態様というのは個別的自衛権に限られる
- わが国が武力行使をできるというのは**いまの三原則のもとにおいてのみである**と、そこで**第一原則が働きまして、結果としてこれは個別的自衛権の態様においてしか武力行使ができない**ということになると、**これは明々白々であろう**

【解説】以上のように「よもや」「限って」「ぎりぎり」「明々白々」等々と、最大限に断定的な答弁をしている真田次長（当時第一部長）が、それから約半年後の昭和47年政府見解の決裁に際して、「限定的な集団的自衛権行使」なるものが憲法9条において許容されるなどと認識しているはずはあり得ない。

　特に、憲法9条において許容される自衛の措置は（旧）三要件を満たす個別的自衛権のみであり、その第一要件の適用によって集団的自衛権行使が否定されることを明言していることは、昭和47年政府見解における「外国の武力攻撃」という文言は、あくまで、第一要件たる「我が国に対する外国の武力攻撃」としか読んではならないこと、すなわち、「同盟国等に対する外国の武力攻撃」という読み替えが断じて許されようがないことの決定的な根拠となる。

　なお、「自衛権行使の三要件のもとにおいてのみ行使が許されると解釈しているわけでございまして、その解釈の結果、振り返ってみますと、それはもう個別的自衛権しか該当しない。つまり、わが国自身に対して外国から武力攻撃があった場合という第一要件の適用の結果、わが国が行使し得る自衛権の態様というのは個別的自衛権に限られる」という答弁などは、「集団的自衛権は他国防衛権ではなく、国家が自国防衛のために有する正当防衛の自然権である」という水口議員の誤った独自の見解に基づき行われた、しかし、結果として、7.1閣議決定にいうところの「限定された集団的自衛権」である「他衛かつ自衛の集団的自衛権」は存在するのかという実質を有する質問に対する答弁となっており、この意味でも、この真田次長答弁は、完膚無きまでに、限定された集団的自衛権行使の憲法許容性を否定していること

となる。

■角田第一部長の答弁
　角田第一部長による昭和 47 年政府見解以前の水口議員に対する答弁は確認できませんでした。しかし、角田第一部長は、真田次長と同じくその後に内閣法制局長官となり、憲法 9 条解釈において重要な答弁を残しています。（憲法 9 条の解釈は集団的自衛権との関係を含め戦後一貫していますので、もちろん、その法的な内容は戦後の歴代の政府答弁と同じです。）
　その中には、①7.1 閣議決定にいうような限定的な集団的自衛権行使の許容性を問われ、それを明確に否定した答弁、それも含め、結局、②憲法 9 条において集団的自衛権行使を可能にするためには憲法改正以外に手段がないとする答弁、さらには、③昭和 47 年政府見解の文言を用いて、しかし、**同見解が「我が国に対する外国の武力攻撃」という意味しか考えておらず、かつ、「構造分解」などがなされているものでもないという理解を基に、集団的自衛権行使を違憲と述べた答弁**が存在します。
　従って、これらの角田長官の答弁からは、角田氏が、第一部長として昭和 47 年政府見解を決裁した当時においても、限定的な集団的自衛権行使が昭和 47 年政府見解に含まれている（つまり、「同盟国等に対する外国の武力攻撃」という意味を含む）などと認識している訳が断じてないことを明確に示しています。

○限定的な集団的自衛権行使を否定する答弁

■衆法務委員会　昭和 56 年 6 月 3 日
・憲法九条の解釈として、自衛権というものはあくまで必要最小限度と申しますか、**わが国が外国からの武力攻撃によって国民の生命とか自由とかそういうものが危なくなった場合……しか認められていない**

・外国に対する武力攻撃があり、日本の安全に直接ではないが間接に影響があり、「いわゆる他衛、他を守るということは自衛だというふうになってくる」との場合の自衛権の対処を問われ──**あくまでわが国に対する直接の攻撃がある場合に限る**

・「外国が侵害を受けている、その結果として日本の国家の存立や何かに関

係するという場合でも、日本は何もできないということですか」という質問に対して――「**わが国に対する武力攻撃がなければ、わが国の自衛権の発動はない。**」「**直接の影響ではございません。武力攻撃がなければいけないということを申し上げております。**」

・「集団的自衛権を国際法上保有するが、憲法によって行使することができない。それは国内法上は持っていないと言っても結論的には同じ」という見解を巡る議論の中で――「集団的自衛権につきましては、**全然行使できないわけでございますから、ゼロでございます**」「**集団的自衛権は一切行使できない**」「**日本の集団的自衛権の行使は絶対できない**」「**わが国は憲法で、それは全然行使しませんよということを世界にいわば独自の立場で自主的に宣言をしている**」

【解説】「いわゆる他衛、他を守るということは自衛だというふうになってくる」「外国が侵害を受けている、その結果として日本の国家の存立や何かに関係する」という質疑者の問いかけは、まさに、自国防衛のための集団的自衛権である「限定的な集団的自衛権行使」の可否を法理として尋ねているものである。特に、「国家の存立や何かに関係する」は、新三要件の第一要件の内容である「国の存立を脅かし、国民の生命等が根底から覆される明白な危険がある場合」にそっくり置き換えることができる。しかし、こうした問いかけに対し、角田長官は明確に、我が国に対する外国の武力攻撃がある場合に限ると断言し、「限定的な集団的自衛権行使」を否定している。さらに、「ゼロ」、「一切できない」、「絶対できない」、「全然しませんと世界に宣言」という文言からも、あらゆる集団的自衛権行使が全否定されていることは明らかである。このように、9年後に答弁する昭和47年当時の角田第一部長が、昭和47年政府見解に「限定的な集団的自衛権行使」が法理として含ませることを許容している訳がない。

■**衆予算委員会　昭和58年2月8日**
○大内委員　……日本の領域内での武力攻撃がなされていないという状況の中で、日本防衛の任務を担っているたとえば第七艦隊のミッドウェー等の航空母艦に対して公海上での攻撃があった場合、これは日本の平和と安全を危うくするとみなして、日本の自衛隊等が護衛行動をとることができるかどうか。これはどうでしょうか。

○谷川国務大臣　最初に、わが国に対して武力攻撃が行われていない場合と限定されましたが、その場合には集団的自衛権の発動になりまして、憲法に違反をいたしまして、できません。
　（略）
○大内委員　……日本の自衛権行使というのは、わが国を防衛するための必要最小限度の範囲内でやるのでしょう。それが自衛権の行使でしょう。日本を守るということは、日本だけで守れないのでしょう。アメリカの力も必要なんでしょう。そのアメリカの力が日本の防衛にとって不可欠な場合に、そのアメリカの力が破壊されることに対して日本は何もしないというのですか。そんなことがアメリカへ行って通るのですか。
○谷川国務大臣　条約上の関係もございまして、……わが国の自衛隊は有事の場合に行動を起こすわけでございまするが、日本とアメリカの日米安保条約は、第五条におきましてアメリカは、日本に武力侵略が行われた場合、武力侵攻が行われた場合に、日本と共同対処をする、こういうぐあいになっておりまして、自衛隊がみなして行動を起こす場合と米軍が日本の救援に駆けつける場合とは対応が異なっておるわけでございます。
○大内委員　私の知っている軍事的な常識では、たとえばソ連のバックファイアが撃ち込むAS4というミサイルは第七艦隊に向けられているというのが常識です。……第七艦隊をまずやっつける。でなければ、たとえば日本に対する侵攻はできないであろう。これが軍事常識ですよ。つまり、現実の想定としては、日本の領域をたたく前に公海や公空で防衛態勢をとっているアメリカの艦船あるいは航空機、そういうものに攻撃を加え、その力の弱体化ないしは破壊をする行動に出てくるということの方が可能性大ですね。しかも、それは日本の防衛について重要な役割りを果たしているのでしょう。つまり、日本が持っている自衛隊の何倍かの力をもって日本の防衛に寄与しているのでしょう。
　私は常識論を申し上げている。……防衛庁長官は日本の防衛に責任を持っている最高責任者でしょう、まあ総理大臣はその上におられますが。それで日本の防衛は守れるとお考えなんですか。それとも条約論と心中するのですか。どっちです。
○角田（禮）政府委員　単なる条約論でございませんで、憲法解釈にも関係する問題でございますから、私から御答弁を申し上げます。
　大内委員の先ほど来のお話を伺っておりますと、前提として、わが国

に対してまず武力攻撃があった場合のその先の話ではなくて、まだわが国に対して武力攻撃がない場合の話として……（大内委員「そうです」と呼ぶ）そういう前提でお話になっております。（大内委員「おそれもありますね」と呼ぶ）

そこで、憲法九条の解釈として従来政府がたびたび申し上げているとおり、憲法第九条は、わが国の平和と安全とを維持し、その存立を全うするために必要な自衛の措置をとることを禁じていないというふうに解しているわけでございますが、それはあくまで外国の武力攻撃によって国民の生命、自由及び幸福追求の権利が根底から覆されるというような急迫不正の事態に対処して、これらの国民の権利を守るためのやむを得ない措置として初めて認められるものであって、その措置はこのような事態を排除するためにとられるべき必要最小限度の範囲にとどまるべきものと考えられるのであります。このように申し上げているわけであります。

また、同時に、わが国の自衛権の発動は、いわゆる自衛権発動の三要件を満たした場合に限られるということを申し上げているわけであります。その第一の要件としては、わが国に対する不正違法な侵害があった場合、すなわち武力攻撃があった場合に初めて自衛権を発動できるということを言っておりますから、その解釈からいいますと、憲法第九条の規定からいって、わが国は、わが国に対する侵略のおそれはあるけれども、なおかつ、わが国に対する直接の武力攻撃がない場合に自衛権の発動はできない。つまり、先ほど御説明になりましたアメリカの航空母艦が……（大内委員「個別的自衛権の発動はできないですね」と呼ぶ）そうです。個別的自衛権の発動はもとよりできないわけです。そういうわけでございますから、先ほど御説明になりましたような事態に対処することはできない、こういうことになるわけでございます。

○大内委員　大体条約の解釈としてそうであるということを私は理解しているのです。知っています。それで、私はその上に立って防衛庁長官に聞いているのです。それで日本の防衛はできますかと聞いているのです。

○谷川国務大臣　……仮に公海で攻撃をアメリカ軍が受けても、日本の周辺に非常なきな臭い状態がありましても、あるいは日本を侵攻する意図がアメリカ軍を攻撃した側になかった場合に、直ちに日本がこれに対して米軍を守るというような行動に出た場合には、これは集団的自衛権の発動となって憲法違反になる、こういう意味で御説明を申し上げたわけ

でございます。
○大内委員　総理、大体お聞きのような状態なんですね。つまり、日本は自分の力では守れない、限界がある。したがって、アメリカとの間に日米安保条約を結んで日本防衛について協力をいただいている。そして、その同盟国の艦船や航空機が日本の安全保障そのものに寄与している。その艦船や航空機が攻撃を受けた場合に、その艦船や航空機等に対して防衛することは日本の防衛そのものではないのですか、内容は。その点についていまお聞き取りのような、つまり条約論に立ったいろいろな解釈があったのです。方針の説明があったのです。それで日本の防衛が全うできますか。こういうケースはこうだこうだと、防衛庁長官のいままでやってきたことにつじつまを合わせる説明はよくわかりました。私はもっと端的に聞いているのです。それで日本の防衛ができるのでしょうか。総理はいまのやりとりを聞きながらどういうふうにお考えでしょうか。
○中曽根内閣総理大臣　憲法は、それだけの重みを持っていると思っています。
○大内委員　私にはそういう抽象的なお答えはわかりません。
○中曽根内閣総理大臣　憲法及びその憲法に基づいてできている日米安全保障条約、その重みというものは非常に重いものでありまして、その命ずるところに従って国政は行わるべきであり、防衛は行わるべきである、それを逸脱してはならない、これは鉄則であります。
○大内委員　では、具体的に聞いておきましょう。
日本のF15やE2Cがアメリカの空母の護衛に当たる、それはもちろん日本の領域に対して攻撃がなされる以前ですよ。そういうケースがもしアメリカから要求されても、日本の航空自衛隊はそういうことに絶対に参加しない、こういうことを総理は断言されますか。これはしかしアメリカが求めているものなんですよ。
○中曽根内閣総理大臣　日本に武力攻撃が発生してない、そういう状態で憲法や安保条約にたがうことをやることは考えません。

【解説】今日の安倍内閣の解釈改憲の論法（米軍イージス艦防護事例）にそのまま当てはまる極めて重要な質疑である。大内議員は、日米安保条約により日本防衛を行う米軍第7艦隊がソ連から攻撃を受ける場合で日本に支援要請があった際に、自衛隊が護衛をすることができないのかという問題設

定のもと、自衛隊がそれを防護しないことで、「そんなことが米国に通用するのか」「それで日本の防衛は守れるのか」「日本の安全保障そのものに寄与している米軍艦船や航空機が攻撃を受けた場合に、それを防衛することは日本の防衛そのものではないか」「米国が求めても絶対に参加しないと断言できるか」という質問を行っている。つまり、日本の防衛に寄与している米軍イージス艦が北朝鮮から攻撃された場合に、それを自衛隊が防護することは、昭和47年政府見解に示された自国防衛の集団的自衛権行使たる「限定的な集団的自衛権行使」として憲法9条で許容されている、というのが、安倍内閣の主張であるところ、これと全く同じ問題設定の質疑に対し（しかも、ソ連が第7艦隊を撃滅する話である）、角田長官は昭和47年政府見解を引用し、こうした自国防衛のための「限定的な集団的自衛権行使」を違憲と答弁しているのである。**昭和47年政府見解の作成者が、①答弁の内容として「限定的な集団的自衛権行使」を否定し、かつ、②その否定答弁で昭和47年政府見解を用いていることから、二重の意味で、決定的に「昭和47年政府見解の読み替え」が否定されることとなる。**

また、中曽根総理の「憲法の重みは非常に重いものであり、その命ずるところにしたがって国政、防衛は行われるべきであり、それ逸脱してはならない。これは鉄則である。」等の答弁は、立憲主義及び法の支配の本質を明瞭に示し、**「限定的な集団的自衛権行使」を含め集団的自衛権行使のための憲法9条の解釈変更を絶対的に否定するものである。**

なお、このソ連の米軍第7艦隊への攻撃が、「日本に対する組織的かつ計画的な武力攻撃の着手」と判断することができれば、我が国は直ちにソ連に対して個別的自衛権を行使することができる。（ただし、いずれにしても集団的自衛権行使は絶対に行使できない。）

○集団的自衛権行使は憲法解釈以外に手段がないとする答弁

■衆予算委員会 昭和58年2月22日
○角田（禮）内閣法制局長官
　……仮に、全く仮に、**集団的自衛権の行使を憲法上認めたいという考え方があり、それを明確にしたいということであれば、憲法改正という手段を当然とらざるを得ないと思います。したがって、そういう手段をとらない限りできない**ということになると思います。

> 【解説】「集団的自衛権行使を可能にするためには憲法改正以外に手段がない」旨の政府答弁は、私が確認できた範囲では、この角田長官等弁を含め、鈴木総理、工藤長官の三件がある。集団的自衛権行使は憲法上許容されないという意味は、法的には「憲法改正以外に手段がない」ということになる訳だが、それを明言することは政治的な反響等も考慮する必要があるものと思われる。にもかかわらず、このように断言している角田長官が、その第一部長当時に昭和47年政府見解に「限定的な集団的自衛権行使」を容認する決裁を行っているはずがないことは明らかである。

「昭和47年政府見解は個別的自衛権の武力行使のみを許容し、「限定的な集団的自衛権行使」を含めてあらゆる集団的自衛権行使は概念として含まれていない」という理解のもとに「昭和47年政府見解を用いて集団的自衛権行使が違憲であることを説明している」答弁

■参予算委員会　昭和57年3月12日
○政府委員（角田禮次郎君）　ただいま御指摘のとおり、政府は従来から一貫して集団的自衛権の行使は憲法上許されないというふうにお答えをしているわけでございます。
　また、その理由についてもたびたびお答えをいたしておりますが、次のような理由によるものでございます。
　すなわち、憲法第九条の解釈として、憲法第九条は自国の平和と安全とを維持し、その存立を全うするために必要な自衛の措置をとることを禁じていないというふうに解されるわけでございますが、それは無制限に許されるわけではなくて、あくまで**外国の武力攻撃**によって国民の生命、自由及び幸福追求の権利が根底から覆されるというような急迫不正の事態に対処して、国民のこれらの権利を守るためのやむを得ない措置として初めて認められるものであって、また、その措置はこのような事態を排除するためにとられるべき必要最小限度の範囲にとどまるべきものと考えられるのであります。
　したがって、他国に加えられた武力攻撃を実力をもって阻止することを内容とする集団的自衛権の行使は憲法上許されないというものでありまして、その憲法上の根拠条文といたしましては、憲法第九条であるということになろうと思います。

【解説】「外国の武力攻撃」という文言を当然に「我が国に対する外国の武力攻撃」の意味として用いるとともに、第三段落冒頭の「したがって」の前に、「そうだとすれば、わが憲法の下で武力行使を行うことが許されるのは、わが国に対する急迫、不正の侵害に対処する場合に限られるのであって、」という昭和昭和47年政府見解にはある文言が存在しない。すなわち、昭和47年政府見解における「したがって〜」以下を「帰結（あてはめ）」などとは全くみなしていないことを示している。つまり、この答弁は、「外国の武力攻撃」という文言の読み替えを否定し、かつ、その前提である「構造分割論」を否定する根拠を示す答弁なのである。

(まとめ)

　以上のように、昭和47年政府見解を作成した吉國内閣法制局長官も、真田次長も、角田第一部長も、誰一人として、「限定的な集団的自衛権行使」なるものが憲法9条において可能であるとは考えておらず、逆に、「限定的な集団的自衛権行使」が違憲であることを具体的に示す複数の答弁を行っていることが明らかになりました。そして、三人は、その根拠として、我が国が憲法9条のもとで自衛の措置である武力行使が行えるのは「我が国に対する外国の武力攻撃によって、国民の生命などが根底から覆される場合」、つまり個別的自衛権の行使だけであると全く何の揺らぎもなく完全なる論理を持って認識していたことが確認できました。

　よって、昭和47年政府見解における「同盟国等に対する外国の武力攻撃」という読み替えは、これら昭和47年政府見解の作成者の憲法9条解釈に真っ向から矛盾するものであり、そして、昭和47年以前から7.1閣議決定に至るまでの歴代政府の憲法9条解釈と真っ向から矛盾するものとして、何らの法的な正当性も見出せない暴挙であり、7.1閣議決定は違憲無効となります。(なお、吉國長官等の各答弁の全体とそれに対し必要な【解説】を付した資料を、小西ＨＰに掲載させていただいております)

■あとがき

　一昨年の夏に安倍総理が長年の慣例を破って強行した内閣法制局長官の異例の人事から、更には、その約半年前に第二次安倍内閣が誕生してから、立憲主義と法の支配を破壊する安倍政治と懸命に闘って参りました。しかし、昨年の7.1閣議決定で国民の皆さまの憲法を守ることができず、そして今、安保法制によって集団的自衛権行使を始めとする自衛隊の違憲の軍事力の行使が可能になろうとしています。

　私は、もともと脳卒中後遺症のために21年余り寝たきりの闘病生活を送った父親の人生への思いから、日本の社会保障政策を良くしたいとの思いで、産業政策の官僚から国会議員に転身しようと決意し、参議院選挙に立候補しました（2010年）。国会議員と官僚の違いとして常に自らの胸に刻んでいること、それは、国会議員は国民の皆さまの代表者として皆さまお一人お一人の尊厳を守り、そのために、生命、自由、幸福追求の権利を守る先導者でありかつ最後の砦であるということです。国会議員が諦めた時に、もう誰も国民の皆さまの生命と尊厳を救える者はいないということです。

　そうした信念と決意で、医療法・医療計画の改革、医療・介護総合確保法、障害者総合支援法、国際戦略・地域活性化総合特区法、東日本大震災復興特区法の立案などさまざまな立法活動に取り組んできました。全力で、睡眠時間を削って取り組む日々でしたが（激務の霞ヶ関官僚時代よりもより厳しい職務環境です）、どんなに頑張ってもなお救うことができない国民の皆さまの生命と尊厳に接し、自らとその所属する立法府の力不足を痛感する日々でもありました。本日も、二年前に世界一充実した対策法として立法したいじめ防止対策推進法――日本中の全小中高に複数の教職員等が参画する「いじめ対策委員会」を設置し、特定の教職員による抱え込み等を禁止しあらゆるいじめはそこへの通報義務を課し、組織として被害児童生徒を徹底して守り抜く――などの本来の制度について、一年前にその適切な運用の確保を立法者として国会で二度に渡り懸命に文科省に求めたにもかかわらず、各地域・学校でそれが十分に実現されないままにかけがえのない生命が失われる悲惨な自死事件を防ぐことができず、それに対して断固たる決意を持って、文科省に徹底的な対処（立法趣旨や具体的責務を余すところなく示す行政通知の発出）

を措置させたところでした。いじめにより自死に追い込まれた生徒のことを何度も思い、唇を噛み締める一日でした。

　こうした思いで立法活動に取り組む信条からは、自衛隊員を始めとする国民の皆さまの生命と尊厳を最も無残に不条理に奪ってしまう戦争だけは絶対に許す訳にはいかない。現実主義かつ合理主義の政治家として、しかし、あらゆる手段で戦争を阻止し、国民の皆さまの生命と国益を守る道を切り拓き実現する。それが、国会議員の使命であり最大の責務であると確信しています。また、広島出身の両親のもとで教えられ今なお学び続けなければならない、かつての悲惨な戦争の惨禍の犠牲者の方々のためにも、憲法の平和主義を泥靴で踏みにじるような政治を絶対に許す訳にはいかない、その企てを何が何でも阻止しなければならない。さらには、解釈改憲・安保法制によって日本の法の支配や議会制民主主義が破壊された後には、権力の過ちや暴走により傷付く多くの国民が生まれることになる、それを何が何でも防がなければならない。そうした信念で本書を執筆いたしました。

　人類の歴史において、自由主義と民主主義は必ず勝利します。しかし、真の平和主義が勝利できるかどうか、それは世界のどの歴史もまだ証明はしていません。なぜなら、全世界の国民の平和的生存権等を掲げた憲法は、ただ一つ、日本国憲法しかないからです。国民の皆さんと報道機関や有識者の方々を始めとする日本社会の総力で、――それはすべての生活の場や社会の営みの現場におけるお一人お一人の個々人の信念と行動の積み重ねでしか得られない力です――安保法制を阻止し安倍内閣を退陣させることができるよう願い、そのために引き続き全力を尽くすことをお誓いいたします。

2015 年 7 月 31 日
　　　「昭和 47 年政府見解の読み替え」の質疑準備中の議員会館にて
　　　　　　　　　　　　　　　　　　　　　参議院議員　小西洋之

小西洋之（こにし ひろゆき）プロフィール

参議院議員
「安保法制に関する特別委員会」委員
参議院憲法審査会幹事
民主党政策調査会副会長

1972年生。東京大学教養学部卒。コロンビア大学国際公共政策大学院、東京大学医療政策人材養成講座修了。
総務省・経産省課長補佐を経て、2010年参院選（千葉県選挙区）で当選。
これまで、東日本大震災復興特区法、国際戦略・地域活性化総合特区法、医療法医療計画、がん対策推進基本計画、障害者総合支援法、郵政民営化法等改正法などの法制度の立案等に従事。
現在は、予算委員会、外交防衛委員会委員、民主党安全保障総合調査会事務局次長を務める。

著書『いじめ防止対策推進法の解説と具体策』(2014年、WAVE出版)。

```
■事務所連絡先
 [国会事務所]
  東京都千代田区永田町 2-1-1　参議院議員会館 915 号室
    TEL 03-6550-0915 ／ FAX 03-6551-0915
 [千葉事務所]
  千葉市中央区本町 2-2-6　パークサイド小柴 102 号
    TEL 043-441-3011 ／ FAX 043-441-3012
 □「小西ひろゆき」公式ウェブサイト
    http://konishi-hiroyuki.jp/
 □MAIL info@konishi-hiroyuki.com
 □ご寄付 千葉銀行中央支店　普通 店番号 001　口座番号 4150120
```

私たちの平和憲法と解釈改憲のからくり
──専守防衛の力と「安保法制」違憲の証明

発行日　2015年 8月30日
著　者　小西　洋之

発行所　株式会社八月書館
　　　　〒113-0033　東京都文京区本郷 2 - 16 - 12 ストーク森山302
　　　　　TEL 03-3815-0672　FAX 03-3815-0642
　　　　　　振替 00170-2-34062
印刷所　創栄図書印刷株式会社

ISBN978-4-938140-91-5　　　　　　　　定価はカバーに表示してあります